현대 과학기술과 법

현대 과학기술과 법

Law

Morden Technology

Morden Technology

Morden Technology and Law

Law

임규철 지음

현대의 과학기술은 우리의 삶과 법제도의 운영에 과거와 달리 직간접으로 크게 영향을 미치고 있다. 인터넷이나 생명과학기술이 그 대표적인 예라고 할 수 있다. 이 책도 '현대 과학기술과 법'이라는 제목에 걸맞게 그러한 것이 법제에서 어떻게 운영되고 있으며, 운영되어야 하는지를 현재와 미래의 관점에서 비판적으로 바라보고 있다.

동국대학교출판부

서문

　현대는 과학기술사회이다. 그런데 과학기술사회는 위험사회와 동일시되고 있다. 이는 원하든 원하지 않든 우리가 과학기술 발전과정에서 발생할 수밖에 없는 위험과 함께 살아가야 한다는 것을 의미한다. 예를 들어 인터넷의 사용이 바이러스 침투, 개인정보 오용 및 남용, 음란물의 무제한적인 배포가능성 증대, 익명성을 빙자한 표현자유의 오용 및 남용, 지적재산권 침해 등 많은 문제점을 불러오고 있지만 그 사용을 원천적으로 배제할 수는 없는 것이다. 생명과학기술 영역의 논쟁도 어느 정도는 동일하다고 볼 수 있다. 이미 이를 합리적으로 사용해야 한다는 사회의 묵시적 동의가 있다고 한다면 논리적 비약이라고 단언할 수 있을까? '피할 수 없다면 즐겨라' 라는 표현처럼 과학기술이 이미 이와 같이 우리의 동반자적인 성격이 강하다면 억지로 이를 회피할 필요는 없다. 솔직히 지금의 상황은 피할 수도 없고 만약 피한다면 문제를 전혀 해결할 수 없을 것이다. 그렇다면 과학기술로부터 발생할 수 있는 부작용의 원인을 알아보고 이를 가능하다면 사전에 예방하고, 불가피할 경우에는 사후에 적절히 통제하는 것이 도리어 우리의 삶에 유익하다고 본다. 이미 우리는 그렇게 살고 있다. 다만 의식적으로 또는 무의식적으로 대응에 있어서의 차이만 존재할 뿐이다.

현대의 과학기술은 우리의 삶과 법제도의 운영에 과거와 달리 직간접으로 크게 영향을 미치고 있다. 인터넷이나 생명과학기술이 그 대표적인 예라고 할 수 있다. 이 책도 '현대 과학기술과 법'이라는 제목에 걸맞게 그러한 것이 법제에서 어떻게 운영되고 있으며, 운영되어야 하는지를 현재와 미래의 관점에서 비판적으로 바라보고 있다.

먼저, 제1장에서는 인터넷의 생성과정과 그 긍정성 및 부정성을 알아보고 가상공간에서의 자율성 획득의 가능성을 알아보고자 한다. 또한 인터넷은 본질적으로 정보공유 및 쌍방향성을 강하게 내포하고 있기 때문에 현재 또는 미래의 권력과 갈등관계를 피할 수 없음을 전제한 후, 현실에서 문제가 되고 있는 '공연성을 가진 통신'을 중심으로 학설 및 판례의 입장을 알아보고자 한다. 제2장에서는 정보통신의 급격한 발달로 인하여 새로운 영역이 생성되고 있는 소비자보호에 대해 알아본 후, 최근 전면 개정된 관련 법률을 중심으로 소비자분쟁해결 방안을 살펴보고자 한다. 외국 입법례의 비교를 통해 좀 더 나은 제도가 무엇인가도 탐구할 것이다. 제3장에서는 지적재산권을, 제4장에서는 개인정보 보호법제 및 정보공개제도의 흐름을 알아보고자 한다. 특히 저작권법에서는 현재 관련 분야의 흐름을 주도하고 있는 미국의 저작권법과 한미FTA협정을, 개인정보 보호 법제에 있어서는 관련 영역의 유럽연합법과 거기에서 중추적 역할을 하고 있는 독일의 법률을 많이 언급했다. 제5장에서는 생명과학기술과 유전자변형생물체 연구과정의 긍정성 및 부정성을 알아본 후 관련 법제의 당위성을 알아보고자 한다. 인간복제로 발전할 가능성을 배제할 수 없는 상태에서 생명과학기술의 윤리성 논쟁을 여기서 멈출 수는 결코 없다. 유전자변형생물체도 마찬가지로 우리의 건강에 대한 위해성 유무가 검증되지 않은 상태에서 단지 상업적 이익의 극대화 수단으로 변질될 가능성이 농후한 현실을 외면한 채 사후 및 사전 검증절차가 미비한 현재의 입법을 모른 체할 수는 없는 것이다.

마지막으로 이 책의 출간이 가능하도록 도움을 주신 동국대학교 출판부 직원들께 진심으로 감사를 드린다.

2007년 8월
저자 씀

차례

현대 과학기술과 법

서문 _ 4

제1장 인터넷과 법

제1절 인터넷　　　　　　　　　　　　　　　　　14
Ⅰ. 인터넷 _ 14
Ⅱ. 인터넷의 특징 _ 16
Ⅲ. 인터넷 서비스의 종류 _ 17
1. 전자우편
2. 월드와이드웹
3. 유즈넷
4. FTP, HTTP
5. 텔넷
6. 고퍼
7. 기타 인터넷 서비스

제2절 인터넷의 반효용　　　　　　　　　　　　22

제3절 네트워크의 자율 획득 가능성　　　　　　26
Ⅰ. 사이버공간과 네트워크의 현실 _ 26
1. 가상공동체의 독자적인 규범
2. 사이버공간과 현실사회와의 관계
Ⅱ. 가상공동체의 질서 _ 32
1. 네트워크제공자 자율규제의 문제점
2. 자유로운 사이버공간을 위한 기반

제4절 인터넷과 표현의 자유　　　　　　　　　　37

제5절 인터넷과 범죄　　　　　　　　　　　　　45
Ⅰ. 컴퓨터 범죄 개념의 등장 _ 45
Ⅱ. 인터넷 사회의 범죄대책 _ 49

제2장 인터넷과 소비자보호

제1절 인터넷과 소비자   54
    Ⅰ. PC 및 인터넷 초기 시대 _ 55
    Ⅱ. 전자상거래와 소비자 _ 57
       1. 새로운 계약의 출현 및 전자거래
       2. 계약의 성립과 소비자

제2절 계약불이행과 법적 효과   69
    Ⅰ. 일반적 효과 _ 69
    Ⅱ. 본인확인의 문제와 소비자 _ 70
    Ⅲ. 사기판매수법의 대응방안 _ 73
       1. 사기판매수법
       2. 대응방안

제3절 분쟁해결제도   79
    Ⅰ. 대체적 분쟁해결제도 _ 79
    Ⅱ. 집단분쟁조정제도 _ 81
    Ⅲ. 집단소송 _ 83
       1. 집단소송
       2. 텔랩스 판결
    Ⅳ. 단체소송 _ 88
    Ⅴ. 다양한 해결책 추구 _ 89

제3장 지적재산권

제1절 지적재산권의 중요성   92

제2절 보호제도   98
    Ⅰ. 저작권법과 산업재산권 _ 98
       1. 차이
       2. 융합(저작권의 산업재산권화 및 상업화 경향)
    Ⅱ. 지적재산권 _ 103
       1. 저작권
       2. 컴퓨터프로그램보호권

3. 특허권
　　　4. 실용신안권
　　　5. 디자인보호권
　　　6. 상표권

　Ⅲ. 인터넷과 지적재산권 _ 117
　　　1. 인터넷과 영업비밀 및 산업기술
　　　2. 인터넷과 퍼블리시티권
　　　3. 네트워크제공자의 책임
　　　4. UCC와 CCL

제4장 개인정보 보호법제

제1절 개인정보 자기결정권　　　　　　　　　　　　　　124
　Ⅰ. 정보사회 _ 124
　Ⅱ. 개인정보 _ 126
　Ⅲ. OECD 및 EU, UN의 개인정보 보호 _ 129
　　　1. OECD와 EU의 보호원칙
　　　2. UN의 개인정보 전산화 가이드라인
　Ⅳ. 보호영역 _ 136
　　　1. 보호 및 동의능력 강화
　　　2. 목적구속성 강화 및 참여권 보장
　Ⅴ. 제도적 보장(보호) _ 143
　　　1. 정보공유 금지 및 제한 제도의 필요성
　　　2. 국외이송정보의 적절한 보호를 위한 제도의 필요성
　　　3. 자율규제 및 의무적 자율규제 제도의 필요성
　　　4. 독립적인 감독기구의 필요성

제2절 현재 및 미래의 개인정보 보호법제　　　　　　　　　147
　Ⅰ. 현재 법제 _ 148
　　　1. 공공부문(공공기관의 개인정보 보호에 관한 법률)
　　　2. 민간부문(정보통신망 이용촉진 및 정보보호에 관한 법률)
　Ⅱ. 미래 정보법제 _ 188
　　　1. 정보환경의 변화
　　　2. 정보법제

제3절 각국의 개인정보 보호정책　　　　　　　　　　　　　200

Ⅰ. 국제협력 _ 201
  1. 관련 주요 국제기구
  2. OECD, EU 및 APEC 프라이버시 보호원칙의 비교
Ⅱ. 미국 _ 205
  1. 프라이버시 보호의 발전과정과 관련 법률
  2. 세이프 하버(Safe-Harbor) 원칙
Ⅲ. EU _ 208
  1. EU 내에서의 개인정보 전송
  2. '적절한 보호수준'을 가진 제3국으로의 개인정보 전송
  3. '부적절한 보호수준'을 가진 제3국으로의 개인정보 전송

제4절 정보공개제도   212
Ⅰ. 중요성 및 사례 _ 212
Ⅱ. 정보공개 청구절차와 대상 _ 217
  1. 정보공개 청구절차
  2. 정보공개법의 적용범위
  3. 정보공개 청구권자와 대상
  4. 비공개대상 정보
  5. 정보공개쟁송
Ⅲ. 개선안 _ 260

제5장 생명과학기술법제

제1절 생명과학기술과 생명안전 및 생명윤리   264
Ⅰ. 법과의 만남 _ 264
Ⅱ. 생명안전 및 생명윤리 _ 267
  1. 안전 및 윤리확보의 필요성
  2. 국가생명안전윤리위원회
  3. 유전자변형생물체
Ⅲ. 생명윤리 및 안전에 관한 법률 _ 278
  1. 생명법의 특성
  2. 주요 내용

제2절 생명과학기술과 법   283
Ⅰ. 인공생식의 종류 _ 284
  1. 인공수정 및 체외수정

2. 대리모
　　3. 생명복제기술
Ⅱ. 법률문제 _ 291
　　1. 인공수정
　　2. 대리모
　　3. 체외수정
　　4. 인간배아연구
　　5. 태아조직 연구 및 이식
　　6. 생명복제기술

제3절 유전자변형생물체　　　　　　　　　　　305
Ⅰ. 생물 및 종자자원 _ 306
　　1. 현황
Ⅱ. 유전자변형생물체 _ 307
　　1. LMO표시제
　　2. 주요국의 LMO표시제 현황

참고문헌 _ 315
찾아보기 _ 316

제1장
인터넷과 법

제1절 인터넷
제2절 인터넷의 반효용
제3절 네트워크의 자율 획득 가능성
제4절 인터넷과 표현의 자유
제5절 인터넷과 범죄

제1절

인터넷

I. 인터넷

전 세계의 컴퓨터가 서로 그물처럼 네트워크(network)로 연결되어 있는 것을 인터넷이라 한다. 즉 전 세계에 산재되어 있는 근거리통신망(LAN), PC통신서비스망, 인터넷서비스제공자(ISP)에 의해 구축되는 네트워크들이 서로 연결된 거대한 네트워크가 인터넷인 것이다(Network of network). 그 내용을 구체적으로 보면, ㉠ 인터넷은 네트워크이다. 인터넷은 모든 인간과 집단의 연결을 가능하게 한다는 의미이다. 인터넷에 연결 가능한 루트(회원 ID, E-Mail, Homepage 등)가 있다면 개인, 기업, 단체, 정부 등 사람이 주체인 모든 대상을 연결시킨다. 국가나 지역 등은 상당부분에서 연결의 제약이 되지 못한다. 또한 부자나 가난한 사람 누구나 평등하게 연결해서 이용할 수 있다. ㉡ 인터넷은 정보이다. 인터넷은 정보를 바탕으로 존재한다는 의미이다. 인터넷에는 인류역사상 가장 많은 정보들이 존재하고 있고 앞으로도 계속적으로 정보가 축적될 것이다. ⓒ 인터넷을 이루는 핵심은 '네트워크' 와 '정보' 그리고 '사람' 이다. 네트워크가 인터넷의 골격이라면 정보는 인터넷을 이루는 살이다. 그리고 인터넷에 생명을 불어넣는 것은 사람이다. 인터넷에 생명을 불어넣을 수 있는 사람은 권력자도 부자도 아니고 나이 많은 사람도 전문가도 아니며 힘 있는 사람도 강대국 사람도 아니다. 단지 인터넷을 이용할 줄 아는 평등한, 사회 지위를 벗어난 사람 그 자체이다. ⓔ 인터넷의 주인은 이용자들이며 인터넷의 이용자들은 매우 간교하다. 인터넷은 철저하게 이용자 중심의 매체라는 의미이다. 인터넷 이용자들은 자신에게 필요 없는 홈페이지는 아예 배제한다. 또한 핵심적으로 필요한 정보 또는 홈페이지만을 찾아 움직이는 습성을 지니고 있다. 이용자의 지속적인 홈페이지 이용을 유도하기 위해서는 좋은 정보와 좋은 서비스로 이용자들에게 이익을 줄 수 있어야 한다. 또한 그 이익을 이용자들이 인식할 수 있어야 한다. ⓜ 인터넷은 시공에 제한이 없는 개방구조를 가지고 있다. 인터넷 이용자들은 시간과 공간의 제약 없이 웹사이트를 돌아다닌다. ⓗ 인터넷은 새로운 영역이다(사업자 중심의 특징). 인터넷은 대기업이든 작은 가게든 같은 출발점에서 시작한다. 비록 오프라인에서 지명도 있는 기업에게 어느 정도의 인센티브(incentive)는 있을 수 있겠으나 정보제공에 소홀하다면 도태되고 만다. 조그만 가게라도 온라인에서 유용한 정보를 제공한다면 인터넷에서 성공할 수 있다. 산술적으로 말한다 하더라도 인터넷에서 보여줄 수 있는 넓이는 대기업이든 작은 가게든 하나의 웹페이지일 뿐 대기업이라서 보다 넓은 인터넷 영역을 차지하는 경우는 없다. 문제는 이용자들이 돈을 지불할 만큼의 유용한 정보 또는 서비스를 과연 제공할 수 있는가 하는 것이다.

Ⅱ. 인터넷의 특징

인터넷의 특징을 보면, ① 실시간의 정보교환이 가능하다. 인터넷은 일단 정보를 빠르게 보내고 받을 수 있다는 점이 중요하다. 정보의 형태가 문자, 음성, 동화상, 프로그램에 이르기까지 모든 정보를 실시간으로 세계 어느 곳이든 간에 보내고 받을 수 있다. ② 쌍방향의 네트워크이다. 기술의 비약적인 발전으로 문자, 수치, 음성정보 이외에도 동화상정보의 전달과 지역과 기종에 상관없이 상호간 데이터의 송·수신이 가능하며 엄청난 양의 다양한 정보에 접근이 가능하다. ③ 개방형의 네트워크 형태를 가지고 있다. 개방된 표준인 TCP/IP를 사용함으로써, 예를 들어 기존의 사내정보시스템(Intranet)과 통합이 용이해 모뎀과 PC에 설치된 통신용 프로그램을 통해 접속하거나 전용회선을 통해 사내의 네트워크처럼 활용할 수 있다. 또한 기술적 표준의 개방 덕분에 용도가 무한한 가능성의 네트워크이다. 예를 들어 디지털 통신 및 멀티미디어 단말기의 발달로 인터넷의 성능 고도화가 지속되고 있고 이동통신, 정보고속도로, 분산형 데이터베이스가 상호 연결되고 네트워크가 지능화됨에 따라 인공지능 기능 등의 추가가 기대된다. ④ 소유자나 운영자가 없는 네트워크이다. 인터넷의 소유자나 운영자는 없으며 단지 미국의 국립과학재단 등과 같이 정기적으로 점검하고 표준을 제시하는 등의 일부 공공 및 민간부문의 관리기관만 존재한다. 그러나 통제는 가능하다. ⑤ 직접성을 띠고 있다. 종래의 일정한 관계에 있는 당사자가 아니더라도 불특정 다수에게 직접적으로 정보를 전송할 수 있다. ⑥ 대중적 네트워크(값싼 요금으로 초보자도 이용 가능)를 지향하고 있다. 컴퓨터 통신을 위한 간단한 장치(모뎀, 전화선)와 통신 소프트웨어만 준비하면 시내전화 요금 수준으로 사용할 수 있다. 또한 검색 소프트웨어 기술의 발달로 영어 독해만 가능하면 손쉽게 사용할 수 있다.

Ⅲ. 인터넷 서비스의 종류

1. 전자우편

전자우편(E-Mail)은 전 세계 어느 곳이든지 인터넷으로 연결된 이용자와 단 몇 초 내에 편지를 주고받을 수 있는 서비스이다. 그 전달 범위가 전 세계적이라는 광범위성을 가지고 있다. 전자우편도 일종의 편지이다. 따라서 수신자가 누구인지 정확히 구분을 해야 된다. 전자우편의 주소는 세계에서 유일함을 나타내기 위해 '자신의 ID@도메인이름(Host이름, 기관이름, 기관종류, 국가로 구성)' 형태를 일반적으로 가지고 있다.

2. 월드와이드웹

월드와이드웹(World Wide Web)은 주요 단어를 기본으로 하이퍼텍스트(Hypertext)[1] 기반의 멀티미디어정보(음성, 영상 등) 형태로 다양한 서비스를 제공하는 인터넷을 발전시키고 이용자에게 친숙함으로 다가오게 만든 대표적인 인터넷 서비스이다. '웹'은 거미줄이라는 의미로 전 세계의 정보가 마치 거미줄처럼 엮여져 있음을 의미한다.

그 특징을 보면, 원래 월드와이드웹의 목적은 정보의 빠른 검색이 목적이었다. 다양한 정보 속에서 원하는 정보에 대한 연결점만을 찾아감으로써 쉽게 이용자가 원하는 정보를 찾을 수 있는 탐색도구 기능을 하는 것이다. 월드와이드웹은 '클라이언트-서버'(Client-Server) 원리에 의해 운영이 된다. 이는 레스토랑에서의 상황과 유사하게 이해할 수 있다. 즉 손님(클라이언트)은 식당에서 웨이터(서버)에게 주문을 하고, 그로부터 음식, 음료수 및 다른 요구된 서비스를 제공받는다. 이와 같이 이용자들이 클라이언트 컴퓨터를 이용해 전용서버에 저장된 공유 응용프로그램이나 데이터를 이용할 수 있다는 것이다. 월드와이드웹 서비스를 이용하기 위해서는 익스플로러(Explore) 같은 웹브라우저(Web Browser)라는 프로그램이 필요하다.

---

[1] 하이퍼텍스트는 일반 문서와 달리 한 문서 내에 다른 문서에 대한 연결점을 가지고 있는 문서를 의미한다. 일반적인 인터넷 홈페이지는 기본적으로 하이퍼텍스트 형태로 되어 있다. 문서 내의 연결점은 일반문자, 그림 등 다양한 형태가 가능하다.

3. 유즈넷

유즈넷(Usenet)은 'User's Network'의 약자로서 공통 관심분야에 대해 사람들이 모여 많은 대화를 할 수 있는 토론그룹을 말한다. 현재 인터넷에는 약 1만 3천 개 이상의 토론그룹이 있다. 이곳은 인터넷을 이용하는 사람들의 여론을 형성하는 공개게시판 기능을 한다. 또한 관심분야별로 주제를 나누어, 예를 들어 월드컵 실황중계에서부터 햄버거에 대한 토론까지 전 세계의 다양한 사람들이 모여 이야기를 나누는 곳이다.

4. FPT, HTTP

FTP(File Transfer Protocol)는 인터넷에 있는 수많은 자료를 자신의 컴퓨터로 수신할 수도 있고 또한 반대로 자신의 정보를 상대방에게 보낼 수 있는 파일전송 서비스로, FTP는 파일을 송·수신하기 위한 통신규약이다. FTP는 주로 공개 파일을 인터넷에서 제공하기 위해 사용한다. 인터넷에는 공개 파일을 제공하는 많은 익명 FTP 사이트가 있다. 반면에 HTTP(Hyper Text Transfer Protocol)는 웹문서를 보기 위한 통신규약이다.

5. 텔넷

텔넷(Telnet)이란 물리적으로 멀리 떨어져 있는 컴퓨터에 접속해 마치 자신의 컴퓨터로 사용하는 것처럼 해주는 원격접속 서비스를 말한다. 외국에 나가더라도 텔넷 서비스를 이용하면 인터넷을 통해 한국에 있는 컴퓨터에 접속해 사용할 수 있다.

6. 고퍼

고퍼(Gopher)는 텍스트 위주의 정보검색 시스템으로 메뉴를 이용해 정보를 검색하는 인터넷 서비스를 말한다. 월드와이드웹이 등장하기 이전에는 인터넷에서 정보검색에 많이 사용되었다. 고퍼시스템은 1991년 미국의 미네소타 대학에서 개발·보급되어 현재 많은 고퍼시스템이 존재하며 다양한 정보를 제공하고 있다.

7. 기타 인터넷 서비스

(1) 인터넷 대화(IRC, 채팅)

국내의 BBS(전자게시판 시스템)와 같이 하나의 컴퓨터에 접속해서 텍스트로 대화하는 서비스를 말한다. 사이버공간을 돌아다니며 인터넷에서 서로 만나 대화하는 World Chat이다. 새로운 의사소통기구로서 이에 대한 긍정 및 부정이 교차하고 있다.

(2) 인터넷전화

일반 전화선을 이용해 상대방과 통화하는 것이 아니라 인터넷 서비스에 전화기를 연결해 통화하는 전화를 이용한 음성서비스이다. 일반 전화요금 인하의 주요인이지만 현시점에서 통화품질은 일반 유선전화보다 떨어진다.

(3) 원격로그인

인터넷으로 연결된 컴퓨터를 자신의 컴퓨터처럼 사용하는 기능으로 상대 컴퓨터의 계정을 알고 있어야 사용할 수 있다. 컴퓨터 및 바이러스의 진단·치료, 크래킹 등에 사용되고 있다.

(4) 전자잡지

인터넷을 통해 출판되고 분배되는 잡지로 그 분배는 메일링 리스트(Mailing List)를 이용하거나 익명 FTP 사이트를 이용한다.

(5) 게임

인터넷을 이용해 상대방과 게임(바둑, 체스 등)을 즐긴다. 머드(MUD, Multiple User Dungeon)게임은 가상현실을 제공하는 프로그램으로 머드에 참여하기 위해 머드 서버에 원격로그인해 역할을 부여받고 탐험 등을 한다. 우리나라는 자타가 인정하는 인터넷 게임 강국이다.

(6) 핑거(Finger) 서비스

특정 이용자에 대한 정보를 알 수 있는 서비스로서 알고자 하는 사람의 ID만 가지고도 그 사람에 관한 정보(이름, 메일 수신, 로그인 시간 등)를 얻을 수 있다.

(7) 아키서버

아키(Archie)는 전 세계에 흩어져 있는 익명 FTP 사이트의 정보를 가지고 있어 이용자는 아키를 이용해 키워드 검색을 한다. 아키서버는 이용자의 키워드와 일치하는 파일을 찾아 그 파일을 제공하는 FTP 사이트를 알려준다. 현재 이 기능은 웹이 상당부분 대체하고 있다.

제2절

인터넷의 반효용

근대 산업혁명 시대에 기계의 발명을 통한 새로운 사회발전의 동력이 등장할 때도 그것에 대한 기대와 불안이 함께 있었다. 현재의 정보통신 시대의 인터넷 등장의 경우에도 그 도래를 예찬해 환영하는 목소리와 함께 '조지 오웰적 세계'의 도래를 경고하는 논조도 있다. 특히 유럽에서는 생활의 평온을 침해하는 데 그치지 않고 공공 및 민간부문에서 새로운 통제 및 관리수단을 제공할 수도 있는 인터넷을 강하게 비판하는 사람들이 많다. 그런데 그렇게 비판하는 사람들이 오히려 인터넷을 적극적으로 이용한다는 것은 또 다른 시대의 특색이다. 한편 인터넷이 1970년대의 시대 풍조에서 성장하고 많은 자원봉사자들에 의해 유지되고 있다는 점에서 반권위·반관리의 상징이라는 의견도 있다. 이익 및 광고가 이미 가상세계에서 행동의 주요 기준이 되어 버린 지금 이것은 인터넷 탄생에 대한 하나의 신화이며 인터넷에 현재도 그러한 분위기가 넘치고 있는 것도 사실이다. 그러나 그렇게 말한다면 인터넷이 핵전쟁에서의 승리를 목적으로 시스템의 취약성을 극복하고자 ARPA(미국국방부 고등연구계획국)에 의해 구상된 시스템이었다는 사실과 맞지 않는다. 그뿐만 아니라 탄생이 그 성격을 규정한다는 것은 너무 피상적인 주장이다.

과거의 뉴미디어 열풍이 열병에 그친 데 반해서 인터넷 열풍은 어느 정도 진정되어 착실한 사회제도로의 길을 걷고 있는 것처럼 보인다. 즉 정보 커뮤니케이션, 미디어, 상거래에서의 전자인증, 전자 네트워크 민주제도에 이르기까지 생활의 전반을 지탱하는 사회적 인프라의 역할이 기대되고 이를 위한 각종 프로젝트가 시동되고 있다.

그 원인을 해명할 수는 없지만, 현재 끝없이 제안되고 있는 정책에 대한 것을 살펴보면 인터넷이 아니고서는 실현 불가능한 것이 얼마나 많은지를 알 수 있다. 그러나 그것이 꼭 옳다고 말할 수는 없다. 예를 들어 '인터넷으로 세계의 정보에 접근할 수 있다'는 것을 살펴보자. 물론 물리적으로 접근하려고 한다면 수많은 시간과 비용이 드는 지구 반대편의 정보를 한 번의 마우스 클릭으로 순간에 입수 가능하다는 매력은 우리를 끌어당긴다. 예를 들면 미국 연방대법원의 '통신품위법' 위헌판결은 판결이 내려진 후 30분 사이에 판결문이 전 세계에 퍼졌다. 그런데 여기에는 함정이 있다. 현실의 인간사회는 불평등하지만 하루가 24시간이라는 점만은 완전히 평등하다. 국민생활 시간조사의 결과에 의하면 이미 하루 3시간 반 이상을 TV 앞에서 보내고 있다. 여기에 신문·잡지·서적을 읽는 시간을 합하면 미디어와 접촉하는 시간은 수면시간에 필적할 것이다. 여기에 인터넷을 통해 방대한 정보가 유입되고 있는 것이다. 아무리 여가시간을 확대해도 하루 24시간은 넘을 수 없으며 현실적으로 보더라도 증대하는 소득과 여가를 더 이상 모니터 앞에서 보내게 될는지는 의문이다. 그러한 한계 속에서 정보와 접촉하는 시간을 만드는 것이다. 그렇게 되면 오히려 인터넷이 가진 정보의 방대함은 부질없는 것이 될 수도 있다.

나아가 미디어 측에서 보면 또 다른 문제도 있다. 종래의 미디어에서는 신문기자나 방송기자가 정보를 수집(취재)해 그것을 시간적으로 또는 다른 사회적인 일들과의 관계에서 조합·정리해 의미를 부여하고, 어떤 정보는 강조하고 어떤 정보는 버린다. 그리고 지면이나 프로그램으로 구성할 때에 지면의 넓이나 취급시간의 길이 등 중요성을 구분한다. 이러한 작업에 관여하는 사람을 게이트키퍼(Gate Keeper)라고 부르지만, 그것은 오랜 세월의 직업적 훈련을 거친 사람들이 몇 단계에 걸쳐서 행하는 작업이다. 최종적으로는 신문 및 방송사의 주체성과 맞물려 편집된다. 독자 또는 시청자 입장에서 보면 이러한 미디어의 작업을 합리적으로 이용하는 것이 한정된 생활시간을 보내는 데 있어서 하나의 지혜라는 것 또한 사실이다.

전자상거래에 대해서도 마찬가지이다. 집에 있으면서 세계의 모든 물건을 쇼핑하는 것은 매력적이지만, 그것이 통신판매에 관한 법적 문제들과 공통의 문제를 가지고 있는 것은 별도로 하더라도 극대화될 수가 있다는 그 효용에는 의문이 있다. 전자거래를 통한 그러한 거래가 소비자에게 도달하기까지 일반화되었다고 가정하면, 가상쇼핑몰에는 국경까지도 존재하지 않기 때문에 그것이 어느 나라의 업자인지는 전혀 문제되지 않는다. 이미 지방도시에서는 도청소재지까지도 중심가 상점의 폐업률이 높아지고 손님의 발걸음이 급속히 줄어드는 현상이 보도되고 있다. 물론 전통에만 의존해 영업노력을 태만히 한 결과도 있겠지만, 그 이상으로 중대한 것은 대자본에 의한 거대 쇼핑센터의 개점 및 KTX의 개통으로 사람과 금전의 흐름이 변하고 말았다는 점에 있다(자금이 지역으로 환류하지 않고 본사 소재의 대도시로 환류하는 즉, 소득이 낮은 지역에서 높은 지역으로의 소득이전, 이것은 국제적인 남북문제의 국내판이다). 여기에 최신·최고의 기술을 구사하는 전자상거래가 들어오는 것이다. 더욱이 이러한 일이 수도권 집중의 완화를 표어로 해 추진되고 있다. 가령 그러한 지역격차의 시정이 행해졌다 할지라도 상점가란 사람과 사람이 만나는 장소이며 자연발생적인 의사소통 공간이다. 그런데도 불구하고 주거에서 한 걸음도 밖으로 나오지 않고 모니터를 상대로 묵묵히 물품을 구입하고, 그 결과 의사소통이 붕괴되는 병리현상을 걱정하는 사람은 많지 않다. 이를 단순하게 새로운 시대의 도래라고 예찬하기에는 무리가 있다. 준비가 되어 있지 않은 상황에서의 새로운 시대의 도래는 대부분의 사회구성원에게는 버거운 것이다.

제3절

네트워크의 자율 획득 가능성

I. 사이버공간과 네트워크의 현실

1. 가상공동체의 독자적인 규범

　인터넷은 네트워크 중의 네트워크로서 세계로 퍼져 나가고 있으며 동시에 사이버공간(Cyber Space)은 더욱 확대·심화되고 있다. 사이버공간이라고는 하지만 기존하는 법질서의 틀 밖에 있는 신대륙이라는 것이 아니며 네트워크에 참가하는 네티즌에게 현실사회의 법이 적용되지 않는 것도 아니지만, 무수히 많은 사람들이 서로 정보공개, 의견교환, 연설, 논의를 전개해 그 의사소통을 축으로 한 일종의 공동체(Virtual Community)가 생성 및 발전됨에 따라 공동체적이고 독자적인 규범이 싹트고 있다. 사이버공간은 기존 법체계의 적용하에 있으면서도 어느 정도는 자율적인 사회공간이라는 측면을 가지고 있으며 거기에 참가하는 사람들의 의식에도 본능적으로 자율성이 강하게 지향되고 있다고 생각할 수 있다.

독자적인 규범들을 보면, 먼저 인터넷은 문자 그대로 다른 네트워크 사이를 접속하는 것이므로 상호 공통된 약속이 없으면 안 된다. 따라서 그러한 기술적 약속이 당연히 먼저 규범으로 작용하게 되어 있다. 그것들은 IETF(The Internet Engineering Task Force)에 의해 RFC(Request for Comment)라는 형식으로 문서화되어 기술적 발전의 기초가 된다. 그 중에는 기술정보에 그치지 않고 의사소통의 윤리적 측면을 가진 네티켓(RFC1855)도 포함된다. 예를 들면 네티켓 가이드라인에는 이용자가 인터넷상의 정보에 불쾌감을 느끼더라도 다른 지역이나 국가에서는 그것이 허용되고 있는지 모른다는 것을 전제로 하고 행동해야 한다는 점과 익명의 자유를 존중해야 한다는 점, 다른 사이트로 정보를 이전해 갈 경우에는 허가가 필요하다는 점 등 예의의 색채를 띤 것에서부터 법규범에 가까운 것까지 있다.

또한 인터넷의 일부로 편입되어 가고 있는 PC통신의 세계에서는 주재자나 운영회사와의 계약조항이 내부규범으로 작용하는 외에, 시스템 오퍼레이터(System Operator)라고 불리는 전자회의실·포럼의 주재자가 각자의 운영권한에 기초해서 혹은 회원과의 협의하에 규칙을 정하고 있어 그것이 규범으로 작용하고 있다. IP접속에 의한 본래의 인터넷에서도 서비스제공자를 경유해 접속하는 경우에는 제공자와 이용자 간의 이용계약이 규범으로 작용하며 공통된 계약관계가 없는 이용자 상호간의 커뮤니케이션에서도 뉴스그룹이나 메일링 리스트와 같이 계속적으로 접촉하는 광장에서는 역시 자체적인 규칙이 정해져 있든가 암묵리에 존재하고 있는 경우가 많다. 이 밖에도 본래의 법적 문제인 권리의무관계에 대해서도 현실사회의 법과는 다른 규범의식이 공유되는 경향이 있다. 그 전형적인 예가 리처드 스톨만(Richard Stallman)의 GNU 프로젝트이다. 그리고 이 공동체의식이 상징적인 형태로 나타난 것이 전자프론티어재단의 공동설립자인 존 페리 발로(John Perry Barlow)가 쓴 사이버공간의 독립선언이다.[2] 조금은 몽상적인 이 문서는 전자 네트워크에서의 정보교류에 대한 국가권력의 무분별한 개입 즉, 미국 정부의 소위 '통신품위법'(Communications Decency Act, CDA)의 성립에 대한 항의문이다.

사이버공간의 여러 종류에서 자체적인 내부규범이 있다는 것 자체는 법적으로 보더라도 그다지 이상한 일이 아니다. 또한 합의에 근거를 둔 내부규범이 자체적인 법규범으로 사용되어야 하는 것은 오히려 당연하고 바람직하다(사적 자치의 원칙). 현실사회에서도 합동행위나 계약 등에 의한 내부규범을 두어 자율성을 가진 단체는 많다.

자율성 있는 단체에는 법원에 의한 사법심사까지도 미치지 않는 경우도 있을 수 있다. 어느 정도의 논란이 있지만 법원은 지속적으로 "일반시민사회 속에 있으면서 이와는 별개로 자율적인 법규범을 가진 특수한 부분사회에서의 법률적 분쟁 같은 것은 그것이 일반시민의 법질서와 직접적인 관계를 가지지 않는 내부적인 문제에 그치는 한 그 자주적·자율적 해결에 맡기는 것이 적당하며, 재판소의 사법심사의 대상이 되지 않는다고 해석하는 것이 상당하다"고 판시하고 있다. 그리고 종교상의 행위인 기부나 종교단체 내부의 지위, 기타

---

[2] http://www.eff.org/~barlow/Declaration-Final.html.

종교상 교리의 해석이 필요한 분쟁이나 의회의 내부규율에 대한 분쟁에 관해서는 사법심사가 미치지 않는다고 판단한 사례도 많다. 이미 전체사회 내에서 부분사회 역할을 하는 이러한 사이버공간의 내부규율을 존중하는 것 중에는 사법심사를 거부하고 소송을 각하하는 대처방법뿐만 아니라 단체의 자율적 결정을 존중해 그에 따른 본안판결을 내린 것, 단체의 결정절차의 정통성을 심사한 것, 절차·실체도 심사의 대상으로 한 것 등 여러 가지일 수가 있다. 그러나 사회의 일정부분을 차지하는 부분사회라고는 하지만 국회, 정당, 대학, 종교단체, 사적 인프라 등 여러 종류의 단체가 일률적으로 취급되는 것은 타당하지 않으며, 각각에 대해 자율성을 인정하는 근거나 실질적 타당성 등을 감안해 개별적이고 구체적으로 결정할 필요가 있다. 사이버공간에 자율성을 생각하는 경우에도 자율적인 질서형성의 유무, 그 정통성·자율성을 존중해야 할 근거, 실질적인 타당성 등의 여러 요소가 검토되어야 한다.

반면에 사이버공간이라고는 하지만 그 내용은 한 가지가 아니라 여러 단계의 단체가 존재하며 다종다양한 가상공동체가 현실적으로 존재하고 있다. 예를 들면 일반적으로 계약관계를 기초로 닫힌 의사소통을 구성하는 PC통신의 세계에서는 고유한 자체 규칙과 경우에 따라서는 소박한 분쟁처리 규칙이 마련되어 있는 경우도 있다. 이에 반해서 웹을 이용한 BBS(전자게시판 시스템)처럼 참가자가 상호 아무런 법적 관계를 맺지 않은 채 계속적인 의사소통을 구축하고 있는 경우도 있다. 이는 현실사회의 법체계와 사이버공간의 자율성을 생각한다 하더라도, 작고 다양한 가상공동체 각각의 자율성의 문제와 그것들을 포괄하는 대형 사이버공간의 자율성은 구분해서 사용할 필요가 있음을 말해주고 있다. 따라서 의사소통 차원의 자율성은 각각의 특징에 따라 차별성 있게 인정된다. 일률적으로 사법심사가 미치지 않는 영역은 용이하게 생각하기 어렵지만, 실체적 규칙이 명문으로 마련되어 있는 경우는 물론 묵시적인 규칙이라도 커뮤니티의 개방성 및 폐쇄성, 규칙의 형성과정, 참가자의 익명성 유무·정도 등 모든 요소를 감안해 현실사회의 규칙과 다른 규칙이 존재하는 것이 타당하다고 해석할 여지가 있다.

2. 사이버공간과 현실사회와의 관계

각종 가상공동체의 자율성에 대해 사이버공간 자체의 자율성을 완전하게 인정하는 것은 힘들다. 기초가 될 전체적인 사회계약이 존재하지 않으며 종교단체와 같이 불가침성을 뒷받침할 요소도 도출하기 어렵기 때문이다.

네티즌 권리장전에서는 광범위하고 용이한 액세스권과 감시 없는 표현의 자유, 그리고 자원봉사자에 의한 운영과 영리금지를 기본권 목록에 담고 있다.[3] 영리금지는 오늘날 이미 타당하지 않게 되었지만, 액세스권과 표현의 자유는 네트워크 사회의 기본적 인권으로 사이버공간에서 네티즌이 향유해야 할 기본권으로서의 존재가치라 해도 좋다. 그러나 액세스권이나 표현의 자유는 헌법이나 그 밖의 권리선언에 규정되어 있는 표현의 자유에서의 알 권리의 한 형태일 뿐이다. 종래에는 액세스·발신 수단이 한정되어 있었기 때문에 개인

---

[3] http://www.columbia.edu/~rh120/netizen-rights.txt 참조.

에게는 무리였지만, 인터넷의 발달에 따라 기술적으로 개방되어 권리로서 의식할 수 있게 된 데 불과하다. 사이버공간의 고유의 권리라기보다는 현실사회에서 인터넷이라는 인프라를 전제로 하여 실현되어야 할 기본권이라고 하는 것이 정확한 것이다.

또한 예컨대 음란규제와 같은 국내 고유의 실체적 규범은 외국과의 정보의 담장이 없는 사이버공간에서는 실효성을 잃어 규제 자체가 불가능하다는 주장을 흔히 볼 수 있지만, 이것도 반드시 사이버공간의 자율성을 담보하는 것은 아니다. 외국과의 담장이 낮아졌기 때문에 현실사회의 실체법을 효용성이 있는 방향으로 재검토하도록 압력이 걸린 것으로 보아야 한다. 그리고 재검토의 결과 외국과는 다른 국내의 규제를 유지하는 것도 충분히 있을 수 있는 것이다. 국가나 지역, 민족 등의 문화적 전통은 사이버공간의 출현에 의해 당연히 파괴되어야 하는 것이 아니며 또한 그것이 바람직하지도 않은 것이다.

이렇듯 가상공동체에서 향유되어야 할 자유나 가능성에의 권리는 그 광장이 자율적인 공간이기 때문에 특별히 인정되는 것은 아니다. 오히려 사이버공간에서의 가능성이 현실사회의 권리나 자유를 확대하고 풍요롭게 해 가는 것이라고 생각해야 한다. 인터넷에 의한 새로운 기술적 가능성이나 정보유통의 장벽 초월은 사이버공간이라는 특수한 광장의 특별한 규범을 부분적으로 형성할 것이며, 사이버공간 전체에 있어서 사람들의 행동양식이나 가치관이 변용되어 나가는 것은 있을 수 있다. 그러나 그것들은 끊임없이 현실사회의 법과 접촉하고 상호 영향을 주며 다양한 가치관과 문화를 가진 현실사회 규범의 지배하에 있으면서도 거꾸로 그것을 변화시켜 나가는 힘이 되어 글로벌한 법 발전에 기여하는 것으로 자리매김해야 할 것이다.

Ⅱ. 가상공동체의 질서

1. 네트워크제공자 자율규제의 문제점

　네트워크라는 특수한 환경에서 개인의 자유로운 의사소통이 상대적으로 더 가능한 이면에 새로운 부당하고 위법한 권리침해가 발생할 가능성이 있다는 것을 추론하는 것은 그리 어렵지 않다. 일반인을 대상으로 한 보도 중에는 네트워크에서의 사건을 크게 취급해 마치 네트워크가 무법지대인 것처럼 보도하는 경향도 있다. 지금까지 주로 이러한 흐름 속에서 사이버공간에 법질서의 필요성이 강조되고 법규제가 검토되어 왔다. 그러나 이러한 부정적인 인식을 바탕으로 사이버공간에서 발언내용이나 정보내용에 직접적인 법규제를 가하는 방식은 언론·표현의 자유와 긴장관계를 초래할 수밖에 없다. 그 때문에 흔히 사이버공간 자체 내의 가이드라인이나 자율규제가 주장되어 왔다. 자율정화를 주장한 것이다. 이러한 방법은 극히 자연적이며 일반적이고 자유로운 방법이라고 할 수 있다. 그러나 그 한계도 분명히 존재한다.

　자율규제방식의 장점은 국가권력이 직접 손을 쓰지 않는다는 점에서 직접적으로 표현의 자유와의 충돌을 회피한다는 점, 표현자 자신부터 네트워크제공자, 이용자 및 그 단체 등 다양한 계층에서 다양한 방법으로 적용할 수 있다는 점, 그리고 특히 네트워크제공자의 참가에 의해 실효성을 얻을 수 있다는 점 등에 있다. 그러나 자율규제라고는 하지만 표현자·발신자가 아닌 다른 사람에 의한 규제를 인정한다면 표현의 자유에 대한 침해가 될 수 있음을 잊어서는 안 된다. 또한 자율규제의 그물이 광범위하게 미쳐서 실효성이 있으면 있을수록 국가에 의한 규제와 실질적으로 차이가 없게 된다. 그리고 규제의 실체적 기준의 형성과정에 정부가 직접 또는 간접으로 관여한다면 정부에 의한 직접적 규제와 실질적으로 같아지게 된다. 실체기준을 자율규제단체 스스로가 결정하는 경우에는 실체기준의 정통성이 문제가 될 수 있다. 자율규제가 법률상의 제약을 담을 때에는 규제단체에 의한 법해석의 정당성이나 법해석을 행하는 것 자체의 정당성도 문제가 된다. 마지막으로 개개의 경우에 있어서의 판단과정에서도 규제를 행하는 주체의 중립성과 규제를 받는 정보발신자의 이의신청 기회 및 불복신청의 기회가 보장되어 있지 않은 절차(소수자 보호 무시)라면 절차적 정통성이 결여되었다고 해야 할 것이다.

예를 들어 사회적으로 큰 비난을 받는 형사사건의 경우 자율규제의 문제점을 찾아볼 수 있다. 이런 사건에서는 체포된 범인의 얼굴 사진과 실명 등의 정보를 게재한 웹과 게시판이 다수 나타날 수가 있는데 네트워크제공자에 의한 삭제 및 삭제권고에 의해 속속 모습을 감추어버릴 수 있다. 여기에서 네트워크제공자가 자율규제를 행함에 있어서 실체적 규범으로 삼은 것은 사실상 자의적으로 제공자측이 판단할 수 있는 약관의 조항이며,[4] 그 실체기준의 형성에 이용자의 목소리가 반영될 여지는 적다. 그리고 구체적으로 웹페이지를 삭제할 때에도 갑자기 일방적으로 삭제를 통고하거나 비공개로 회원자격까지 박탈하는 등의 행위에 대해 이용자측이 정당성을 주장할

---

[4] 삭제를 요구할 수 있는 정보로서 범죄행위나 공서양속 위반뿐만 아니라 네트워크제공자측이 부적절하다고 판단하기에 이른 백지위임 조항이 포함되어 있는 약관을 많이 볼 수 있다.

여지가 적다. 사진게재나 실명폭로에 대한 매스컴의 비난 논조에 무비판적으로 반응한 측면까지도 볼 수 있다. 따라서 자율규제라고는 하지만 정보발신자 스스로가 발신내용에 대해 자율적으로 규제하는 것이 아니며 네트워크제공자가 발신내용에 대해 자율적으로 규제하는 것도 아니다. 단지 국가의 규제를 받기 전에 또는 책임회피를 위해 자율적이라는 가면을 쓰고 규제를 대행한 데 불과하다. 즉 실질적으로 사적인 검열기관으로서 기능했다고밖에 할 수 없는 것이다.

2. 자유로운 사이버공간을 위한 기반

사이버공간에서도 현실사회의 법이 적용되며, 범죄나 타인에 대한 권리침해가 없을 때 그에 대한 제재가 과도하게 가해져서는 안 된다는 것은 당연하다. 마찬가지로 권리침해의 경우, 예를 들어 명예훼손이나 프라이버시 침해, 지적재산권 침해 등 사적인 권리침해라도 피해자가 법적 절차를 통해 제도적으로 구제를 요구할 수 없으면 그 제도는 결함이 있다고 보아야 한다. 그렇다고 해서 그러한 피해나 범죄를 미연에 방지할 것을 목적으로 보다 광범위한 규제나 실효적인 예방조치를 강구하는 것이 무조건적으로 정당화될 수는 없다. 예를 들어 현실사회에서 살인사건이 끊이지 않는다고 해서 자의적인 예방구금·예방수색 등이 정당화될 수 없는 것과 마찬가지이다. 따라서 정부가 추진하고 있는 네트워크제공업체를 통한 자율규제 방식은 질서형성에 효과적인 방법임은 틀림없지만, 현재로서는 자유로운 언론·표현의 광장인 사이버공간의 특징을 침해할 우려가 있다. 정부가 형식상으로 직접개입을 피하면서 업계단체를 통해 간접적으로 질서형성을 꾀하는 수법 자체가 시대착오이며, 언론·표현의 발신주체에 대한 실질적인 억압을 초래한다면 자율규제는 이름뿐인 것이다. 범죄를 포함하여 타인의 권리를 침해하는 것이 아닌 한, 자율규제는 진정한 의미에서 자율적으로 행해져야 한다. 즉 자율규제는 기본적으로는 표현자 스스로가 임의로 자신의 표현에 자기 억제를 가하는 한도에서 허용되는 것이 가장 바람직하다. 이를 위한 자체 내의 규범적 성격을 가지고 있는 지침(Guideline)은 그것이 법적으로나 사실상으로도 제재를 수반하지 않는 순전한 모델코드인 한 정당화될 것이다. 이는 사이버공간에서 고도의 개인적인 문화역량이 필요함을 의미하기도 한다.

물론 네트워크제공자나 기타 서버를 타인에게 사용하게 하는 업무를 하고 있는 기관의 경우에도, 적어도 자신의 지배영역 내에 있는 정보발신에 자율적인 규제를 창설할 자유는 인정되어야 한다. 영업상의 장단점을 고려하고 또 스스로의 윤리적 판단이나 사상에 기초해 일종의 편집을 하는 것도 역시 자유이다. 그러나 업계단체에 의한 일률적인 규제나 가이드라인을 두어 강제하는 것은 인정하기 어렵다. 그것은 자율성을 공동화 및 사문화시켜 사실상 표현의 자유에 대한 규제의 길을 여는 것이며, 영리기업 상호간 서비스 내용의 카르텔이자 부당한 경쟁제한이라고 할 수 있다. 따라서 네트워크제공자의 자율규제는 어디까지나 각 제공자의 능력과 자기 책임하에서 행할 필요가 있다. 다만 그렇다 해도 개인의 정보 액세스·발신의 권리와 네트워크제공자의 자율규제가 충돌하는 것은 피할 수 없으므로, 개인이 정보발신을 가능하게 하는 대체적 채널이 필요하다. 즉 개인 수준의 전용선 접속의 가능성을 보다 넓혀가는 것이 정보발신의 자유를 확보하기 위해 꼭 필요하게 된다. 이는 현실적으로 포털(Portal) 업체의 정보를 정보 소유자 자신의 임의대로 이전할 수 있어야 한다는 주장에 설득력을 더해줄 수 있다.

이처럼 자유를 실질적 또는 효율적으로 확보하기 위해서는 정보 발신에 의해 발생되는 권리침해의 구제방법도 다양하게 구성할 필요가 있다. 권리침해에 대한 궁극적인 구제수단은 재판이 되겠지만, 그에 앞서 대체적 분쟁처리제도(Alternative Dispute Resolution, ADR)의 구축이 필요하다. 이용자와 네트워크제공자가 참가하는 사적 조정·중재제도(사이버 ADR)를 통해 합의에 기초한 해결사례를 축적해 감으로써 실효적인 구제가 가능하게 된다. 그리고 이것은 사이버공간의 자율성의 기반이 될 것이다.

제4절

인터넷과 표현의 자유

　인터넷의 효용 및 반효용성을 얘기할 때 헌법영역에서는 주로 헌법 제21조의 표현의 자유와 프라이버시에 대한 한계설정일 것이다. 과거보다 더 크게 언론의 자유영역이 확대되었으나 개인 프라이버시의 침해도 더 가능해졌다는 의미일 것이다. 또한 이의 반작용으로 법적 안정성 및 권리구제라는 명목으로 관련 법률의 제·개정 및 가이드라인의 설정을 통한 표현의 자유 영역에서 국가의 간섭이 더 쉽게 강화될 수도 있으며 프라이버시 영역에 있어 보호의 강화도 있을 것이다.

　인터넷의 반효용을 강조하는 입장에서 보면, 인터넷의 효용이라고 선전되고 있는 것은 기존의 효용에 빠르고 싸고 편리한 효용을 부가한 것이 많다는 것을 알 수 있다. 이는 본질적인 사항은 아닌 것이다. 그렇다면 인터넷의 본질적이고 독자적인 효용은 어디에서 구할 수 있는가? 이는 인터넷 시스템에서 찾아볼 수 있을 것이다. 인터넷 시스템의 특징은 크게 두 가지로 말할 수 있다. 첫째로 네트워크의 참가자는 기본적으로 대등하다는 점이다. 즉 PC통신이나 대형컴퓨터시스템과는 달리 네트워크에 접속만 하면 참가자는 호스트(Host)의 존재를 반드시 의식하지 않아도 되며, 그 관심과 능력에 따라서는 스스로 호스트로서 정보제공자가 될 수도 있다. 그리고 두 번째는 네트워크의 성격상 영토개념으로 구성된 국경을 넘어서 메시지를 쉽게 전달할 수 있다는 점이다.

현대의 언론정보환경에 있어서 최대 문제는 보내는 쪽과 받는 쪽의 통합적인 쌍방향성이 현대 정보환경의 주역인 매스미디어에는 보장되어 있지 않다는 것이다. 보장된다 하더라도 상당히 제한적인 것이다. 그런데 인터넷에 의해 누구라도 정보환경에 쌍방향적으로 접근할 수 있는 구체적인 도구가 상당히 현실적인 가능성을 가지고 제공될 수가 있다. 즉 그 도구는 전문가가 아닌 개인수준에서도 운용 가능하며, 그 영향력·전달력에서 매스컴에 필적하고, 받는 쪽과의 쌍방향성이 보장되어 있다는 점에서 매스컴을 능가하는 미디어라는 특징을 가지고 있다. 현재 디지털 다채널형 위성방송이나 케이블TV의 보급으로 VOD(Video on Demand)의 꿈도 어느 정도 이루어졌다고 하지만, 거기에서 확보되는 것은 다양화된 받는 쪽의 수요뿐이고 자신의 메시지를 원하는 방향으로 발신할 기회는 확보되어 있지 않다. 그런데 인터넷은 그것을 효과적으로 실현하는 수단인 것이다. 이것이 표현의 자유라는 헌법상의 가치실현에서 인터넷이 중요한 이유이다. 적어도 현재 이러한 효용성면에서 인터넷을 능가하는 도구는 존재하지 않는다. 바로 여기에 인터넷만의 효용이 있는 것이다. 말하자면 인터넷의 이러한 효용을 도외시한 법률논의, 특히 각종 규제논의는 의문이며 부작용만 양산될 가능성이 높은 것이다.

이러한 인터넷의 의사소통의 쌍방향 가능성에서 부작용으로 도출되는 것이 익명성을 통해 누리고 있는 거의 무제한의 표현의 자유를 어느 정도까지 사회일반인이 용인해야 하는가 하는 문제이다. 정보통신부에서 주장되고 있는 '공연성을 가진 통신'에 대해 알아보기로 한다.

지금까지 전기통신을 둘러싼 법규제의 틀은 방송과 통신의 이분론에 서 있었다. 즉 전자가 1대 불특정 다수의 전기통신인 데 반해서 후자는 1대 1을 기본으로 하는 점, 그리고 후자가 통신의 비밀을 전제로 하여 원칙적으로 내부규제의 요소를 가지지 않고 있는 데 반해서 전자는 이용 가능한 전파의 희소성과 공익 등을 이유로 내용상의 규제까지도 전제로 했다는 점에서 큰 차이가 있었다. 즉 완화된 규제와 엄격한 규제의 차이점이 있었다. 물론 이미 이전의 뉴미디어의 전후부터 이 이분법에 의문이 제기되어 왔다. 즉 방송과 통신의 결합을 가능케 하는 기술의 진보로 어느 쪽에 속하는지 불분명한 미디어가 속속 등장했고, 새로운 비즈니스 기회가 전개되어 이러한 이분법에 기초한 규제는 발전에 방해가 되어 왔다는 점이 그 이유이다.

종래 전기통신에 관한 법 규율의 근본 이유는 전파라는 매체의 물리적 특성으로 볼 때 혼선이나 간섭을 배제하기 위해 누군가가 전파의 교통정리를 해야 한다는 점에 있었다. 또한 이러한 물리적 제약이 비교적 완화된 유선전기통신도 통신인프라의 효율적인 이용이라는 관점에서(정도가 상당히 낮기는 하지만) 교통정리의 필요성이 있었다. 따라서 그러한 물리적 제약이 완화되거나 혹은 그것을 극복한 미디어에서는 규제의 필요성, 특히 내용에 관한 규제는 뒤로 후퇴하는 것이 논리적 귀결인데도 불구하고 오히려 내용에 관한 규제의 여지가 확대될 가능성이 크다는 것에 문제점이 있다.

'공연성을 가진 통신'의 경우 이러한 이분법의 중간적 존재로서 개념이 만들어졌다. 즉 통신인프라를 이용하면서 불특정다수를 염두에 두고 표현행위가 이루어지고 있는 점에 착안한 것이다. 통신에 대해 방송처럼 엄격한 규제정책을 하고자 하는 개념인 것이다. 이 개념이 주로 염두에 두고 있는 것은 아마도 '홈페이지의 공개 및 인터넷TV'일 것이다. 실제로 홈페이지 및 인터넷TV는 불특정다수를 상대로 하는 방송과 유사한 의사소통의 색채를 강하게 띠고 있다. 또한 그러한 성격을 가지고 있기 때문에 거기에 현재 존재하는 여러 문제 있는 표현(예를 들면 음란, 민족차별, 인종적 혐오, 전쟁에 대한 선전 등)에의 대처를 염두에 두게 되는 것도 사실이다. 그러나 문제는 여기에서 왜 공연성 때문에 곧장 규제되어야 하는가 하는 점이다. 엄격하게 예를 들어보자면 서적을 출판하는 행위도 일반적으로 불특정 다수의 독자를 상정해 이루어진다. 또한 가두연설, 전단 배포·첨부도 모두 불특정 다수의 받는 쪽을 상정한 행위이다. 불특정 다수를 상대로 하는 행위이므로 규제가 정당화된다면, 이들 행위는 모두 내용규제의 대상이 되고 시설관리자의 인가나 감독을 받아야 한다는 말이 된다. 이렇게 되면 표현의 자유라는 헌법의 보장은 사라지고 만다. 혹은 인터넷을 흐르는 전기신호나 서버의 데이터는 제3자의 열람이 비교적 용이하다는 점에서 '누구라도 볼 수 있는 것에 통신의 비밀이나 프라이버시 따위는 생각할 수 없다'는 등의 논의도 예상된다. 그러나 그렇다면 엽서(말할 나위 없이 제3자의 열람이 대단히 용이하다)에는 통신비밀의 보호가 미치지 않는다는 논리가 성립한다. 인터넷에는 통신의 비밀이 없다는 식의 논의는 그만큼 문제가 많다.

홈페이지 및 인터넷TV의 경우에 공연성이라는 것이 그렇게 자명한 것도 아니다. 즉 홈페이지에서 예컨대 httpd(http daemon : 홈페이지를 제공하는 서버 프로그램)의 설정에 의해 특정한 상대방하고만 이용할 수 있도록 설정하거나 반대로 특정한 상대방의 접근을 거부할 수가 있으며, CGI(Common Gateway Interface : 홈페이지상에서 이용자로부터의 요구에 부응해 일정한 반응을 되돌리는 프로그램에 제공되는 인터페이스)나 자바 스크립트(Java Script)를 이용함으로써 패스워드 체크를 하고 특정한 상대방하고만 통신하는 것도 가능하다. 그래도 불충분하면 메시지 자체를 암호화해버리면 제3자의 접근은 불가능하다. 거꾸로 예컨대 전자우편의 경우도 메일 클라이언트의 설정에 따라서는 광범위하게 동일한 메시지를 배포할 수 있으며, 거기까지 가지는 않더라도 전송 등의 조작은 편지에 비해 훨씬 용이하기 때문에 거기에서 불특정 다수성을 도출하는 것이 결코 어렵지 않다. 인터넷TV의 경우도 위에서 언급한 사항들이 상당 부분에서 가능하다. 실제로 공연성을 가진 통신의 종류는 특정하기가 힘들다. 인터넷에 있어서의 통신의 실체를 조금이라도 안다면 공연성의 유무로 분류하는 것은 본질적으로 불가능하다. 그럼에도 불구하고 공연성을 이유로 내용규제에 복종해야 한다고 하면, 이것은 인터넷에는 표현의 자유가 존재하지 않는다고 스스로 인정하는 것과 같다.

그렇다면 또 한 가지 요소인 통신의 경우에는 어떠한가? 앞서 언급한 바와 같이 통신에 있어서의 규율근거는 혼선이나 간섭의 배제이며 기껏해야 통신인프라의 유효이용에 있다. 그러나 원래 인터넷에 있어서의 통신은 혼선이나 간섭을 기술적으로 해소하면서 발달했기 때문에 규율근거가 될 수 없으며, 통신인프라의 유효이용도 정신적 자유에 있어서 '보다 제한적이지 않고 달리 선택할 수 있는 수단'을 고려하는 것이 헌법상의 대원칙이다. 따라서 이 요소를 규제근거로 삼는 것도 이유가 되지 않는다.

또한 헌법이 보장하는 통신의 비밀은 서신에 있어서의 일대일 커뮤니케이션을 염두에 둔 것으로, 홈페이지의 공개와는 성질이 다르다는 반론도 있을 수 있다. 그러나 통신의 비밀을 표현의 자유와 상관없다고 해석하는 것도 상당한 무리이다. 즉 표현의 자유에서도 계약의 자유와 마찬가지로 그 내용의 자유뿐만 아니라 형식선택의 자유, 나아가 표현할 것인가 하지 않을 것인가(침묵의 자유)를 선택할 자유가 있다. 그리고 이 경우에 중요한 것은 표현의 상대방을 선택하는 자유도 또한 표현의 자유의 중요한 요소라는 점이다. 즉 표현하기로 결정했다면 누구에게 어떤 내용을 어떤 수법으로 표현할 것인지가 모두 표현 주체의 선택에 맡겨져 있는 점, 사회의 다른 구성원에게 동일한 권리의 향유를 확보할 것(프랑스 인권선언 제4조)을 침해하지 않는 한 그 선택을 누구도 침해할 수 없다는 것이 표현의 자유가 의미하는 바이다. 이렇게 본다면 서신비밀의 보장은 상대방을 한 사람으로 본 전형적인 패턴이 법제화된 것일 뿐, 결코 표현의 자유와는 별도의 카테고리에 속하는 권리가 아니다. 또한 같은 편지를 무작위로 선택한 수백 명에게 배부했다고 해서 그 편지가 서신비밀보장의 밖으로 내쫓기지 않는 것도 당연할 것이다. 그런데 똑같은 것이 왜 인터넷에서는 내용규제의 대상이 되어야 하는가? 공연성을 가진 통신의 개념은 그것에 아무 것도 답하지 않고 있다. 답하는 대신 2007년 7월부터 '제한적 본인실명제'라는 제도를 도입해 더욱 강한 통제를 하려는 것이 아니냐는 의혹에 대한 논란을 증폭시키고 있다.

사회의 지배적인 사상이나 조류에 대해 '또 하나의 다른 길'을 요구하는 사람이 적극적으로 인터넷을 활용하고자 하는 점의 중요성 및 그 의의는 인정되어야 한다. 이런 의미에서 인터넷은 과거처럼 정보라는 자원의 배분을 지배하고 자신의 행위에 대한 합의(사회적 동의)를 이끌어내려고 하는 권력자에게 대단히 불편한 미디어라는 점은 부정할 수 없다. 조직적 폭력대책 입법에 규정된 통신 도·감청이 조직적 범죄의 대책이라는 입법목적을 넘어서라도 인터넷을 포함해서 모든 통신수단을 권력에 의한 도·감청의 그물망 아래 두고자 하는 동기는 분명히 이러한 것을 의식적 또는 무의식적으로 고려하고 있을 것이다. 암호규제의 경우에도 마찬가지이다. 국가까지도 깨뜨릴 수 없는 암호 소프트웨어의 보급은 본질적으로 국가가 엿볼 수 없는 영역을 개인이 현실적으로 소유했다는 것을 의미한다. 그 점에서 보면 드디어 개인이 국가와 대등한 힘을 가졌다는 것을 의미한다. 평소 대립하던 각국 정부가 이 사항에 대해서는 거의 일치단결해서 규제하고 있는 점, 그 암호 소프트웨어 중에서도 가장 유명한 PGP(Pretty Good Privacy)가 CIA나 FBI에 의한 도·감청을 무력화시킬 목적으로 개발되었다는 것은 개인과 국가와의 대립을 단적으로 나타내는 하나의 예일지도 모른다. 물론 PGP의 개발자인 필치머만(Phil Zimmermann) 자신은 TV의 인터뷰에서 그것이 범죄자의 수중에 들어갔을 경우의 공포에 주저하고 있음을 감추지 않았다.

인터넷이 여러 문제를 안고 있다는 것은 엄연한 사실이다. 그러나 문제될 또는 문제되는 상황이 아무리 심각하고 불편하다고 해서 그 모두가 법적인 규제, 특히 일률적인 형벌규제에 적합한 것은 아니다. 어떤 것을 법적 규율에 따르게 하고 그 중 어떤 카테고리를 형벌에 의한 규제 아래 둘 것인가를 결정하는 것은 모두 헌법의 틀 속에서 국민의 합의하에 만들어져야 하며 무대 뒤편의 거래나 업계에 대한 지도를 명목으로 국회의 형식적인 의결로 끝날 문제가 아니다. 현재는 헌법국가 시대이기 때문이다. 문제의 소재를 명확하게 인식하고 의견을 서로 제시하는 것이 중요하며, 어떤 경우에는 그러한 사회적 토론 자체가 문제 상황을 극복하는 경우도 있으며 그 토론에 자극을 받아 각종 자율적·자발적 활동이 시작되고, 그것에 의해 근본에서부터 문제 상황을 해결하고자 노력해 가는 것도 기대된다. 돌이켜 보면 인터넷을 여기까지 발전시키고 오늘날의 모습을 지탱하고 있는 힘은 사람들의 자율과 자치에 대한 의사라고 생각된다.

 인터넷의 부작용 문제해결에 있어 아마도 우리가 가장 경계해야 할 것은 법률만능주의와 성급하고도 일도양단적인 해결을 기대하는 자세이다. 인터넷의 헌법적인 의의를 망각해 성급한 해결을 하려고 할 경우 우리의 경험에 의하면 빈대 잡으려다 초가삼간 태우는 어리석은 짓이 될 뿐이다. 또한 사이버공간의 경우에도 위로부터의 규제를 위한 이론을 제공해 사람들의 자발적인 의사를 위축시키는 것에 법과 법률가의 역할이 있는 것이 아니라, 그러한 의사에 적절한 방패를 제공하는 것에 본래의 역할이 있다고 믿는다.

제5절

인터넷과 범죄

I. 컴퓨터 범죄 개념의 등장

컴퓨터는 기계 중에서도 특수한 지위를 가지고 있다. 즉 컴퓨터는 도구라는 입장을 넘어서 인간의 모조품이 될지 모른다는 흥밋거리가 되어 있는 것이다. 인간의 생활까지도 삼키며 조지 오웰이 상상한 통제 및 관리사회를 실현할 수 있는 그런 이미지가 붙어다닌다. 인터넷에 대한 큰 논란도 따지고보면 컴퓨터라는 특수한 기계에 대한 관심이 일으킨 것인지도 모른다. 실제로 현재 인상적으로 거론되고 있는 인터넷 범죄는 과거 컴퓨터와 범죄를 둘러싸고 거론되던 것의 반복이라는 느낌이 강하다.

법은 컴퓨터의 등장에 대해 민감하게 반응했다. 컴퓨터 범죄라는 것이 논의의 대상으로 등장한 것은 국가별로 약간의 차이가 있지만 1970년대부터 1980년대에 걸친 시기이다. 우리나라의 경우를 보면 컴퓨터 범죄에 대한 논의가 활발하게 전개된 것은 1990년대 이후이다. 이 시기의 컴퓨터 범죄는 형사법상의 문제라기보다는 범죄대처활동상의 문제로 인식되었던 것 같다. 따라서 대부분 기술자들의 범죄로 인식해 기술적 측면에 중점이 두어졌다. 이것은 당시 범죄가 은행 등 온라인에서의 CD카드범죄가 대부분이었다는 배경이 작용했기 때문일 것이다. 그 후 컴퓨터에 의한 정보처리의 보급을 감안할 때 긴급히 형법 기타의 벌칙을 정비할 필요가 있다고 하여 형법의 일부 개정이 행해졌다. 그리하여 전자적 기록의 손괴, 컴퓨터 시스템에의 가해에 의한 업무방해, 컴퓨터 이용에 의한 재산이득, 컴퓨터 정보의 부정입수, 컴퓨터의 무권한 이용 등이 입법화되었다.

컴퓨터 범죄를 둘러싸고 전개된 논의는 형법개정에 의해 일단 정리가 되었으나, 1990년대 중엽이 되면서 인터넷의 폭발적인 보급에 의해 새로운 논점을 내포하면서 재차 등장하게 된다. 예전의 컴퓨터 범죄는 고도의 기술적 제약 때문에 설령 기존의 범죄를 컴퓨터를 이용해 저지르는 경우에도 일부의 전문가밖에 실행할 수 없었다. 그러나 인터넷을 비롯한 컴퓨터 네트워크 범죄는 컴퓨터를 연결한 네트워크에서 이용자와 이용자 간의 인간관계나 거래를 통해 범죄발생을 가능하게 한다. 또한 단순한 통신수단의 수준으로도 컴퓨터 범죄가 가능하다. 인터넷상의 범죄라고 한마디로 표현할 경우에도 여러 가지 유형이 있다. 즉 컴퓨터 범죄의 유형과 마찬가지로 대별하여 기존의 범죄유형에 속하는 행위를 인터넷을 이용하여 행하는 경우와 인터넷의 사용 자체가 범죄행위로 생각되는 경우가 있다.

전자의 예로는 음란화상을 둘러싼 문제 또는 PC통신서비스 등에서의 저작권 침해, 명예훼손 등이 그 전형이다. 이들 범죄는 데이터적으로는 전자정보, 기록에 속하지만 그 내용에서는 종래의 형법 규제의 틀 안에서 처리할 수 있는 문제이다. 음란화상과 같이 지금까지 비범죄화가 논쟁이 된 주제의 경우에는 인터넷에서의 문제로 취급된 것을 계기로 일반적인 규제방법에 대한 효율성의 논의가 재연되고 있는 경향도 볼 수 있다. 또한 네트워크제공자 내지 시스템관리자와 발신되는 내용(콘텐츠)과의 관계를 문제삼기 시작한 최근의 판례나 이론의 동향은 주목을 받고 있다. 판결에서는 회원과 회원 간의 비방 및 중상 발언을 당한 측의 삭제요청에도 불구하고 방치한 점에 대해 회사측과 시스템 오퍼레이터측에 민사책임을 지속적이고 일관되게 추궁하고 있다. 이처럼 이용자의 발언내용의 취급에 관해 네트워크제공자나 시스템관리자에게 일정한 틀 안이긴 하지만 관여해야 할 법적 책임을 인정했다는 것은 실질적으로 네트워크에서의 비행 개념을 명확한 기준이 없는 채 내세운 것과 동등한 효과를 가질 수 있다. 또한 음란사이트의 링크 자체를 범죄화하고자 하는 움직임도 있다.

　조직적인 범죄대책과 관련해서 인터넷에서의 통신 도·감청도 단속의 대상으로 상정되고 있다. 이는 범행의 상담이나 교섭시에 통상의 통신수단의 연장으로서 PC통신 및 인터넷 등이 사용되고 있기 때문이다. 즉 통상범죄의 실행수법의 일부가 편의상 인터넷을 사용하고 있다는 문제이다. 물론 통신 도·감청에 대해서는 이미 기존의 법체계 안에서도 많은 문제가 지적되고 있었으며, 특히 프라이버시권과 관련해 과도하다는 비판도 가해지고 있다. 또한 조직적 범죄의 대책에서 보더라도 얼마나 실효성이 있는지 의문시되고 있으며, 인터넷까지도 그 대상에 포함시키는 것에 반대하는 목소리도 강하다.

인터넷의 이용 자체가 범죄가 되는 경우에 속하는 문제로는 네트워크 시큐리티(안정성)에 대한 공격 즉, 바이러스, 메일폭탄, 해킹(크래킹), 데이터의 부정사용 등을 생각할 수 있다. 일반적으로 컴퓨터 관련범죄(Computer Related Crime)라고 칭하고 있어서 오히려 컴퓨터 범죄의 계보를 잇고 있지만, 고도의 기술을 요하는 단계에서는 네트워크 기술의 위상변화에 의해 시큐리티 문제로 통합되어 가는 경향이 있다. 즉 시큐리티 시스템과 시큐리티 파괴의 구도이다. 시큐리티와 관련해서 향후 크게 문제가 될 수 있는 것은 국가의 역할이다. 이미 FBI 등은 암호화에 대해 범죄대책상 암호관리를 국가로 일원화시켜야 한다는 의견을 내고 있다. 그러나 네트워크의 시큐리티에 대한 최종책임에 대해서는 인터넷과 같은 그물의 네트워크의 경우에 특정하는 것이 사실상 불가능하다. 또한 모든 시큐리티 문제를 형사법적 규제대상으로 할 필요는 없다. 국가의 개입으로 국가관리의 관점에서는 데이터의 부정이용이 될 수 있는 행위를 의식하지 않은 채 수행해버리는 새로운 네트워크 범죄가 발행하게 된다(국가에 의한 범죄). 범죄화의 문맥에서 국가가 등장하는 것은 아주 신중해야 할 것이다. 특히 네트워크는 국경을 뛰어넘은 시스템이라는 점에서도 그러한 배려가 필요하다.

한편 개개의 이용자 수준에서는 하드웨어의 충돌 등을 일으키는 물리적인 공격이 문제시되고 있다. 메일서버에 대량의 정크메일을 보내 기능을 정지시키는 메일폭탄 등은 그 전형이라 할 수 있다. 세계적으로도 유명한 시민운동단체의 네트워크인 IGC(Institute for Global Communication)에 '바스크 조국과 자유'(ETA)의 자료를 소개하는 홈페이지가 개설되자 반대파로부터 항의메일이 쇄도해 서버의 기능이 정지되는 사건이 발생했다.[5] IGC는 표현의 자유가 이러한 형태로 침해된 점에 유감을 표명했지만, 네트워크 테러라고 할 수 있는 이러한 행위가 등장하고 있다는 사실은 주목된다. 또한 바이러스의 피해는 최근 수년 동안 대폭 확대되었지만 그와 아울러 일반 이용자들 사이에 가짜 바이러스 정보에 기초한 체인메일이 횡행하고 있다. 새로운 바이러스가 발견되었다는 메일이 불특정다수에게 발신되고, 그러한 가짜정보를 믿은 사람들에 의해 기하급수적으로 메일이 늘어서 각지의 메일서버의 용량을 넘어서 서버스톱 등의 물리적 피해가 발생하고 있는 것이다.

이처럼 네트워크 자체를 공격하는 분야에 대해서는 사태가 시큐리티를 둘러싼 기술적인 문제와 오히려 일반적인 네트워크의 사용방법, 윤리에 관한 문제라는 양극으로 분화되고 있다. 후자와 관련해서는 일반사회와의 접점이 재차 큰 의미를 가지게 된다. 특히 소위 자율규제로 대표되는 자율적인 시스템이 인터넷이라는 공간 속에서 성공적으로 작용할 수 있는가 하는 의문이 생긴다.

II. 인터넷 사회의 범죄대책

인터넷에서의 만남을 경험하는 사람들은 그 나름대로 현실사회에서 생활하고 그 관계 속에서 타인과 교류하고 있는 것이다. 인터넷

---

5) IGC의 홈페이지(http://www.igc.apc.org/) 참조.

은 그러한 교류를 위한 하나의 수단에 불과할 수도 있다. 현실사회와의 관계를 의식한다면 인터넷 사회를 하나의 완전하게 독립된 자유공간으로 보는 견해에는 의문이 생긴다. 인터넷 사회도 하나의 사회인 이상 규칙이 있으며 그것을 담보하는 제도도 있다는 것을 생각해야 한다. 인터넷 사회를 범죄학적으로 읽는다는 것은 그러한 규칙형성의 과정을 의식하면서 소위 부정행위에 대해 일반사회에서 어떠한 작용·반작용이 일어나고 있는지를 확인하는 것에서부터 시작된다.

컴퓨터 네트워크는 기술의 집적이며 기술적인 수준에서의 방어가 어느 정도 가능하다. 그러나 예컨대 특정 사이트에 대한 접근을 전면적으로 금지하기 위해 인터넷의 특정 콘텐츠에 대한 접근 자체를 관리하려고 하는 것은 인터넷이 복수경로에 의해 접속되어 있는 이상 현실적으로는 불가능하다. 따라서 인터넷을 기술적인 측면에서 통제하려고 하는 것은 범죄대처활동이 그러한 기술적 방어에 일반적으로 의존한다면 공권력에 의한 사상관리 등 원하든 원치 않든 결과적으로 강력한 권력작용을 초래한다.

또 하나의 흐름으로서 인터넷 사회를 그 구성원인 이용자의 집합체로 단순하게 취급하는 흐름이 있다. 일종의 디지털 커뮤니티에 기초한 범죄예방의 관점이지만, 여기에서는 자의적인 가치판단을 초래할 가능성이 높은 자위론이나 자율규제론을 경계해야 한다. 특히 권리를 침해한 상대방의 정보를 일반에게 공개하는 등의 대항조치에 호소하는 경우, 혹은 자율규제의 범위 밖의 것을 유권적으로 배제하는 경우 등이다. 설령 법에 저촉될 가능성이 높은 행위라 할지라도 무한정으로 각 관계자가 자신의 가치판단으로 대항조치를 취하는 것은 허용될 수 없다.

현대사회는 인터넷에 대해 일종의 도덕적 공황을 일으키고 있는 느낌이다. 즉 컴퓨터를 둘러싸고 일어나는 여러 문제에 대해 매스미디어나 지식층에 의해 그것이 종래의 사회적 가치를 동요시키는 것이라고 판단되어 일종의 도덕적인 반발이 일어난다. 이러한 상황에서 컴퓨터 범죄대책이 돌출해 진행되어 법제화나 자율규제론이 자의적으로 원용되어 가고 있지는 않을까?

인터넷을 과도하게 위험시하는 것은 예컨대 무법지대인 인터넷에서 횡행하고 있는 범죄를 적발하는 등의 자의적인 해석을 낳기 쉽다. 자의적인 가치에 의거해 특정 콘텐츠를 사냥하는 행위도 정당화될 위험성이 있다. 그러한 사냥을 위해 기존의 많은 법 개념이 수정되면서 원용되는 것도 현실의 인터넷 사회 도래에 대한 변화에 대응한 것이기보다는 기존의 가치관으로부터의 응답인 범죄화경향이라고 보아야 할 것이다. 반면에 인터넷의 자율적인 사회로부터 모든 권력을 배제해야 한다는 견해도 있다. 그러나 이러한 천진난만한 인터넷 이상향론은 인터넷이 현실사회의 연장선상에 존재하고 있다는 점을 과소평가하고 있는 것이다. 현실사회의 연장인 이상 어떠한 형태이든 어느 정도 통제나 질서가 필요하며 국가권력과도 무관계일 수 없다.

문제는 구체적으로 어떠한 통제나 질서를 인터넷 사회에서 확립할 것인가 하는 문제인데, 아마도 특정행위를 범죄화하는 방법으로는 과잉개입을 일으킬 위험성이 높다. 실제로 인터넷에서는 사람과 사람이 직접 만나지 않는 만큼 '일어날 가능성이 있는 범죄'로 한정된다. 이러한 상황에서 현행 법제도의 틀에서 대처해야 할 것에 대해서는 일반사회와 인터넷 사회를 구별할 필요가 실체법적으로는 없을 것이다. 그러나 인터넷 사회의 도래를 이유로 형사법 분야에서 새로운 해석이나 입법을 고려하는 것에 대해서는 권력제어적이어야 한다. 인터넷이 새로운 개척지라고 한다면 형사법은 거기에 먼저 당연히 거주할 수 있는 역할을 가진 존재는 결코 아니다. 사람과 사람이 만나는 장이 인터넷에 의해 확대되고 있다. 법의 역할은 그 장점을 최대한 살리면서 안정된 수준에서 냉정하게 사태에 대처하는 것이 아닐까? 형사법은 그 중에서도 최후에 위치하는 수단이어야만 한다. 형사법은 기본적으로 권리침해적인 규범이기 때문이다.

제2장
인터넷과 소비자보호

제1절 인터넷과 소비자
제2절 계약불이행과 법적 효과
제3절 분쟁해결제도

제1절

인터넷과 소비자

　윈도우 운영체제의 보급과 대중화 이후 인터넷의 상업적 이용 극대화 경향은 종래까지 일반 소비자에게는 상대적으로 관계없는 존재였던 컴퓨터를 가전제품의 일부로 변화시켰다. 인터넷에서의 소비자문제란 민간 및 공공부문의 기업과 소비자 사이에 존재하는 계약교섭력, 정보수집 능력, 이해력 등의 격차에서 발생하는 거래피해로서 불특정다수의 소비자에게 발생할 가능성이 있는 사회문제이다. 가상세계에서 벌어지는 현실문제인 것이다. 과학기술의 발전은 계약법을 새롭게 변화시키고 있다. 현대사회는 후기 산업사회로서 디지털혁명과 정보기술의 발달로 인한 지식사회 내지 정보사회(지식정보사회)를 의미한다. 현재 이 사이버공간은 정보통신기술 덕분에 인터넷산업의 꽃이라고 할 수 있는 전자거래(전자상거래)를 중심으로 재편될 것으로 전망하고 있다. 인터넷은 그 자체가 계약이라고 해도 좋을 만큼 인터넷이라는 공간은 계약을 통해 형성되어 있다.

Ⅰ. PC 및 인터넷 초기 시대

　인터넷을 소비자가 사용하고자 하는 경우에 최소한 필요한 것이 PC나 모뎀 또는 LAN 등을 전형으로 하는 정보기기(하드웨어)이다. 물론 하드웨어만으로는 불충분하다. 인터넷을 이용하기 위한 소프트웨어가 필요하다. 나아가 인터넷이라는 네트워크를 가동시키기 위해서는 정보의 바다로 나가는 입구를 네트워크제공자와 계약을 체결함으로써 가능하다.

　어떤 PC제조사의 CF를 통한 선전의 경우 휴대용 컴퓨터로 간단하고도 단시간에 인터넷에 접속하는 장면이 나온다. 현재의 PC 성능과 통신환경을 생각하면 고용량 및 고비용을 아무런 설명 없이 CF에서 사용하는 것은, 판례는 이에 대해 소극적이지만 과대광고라는 고전적인 소비자문제라고 해야 한다. 또한 PC제조사의 고객지원체제 및 서비스 창구의 대응에 대한 평가도 소비자문제가 될 수 있다. 간단하다고 선전한 PC를 구입해 놓고도 설정이나 사용방법을 몰라서 취급설명서에 기재된 고객지원센터에 전화를 걸었으나 연결되지 않고, 연결되어도 어려운 전문용어로 된 설명으로 곤란해 하는 소비자도 있다.

　PC와 소프트웨어 설정을 마쳐도 인터넷에 접속하기 위해서는 네트워크제공자와 계약을 체결해야 한다. 그 제공하는 서비스는 인터넷 접속뿐만 아니라 개인 홈페이지 작성가능 및 전자우편 송수신가능 등 여러 가지가 있다. 또한 접속요금이나 시험사용기간의 유무, 약관의 기재형식 등 소비자에게 중요한 사항도 업자에 따라 천차

만별이다. 소비자가 주체적인 선택을 하더라도 그 네트워크제공자가 제공하는 접속회선이 어떤 상태인지는 실제로 접속해보지 않으면 알 수 없다. 접속회선의 용량에 비해 회원이 다수인 경우에는 접속이 잘 되지 않거나 접속에 많은 시간이 걸리는 등 소비자는 큰 문제를 안게 된다. 여기에서는 골프회원권이나 콘도회원권을 그 능력을 넘어선 숫자의 회원에게 판매한 사안과 공통되는 문제가 있다. 제공되는 서비스의 기본적인 내용은 인터넷에 접속하는 회선을 제공하는 것에 있다. 그것이 때로 불가능하거나 너무 많은 시간이 걸린다는 것은 제공하는 서비스에 문제가 있다는 것을 뜻한다. 경우에 따라서는 채무불이행으로서 소비자가 계약을 해약하는 것도 가능하겠지만, 기술적인 문제에 무지한 소비자가 접속의 불안정을 이유로 채무불이행을 주장하기란 쉽지가 않다. 그 대책으로는 관련법에 의한 등록이나 인허가제도 등을 통해서 보다 강력하게 행정규제를 가해 서비스 수준의 균일화나 소비자보호를 도모하는 것을 생각할 수 있다. 그러나 이러한 규제방법은 통신사업의 규제완화라는 기본방향에 반하는 일이며, 자유로운 인터넷 접속을 소비자에게 보장하는 것에도 모순된다.

최근 인터넷을 선전문구로 한 상행위도 급증하고 있다. "인터넷을 사용하는 유리한 직업이 있다", "인터넷을 구사해 자격증을 따자" 등의 전화권유판매로 고가의 PC나 교재를 우송해 오는 등의 피해가 심각하다. 이러한 판매수법은 방문판매법 등의 법 적용이나 종래의 소비자 구제이론으로 충분히 대처할 수 있다. 그러나 인터넷이라는 미지의 세계에 조우한 소비자의 "인터넷을 못 다루면 시대에 뒤쳐진다"는 위기의식과 "인터넷이 막대한 비즈니스 기회를 창출한다"는 오해를 이용한 새로운 판매수법으로서 피해가 확대될 것이다.

Ⅱ. 전자상거래와 소비자

인터넷을 이용하는 소비자는 정보의 바다에서 정확한 정보 및 자신에게 필요한 정보를 찾아내는 지식과 자세를 가져야 한다. 인터넷에서는 정보의 질에 대한 최종적인 판단이 소비자에게 있기 때문이다. 예컨대 인터넷의 홈페이지에서 고액의 복권당첨금을 걸고 포스트 카드의 구입을 권유하면서 실제로는 상금을 교부하지 않은 업자가 복표를 금지한 형법위반으로 적발되고 있다. 이러한 것을 위험하다고 인식하는 능력이 요구되고 있는 것이다.

그럼에도 불구하고 특히 인터넷이 불특정다수의 소비자를 대상으로 하는 전자상거래에 이용되는 경우의 문제는 그리 단순하지 않다. 예를 들면 인터넷상의 전자게시판에 아는 사람의 이름으로 PC를 저렴한 가격으로 판매한다는 표시를 해 은행구좌에 특정대금을 입금하게 하고도 상품을 제공하지 않은 자가 경찰에 사기용의로 체포되었다고 종종 보도된다. 허위의 금융기관을 사칭하는 피싱(Phishing)도 그렇다. 누구라도 자유롭게 가상점포를 개설할 수 있고 거기에 불특정다수의 이용자가 접근(access)할 수 있다는 인터넷의 특징은 동일한 피해를 광범위하고 동일한 시기에 발생시킬 가능성을 낳는다. 그리고 인터넷상에서 제3자의 은행구좌가 매매되어 상품대금 사취를 목적으로 하는 업자가 대금송금처로 구입한 제3자 명의의 은행구좌를 이용한 경우에 그 복잡한 실태를 파악하는 것은 어려운 일이다.

여기에 전자상거래에 있어서 소비자보호를 논할 구체적인 근거가 있다. 거꾸로 말하면 전자상거래 시대에 소비자보호의 문제는 필수인 것이다. 그 보호방법으로는 사적 자치를 기본으로 한 자율규제를 원칙으로 하지만 기업의 자율적인 해결방식으로는 충분하지 않다는 데에 문제가 있다.

1. 새로운 계약의 출현 및 전자거래

(1) 계약의 종류

계약은 민법에 규정된 전형(典型)계약[6] 및 비전형(非典型)계약으로 나뉜다. 오늘날 사회생활이나 거래의 모습이 변화함에 따라 여러 비전형계약들이 생겨나고 있다. 예컨대 중개(仲介)계약, 진료계약, 여행계약, 출판계약, TV방송출연계약, 광고방송계약, 예금계약, 렌터카계약, 리조트클럽계약, 리스(Lease)계약, 팩토링(Factoring)계약, 프랜차이즈(Franchise)계약, 관리컨설팅계약 등은 전형적인 비전형계약이다. 또한 계약은 쌍무(雙務)계약과 편무(片務)계약으로 나누기도 한다. 계약당사자가 '서로 대가적(對價的) 의미를 지니는 채무를 부담하는 계약'을 쌍무계약이라 한다.[7] 일방적 당사자만이 채

---

6) 민법은 증여, 매매, 교환, 소비대차, 사용대차, 임대차, 고용, 도급, 현상광고, 위임, 임치, 조합, 종신정기금 및 화해의 총 14종을 규정하고 있고, 상법은 창고계약, 운송계약, 보험계약 등을 인정하고 있다.
7) 예컨대 매도인이 매매목적물을 매수인에게 이전할 의무를 부담하는 것은 매수인이 대금지급의무를 부담하는 관계에 서기 때문이다. 다시 말해 매도인의 목적물 인도의무와 매수

무를 부담하거나(⑩ 증여) 또는 쌍방이 채무를 부담하더라도 그것이 대가적 관계에 있지 않을 때(⑩ 무상사용대차) 이를 편무계약이라 한다.

과학기술 발전에 따른 새로운 계약의 유형이 지속적으로 나타나고 있다. 새로운 종류의 계약유형은 매우 다양하고 기능적으로 이질적인 요소가 많다. 때문에 이를 유형별로 정형화하는 작업은 매우 어렵다. 몇 가지의 대표적인 유형에 대해서만 알아보기로 한다.

먼저 '소프트웨어 공급계약'이 있다. 정보화의 급진전에 수반하여 컴퓨터가 경제활동 및 일상생활의 불가결한 매체로 활용됨에 따라 컴퓨터를 일정한 목적달성을 위해 작동시키는 소프트웨어가 중요한 거래대상이 되었다(⑩ 대학의 소프트웨어 계약). 소프트웨어 공급자가 디스켓이나 CD롬 등에 저장된 프로그램을 완성품으로 시장에 유통시킨 경우에는 매매에 관한 규정이 우선적으로 적용되겠지만, 특허권이나 저작권 등에 의한 법적 보호의 문제도 중요하다. 또한 회사나 개인이 특수한 업무처리를 위해 소프트웨어 제작업자에게 특정한 소프트웨어의 제작을 주문해 공급받기로 약정한 경우에는 일의 완성을 목적으로 하는 일종의 도급계약으로 보아야 한다.

'설계 및 시공의 일괄입찰방식 도급계약'(Turn-Key Base방식)도 있다. 일반적인 공사도급계약에서는 통상 도급인이 시방서 내지 설계도면을 제시하고 수급인은 그에 따라 오차 없이 공사를 하게 된다. 그러나 일괄도급의 경우에는 도급인에게 공사내용에 대한 지식이나 경험이 없기 때문에, 수급인에게 공사의 취지나 목적 정도만

인의 대금지급의무는 서로 의존적으로 맞물려 있으므로 한쪽이 의무를 이행하지 않으면 다른 쪽의 의무도 이행할 필요가 없게 된다.

을 설명하고 그 이외의 설계나 시공은 전적으로 수급인의 책임 아래 이루어지게 된다(㉮ 판교신도시 건설의 경우). 따라서 지휘 및 감독 책임이 완화된다.

'컨설팅계약'은 고객(Client)과 컨설턴트(Consultant) 사이에 체결되며, 컨설턴트가 제공하는 일정한 정보나 자문에 대해 고객이 보수를 지급하기로 약정하는 계약이다. 컨설팅계약에 있어서 컨설턴트는 계획의 입안이나 아이디어를 제공할 의무만을 부담하고 그 실행으로 인한 고객의 불이익에 대해서는 책임을 지지 않는 것이 원칙이다. 고급인력의 확보(Head Hunting),[8] 부동산 및 주식투자 등 다양한 영역에서 컨설팅계약이 활발하게 체결되고 있는 실정이다.

'무상 PC 제공계약'이란 통신회사가 신상품을 개발해 가입고객에게 PC를 지급하고, 고객은 서비스 개통일로부터 일정 연한 동안 서비스를 이용하면서 월정 이용료에 일정금액을 추가로 부담한 후 그 만기일에 PC의 소유권을 취득하는 계약을 말한다. 서비스상품의 판매와 PC의 할부판매적 요소가 연계된 계약이다.

최근 휴대폰 사업자나 자동차회사들이 판매촉진전략의 하나로 제품판매 후 일정기간이 지나면 신제품구입시 중고품을 신품가격의 일정비율로 매입해주는 이른바 '바이백방식(Buy Back System) 매매계약'을 도입하고 있다. 제품의 라이프사이클이 단축되고 신제품에 대한 수요가 급증하는 물건에 주로 적용된다.

---

[8] 최근 벤처기업(특히 정보통신분야)을 중심으로 전문인력과 회사를 연결해주는 헤드헌팅 사업이 각광을 받고 있다. 일종의 인력소개 및 관리계약이라고 할 수 있는데, 통상 헤드헌팅사는 채용된 후보자로부터 고액의 수수료를 받고 회사에 대해서는 인력의 사후관리책임까지 부담하게 된다. 헤드헌팅계약에서는 일정기간 내의 퇴사에 따른 비용상환 내지 재알선의 문제, 신상에 대한 비밀유지문제 등이 분쟁의 대상이 될 수 있다.

(2) 전자거래

정보통신기술의 발달과 월드와이드웹 기술의 출현에 따른 인터넷의 대중화 및 활성화로 인해 전자거래는 초창기의 기업간의 거래뿐만 아니라 기업과 소비자(개인) 사이(Business to Consumer, B2C)의 거래, 그리고 공공부문에서의 거래나 순수한 민사거래로까지 그 적용범위가 확대되고 있다.

'전자거래기본법' 제2조 5호에서는 전자거래를 "재화나 용역의 거래에 있어서 그 전부 또는 일부가 전자문서에 의해 처리되는 거래를 말한다"라고 규정하고 있다. 따라서 전자거래는 일반적으로 '통신망을 통해 사이버공간에서 이루어지는 상품 및 서비스의 상업적 거래'를 의미한다. 이는 인터넷상의 비즈니스와 네트워크를 활용해 행해지는 계약, 주문, 배달, 대금청구 및 지불에 이르는 모든 상거래를 포함하는 개념이다. 전자거래기본법 제4조에서는 전자문서(Electronic Data, ED)의 효력에 관해 "전자문서는 다른 법률에 특별한 규정이 있는 경우를 제외하고는 전자적 형태로 되어 있다는 이유로 문서로서의 효력이 부인되지 않는다"라고 규정하고 있다. 따라서 인터넷을 이용한 전자적인 방법으로 계약을 체결하는 것은 법적으로 특별한 문제가 없다.

전자상거래에서는 인터넷의 멀티미디어 성질을 활용하여 문자뿐만 아니라 사진이나 동화상 등의 화상 및 음성을 이용한 상품정보를 온라인에서 제공한다. 소비자는 인터넷상의 가상점포로부터 송신되는 상품정보를 컴퓨터 화면에서 확인하고 구입할 의사가 있으면 화면상의 주문버튼을 클릭한다. 소비자가 주소, 성명 혹은 그것을 대신하는 ID나 패스워드 등 요구하는 정보를 입력하면 디지털 콘텐츠는 온라인일 때 즉시 소비자에게 제공되며, 그 밖의 물건은 후일 우송되어 온다. 대금의 결제는 사전에 등록해 둔 신용카드 및 무통장 입금이 선호된다. 디지털 콘텐츠에 대해서는 컴퓨터 화면상에서 모든 거래가 완료되는 전자상거래가 지향하는 방향에 가까운 처리가 행해지고 있으나, 그 밖의 상품에 관해서는 그 거래구조가 종래의 통신판매와 유사하다. 이를 촉진 및 통제하기 위해 2002년 제정 및 개정된 '전자상거래 등에서의 소비자보호에 관한 법률'이 시행되고 있다.

1) 전자거래의 특징

인터넷을 기반으로 하는 전자거래는 기존의 전통적 거래와 달리 몇 개의 특성을 가지고 있다. 즉 정보의 디지털화를 비롯해 거래당사자 사이의 대면(對面)·서면(書面)거래가 아닌 네트워크를 통한 비대면거래라는 점, 표준화된 양식과 이미 정해진 거래조건에 무조건 따르게 되는 부합(附合)거래라는 점, 인터넷을 통해 국경을 초월한 국제성을 띠는 거래라는 점, 인터넷에 의한 통신판매에서는 극소수의 소비자와 판매자만이 아니라 다수의 관계자가 존재할 수 있다는 점 등을 들 수 있다. 위와 같은 전자거래의 특성으로 인해 소비자피해의 발생가능성과 분쟁해결은 전통적 거래보다 훨씬 더 크며 복잡하고 어렵다. 전자거래에 있어서 소비자보호와 관련해서 문제되는 것으로는 사기방지를 위한 가상점포 및 상품에 대한 신뢰성의 확보, 개인정보의 보호, 청약의 철회 및 반품, 기존 법률에 의한 전자거래에서 분쟁발생시 적절한 대응방안의 모색, 국제전자거래에 있어서 소비자의 피해 및 분쟁의 효과적인 처리 등을 들 수 있다. 우리나라에서는 공정거래위원회와 소비자원이 그 주된 역할을 수행하고 있다.

2) 전자거래의 유형

전자거래계약의 유형을 보면 전자거래는 계약당사자가 누구인가에 따라 구조화된 전자거래와 비구조화된 전자거래 형태로 분류할 수 있다. 전자는 특정 당사자 사이의 전자상거래인 '폐쇄형 EDI거래'(전자문서 교환거래)가 있다. 이것은 CALS(Commerce at Light Speed : 光速商去來)[9]라고도 한다. 특정기업간의 상품조달에 중점을 둔 경우와 관련되는 것으로서 가장 초기의 전자상거래 형태이다. 또한 불특정 당사자 사이의 전자상거래 즉, '개방적인 EDI거래'가 있다. 전형적인 개방형 EDI거래란 부품조달 등에서 오픈 네트워크상에 조달하고 싶은 제품의 명세서를 제시하고, 이에 대해 응답한 기업 중에서 거래상대방을 선별해 계약에 이르는 것을 말한다. 그 보안성 때문에 기업간의 전자상거래 방식으로 많이 이용되고 있다. 마지막으로 일반 소비자들에게 친숙한 기업과 소비자 사이의 '인터넷상거래'(개방형 전자상거래)가 있다. 거래당사자 사이에 특정한 표준 없이 자유로운 내용과 형식으로 이루어지는 전자상거래를 말하는데, 이는 전자우편이나 전자게시판 등을 통해 경매 등의 방법으로 주로 개인간에 일대일로 이루어지는 것이다.

---

[9] CALS는 기업의 경쟁우위와 지속적인 발전을 위해 네트워크 기술, DB기술, 멀티미디어기술 등이 융합되어 만들어진 하나의 정보시스템으로서 '정보의 공유화 등에 의해 경영효율을 증진시키는 세계 공통의 새로운 비즈니스 시스템으로서, 표준화 및 정보통합화기술을 이용해 원재료 조달에서 설계·개발·생산·조달·관리·유통·유지라는 제품의 전 라이프사이클에 관한 정보를 전자화한 통합정보시스템으로의 전략적인 접근'으로 정의되고 있다.

2. 계약의 성립과 소비자

(1) 계약체결

　전자상거래에서 계약의 성립시기가 어느 시점인가에 대해서는 그것이 당사자의 권리의무가 확정되는 시점이라는 의미에서 소비자에게도 중요한 관심사가 된다.
　계약은 상대방이 있는 법률행위로서 당사자 사이의 의사의 합치 즉, 청약과 승낙의 상호합의에 의해 성립한다. 그렇지만 전자상거래에서 소비자가 물건에 대한 주문버튼을 클릭한 경우, 그것을 '청약'으로 보아야 하는지 '승낙'으로 보아야 하는지의 문제가 있다. 기업간의 EDI처럼 사전에 기본계약을 체결하고 그에 기초해 특정 물건에 대한 동종의 거래가 온라인에서 계속적으로 반복되는 경우에는, 주문데이터의 송신을 승낙으로 볼 여지는 있을 것이다. 다만 불특정 다수의 소비자를 대상으로 하고 그 거래목적물도 다양한 전자상거래에서는 주문버튼의 클릭을 승낙으로 일반화하는 것은 무리가 있다.
　인터넷을 통한 계약체결에서는 대부분 당사자 사이에 대면을 통한 직접적인 대화가 성립하지 않는다. 따라서 인터넷계약(전자거래계약)의 체결이 대화자 사이에 발생하는 것으로 보아야 하는가 격지자 사이에 성립하는 것으로 보아야 하는가 하는 문제도 발생한다. 전자거래는 의사표시의 발신과 도달이 거의 실시간으로 이루어지기 때문에 대화자 사이의 거래라고 보아야 한다는 견해(도달주의)와, 전자거래도 발신과 도달이 동시에 일어나지 않고 전자사서함에 저장되는 경우도 있기 때문에 원칙적으로 격지자 사이의 의사표시로 보아야 한다는 견해(발신주의)가 대립하고 있다.

당사자 사이의 인터넷을 통한 연결은 보통 접속과 입력 등 상대적으로 복잡한 절차를 통해 가능하고, 대부분의 경우에 어느 정도 시간적으로 지연되고 직접적이지 않다. 따라서 예컨대 전자우편을 통한 계약체결을 대화자 사이의 계약체결로 보기는 어렵고, 원칙적으로 격지자 사이의 계약체결로 보아야 할 것이다. 다만 계약이 이른바 채팅룸에서 체결되거나 직접적인 계약체결이 준비된 온라인시스템(예 인터넷쇼핑몰)에 의해 체결되는 경우에는 비록 구두의 대화가 당사자 사이에 즉각적으로 성립하지는 않으나 원격대화와 유사한 측면이 있다고 하는 사실을 긍정하지 않을 수 없다. 그러므로 채팅룸이나 온라인시스템 등에 의한 계약체결은 대화자 사이의 계약체결로 볼 수 있다.

(2) 청약의 구속력(민법 제527조)

청약이 그 효력을 발생한 때에는 청약자가 청약의 존속기간(승낙에 필요한 상당한 기간) 내에 임의로 이를 철회하지 못한다. 신의에 기초한 거래의 안정성 보장과 상대방의 부당한 손해발생을 예방하기 위한 것이다. 그러나 청약자가 처음부터 철회의 자유를 유보한 경우(철회권 유보제도)[10] 및 승낙기간을 정하지 않은 대화자 사이의 청약의 경우 청약의 구속력은 배제된다.

전자거래에 있어서는 일반적으로 쇼핑몰에 다수의 불특정한 상대방에 대해 물건이나 서비스를 급부한다는 표시를 하고, 소비자는 그 사진과 금액을 보고 여러 상품 중에서 하나를 선택함으로써 계약

---

[10] 방문판매에 관한 법률과 할부거래에 관한 법률은 각각 10일과 7일 이내에 서면으로 청약을 철회할 수 있다.

이 성립한다. 이와 같은 경우 전자쇼핑몰의 운영자인 매도인이 홈페이지상에 상품의 정보와 가격을 게시하는 것을 법적 구속력이 있는 '청약'(offer)으로 보아야 하는지, 아니면 단순히 청약을 받기 위한 구속력 없는 '청약의 유인'(invitation to treat)으로 보아야 하는지가 문제된다. 홈페이지를 통해 상품이나 급부를 제공할 경우 그 제공이 청약의 유인인지 청약인지의 여부는 홈페이지의 객관적 표시가치에 따라서 결정된다. 일반적으로 예를 들어 구인광고, 상품광고카탈로그 배부, 음식메뉴, 기차 등의 시간표의 게시는 청약의 유인에 불과하다.[11] 전자거래에 있어서의 급부에 대한 표시는 그것이 청약인지 아니면 청약의 유인인지에 관한 명백한 특징이 결여되어 있으므로 청약과 청약의 유인을 구분하는 기준의 민법상 이론이 그 판단기준이 될 수 있을 것이다.

(3) 승낙의 효력발생시기

전자거래의 계약에 있어서 승낙의 의사표시가 효력을 발생하는 시기가 문제된다. 전자거래계약은 그 특성상 상황에 따라서는 전자적 의사표시의 발신과 수신이 거의 동시에 이루어질 수가 있기 때문에 어느 정도 시차를 두고 발생하는 전통적 방식의 계약에 적용되는 현행법 규정 및 법 이론을 그대로 적용하기에는 무리가 있다.

전자거래에 있어서는 기술상의 도달시점과 법률상의 도달시점

---

11) 어느 경우가 청약의 유인에 해당하는지는, 그것에 대해 상대방의 의사표시가 있기만 하면 곧 계약을 성립시킬 확정적 구속의사가 있는지 여부를 기준으로 결정해야 한다. 이것은 결국 거래관행과 당사자의 의사해석을 통해 결정될 성질의 것이다. 예를 들어 상품목록 배부는 청약의 유인이지만, 상품에 정가표를 붙여 진열대에 놓는 것에 대해서는 학설은 대체로 청약으로 보고 있다.

을 분리해서 생각해야 한다. 따라서 수신자가 인지할 상태를 포기한 상황(예컨대 수신자가 송신한 자료를 곧바로 받고 작업하기로 약정한 경우 또는 24시간 요지상태라고 고지하는 것)이 없는 한 도달은 '수신자의 컴퓨터에 수록되고 수신자가 거래통념에 비추어 인지할 상태에 있을 때' 도달했다고 보아야 한다. 전자거래기본법 제9조 제1항은 "작성자가 수신확인을 조건으로 하여 전자문서를 송신한 경우 작성자가 수신확인통지를 받기 전까지는 그 전자문서는 송신되지 아니 한 것으로 본다. 이 경우 민법 제534조의 규정은 적용하지 아니 한다"고 규정하고 있다. 그리고 동조 제2항에서는 "작성자가 수신확인을 조건으로 명시하지 않고 수신확인통지를 요구한 경우 상당한 기간(작성자가 지정한 기간 또는 작성자와 수신자 간에 약정한 기간이 있는 경우에는 그 기간을 말한다) 내에 작성자가 수신확인통지를 받지 못한 때에는 작성자는 그 전자문서의 송신을 철회할 수 있다"고 규정하고 있다. 그리고 도달되기 전의 기계작동 장애로 인한 위험은 원칙적으로 발신자가 부담해야 할 것이다(발신자 위험부담의 원리). 다만 수신자가 정당한 이유 없이 기계작동의 장애를 초래해 수신을 거부하면 수령거절의 경우와 마찬가지로 발신된 전자적 의사표시는 도달된 것으로 보아 이에 따른 위험은 수신자가 부담해야 한다.

(4) 도달시기

계약은 보통 승낙의 의사표시가 청약자에게 도달한 때 성립한다(대화자 사이의 청약, 도달주의). 그러나 격지자 사이에 있어서는 승낙의 통지를 발송한 때에 계약이 성립한다(발신주의, 민법 제531조).

민법에서는 도달주의가 원칙이지만 상법에서는 발신주의가 원칙이다. 오늘날에는 통신수단의 발달로 격지자 사이의 계약은 크게 감소했다. 발신주의와 도달주의 중 어느 것을 선택할 것인가의 문제는 기본적으로 입법정책에 속한다. 따라서 전자거래는 상행위라서 상법의 범위에 속하지만 달리 선택할 수가 있다. 가령 도달주의를 취한다고 하면, 판매업자로부터의 상품의 도달 혹은 판매업자로부터 "신청을 접수했습니다. 감사합니다"라는 문서가 소비자에게 도달한 시점이 계약의 성립시기라고 생각된다. 이렇게 정의하는 것이 소비자에게 몇 가지 이점이 있다. 첫째, 신청의 의사표시의 철회가 가능하게 되는 기간을 명확히 할 수 있다. 둘째, 디지털 콘텐츠가 회선문제로 소비자에게 완전한 형태로 송부되지 않은 경우에 상품 미도착의 책임을 계약불성립과 관계시켜 주장할 수 있다. 셋째, 업자로서는 자신의 손을 떠난 상품의 도착과 계약성립시기가 일치하는 것은 피하고 싶다고 생각할 것이므로 전자우편 등으로 즉시 소비자에게 '승낙'의 의사표시를 통지하는 것이 촉진되는 결과가 된다. 이것은 소비자 자신의 '신청'이 판매업자에게 도달된 것을 확인할 수 있고 타인에 의한 '사칭' 주문이나 주문내용의 착오를 확인할 수 있다는 의미에서도 양호한 거래관행이라고 평가할 수 있다. 국제적으로도 전자상거래에 관한 통일법 제안에서 도달주의가 취해지고 있음을 고려할 때[12] 발신주의를 유지할 타당성은 낮다.

---

[12] 국제동산매매에 관한 빈조약, 전자상거래에 관한 UNCITRAL(국제상거래법위원회) 모델법 등.

제2절

계약불이행과 법적 효과

I. 일반적 효과

　계약을 이행하지 않은 당사자는 손해배상 의무를 지거나 계약을 해지 및 해제당할 수 있다(채무불이행책임). 여기에서 계약을 이행하지 않는다는 것은 채무를 아예 변제하지 않거나 할 수 없는 경우(이행불능)는 물론이고, 제때에 변제하지 않거나(이행지체) 또는 변제제공을 하더라도 계약의 내용에 맞지 않게 하는 경우(불완전이행, 적극적 채권침해) 및 이행을 거부하는 경우(이행거절)를 말한다. 채무불이행책임은 원칙적으로 채무자에게 귀책사유(고의 및 과실)가 있을 때에만 물을 수 있다.
　계약의 해제란 유효하게 성립한 계약관계를 당사자의 일방적 의사표시에 의해 소급적으로 해소시키는 것을 말한다. 계약이 해제되면 미이행채무는 소멸되고 이미 이행된 급부는 원상으로 회복되어야 한다(원상회복의무). 또한 계약의 해지란 계속적 채권관계에서 당사자의 일방적 의사표시에 의해 소급이 아닌 장래에 대해 계약관계를 소멸시키는 것을 말한다.

Ⅱ. 본인확인의 문제와 소비자

　전자상거래는 원칙적으로 컴퓨터 단말기를 조작해 이루어지는 격지자 사이의 거래로 보아야 하기 때문에 단말기를 조작하고 있는 자가 계약명의인 자신임을 확인하기가 용이하지 않다. 이는 자신이 관여하지 않은 거래로 예측하지 못한 손해를 소비자에게 줄 가능성이 있다는 것을 의미한다.[13] 한편 소비자로서도 온라인에서 제공하는 정보만으로 가상점포가 신뢰할 수 있는 업자인지를 판단하기가 용이하지 않다.

　전자상거래에 있어서의 '사칭' 문제에 대해 현단계에서는 주로 대금결제의 순간에서 두 가지 대책을 생각할 수 있다. 첫 번째 대책은 대금결제에 신용카드를 이용함으로써 구입자의 '사칭'을 '카드 도용' 경우의 처리에 준해 신용카드 규약에서의 해결에 맡기고, 아울러 가상점포의 신뢰성도 신용카드회사의 가맹점이라는 것을 통해

---

[13] 민법의 기본원칙에 의하면 예컨대 전자상거래에서 B가 A를 사칭해 상품을 구입하겠다는 의사표시를 가상점포 C에 했다 하더라도 A와 C 사이에 계약이 성립하는 것은 표현대리가 성립하지 않는 한 있을 수 없다. 다만 전자상거래에서는 본인확인을 위해 ID, 패스워드가 사용되는 경우가 많으나, 그것들을 A의 고의 또는 과실에 의해 B가 알게 된 경우에는 '표현대리'의 유추적용이 검토될 여지는 있다.

간접적으로 보장하는 방식이다. 물론 신용카드번호를 온라인으로 송신하는 것은 송신정보를 암호화하는 기술이 발전하고는 있지만 여전히 도청이라는 안전상의 문제가 남아 있다. 가령 온라인에서 소비자의 결제정보가 도청되어 제3자에 의해 부정하게 이용되는 경우에 그 대금을 소비자에게 청구할 수는 없다. 또한 시스템의 결함에 기인하는 손해를 소비자에게 전가하는 것은 허용되지 않는다.

오늘날에는 신용카드번호를 팩스나 우편 등 오프라인으로 가상점포에 그때마다 통지하는 것이 일반적이다. 또한 고객의 ID 및 패스워드를 교부하고 온라인상에서는 오직 그것을 입력함으로써 거래를 행하는 방식도 확대되고 있다. 물론 이 방법에 의하면 온라인상에서의 정보도청에 의한 피해는 방지할 수 있을 것이다. 그러나 가상점포에 전달된 신용카드번호는 그것을 관리하는 종업원의 악용에 대해서는 거의 무방비 상태이다. 신용카드번호가 가상점포의 종업원에 의해 악용된 경우, 카드회사로부터 분실·도난카드가 악용된 경우 혹은 스스로 카드를 타인에게 대여한 경우와 동일한 책임을 추궁당할 우려가 있다. 물론 개인의 신용을 표상하는 카드 그 자체의 악용이 아니라 개인 ID에 불과한 카드번호의 악용에 종래의 법 이론이나 판결이론이 어디까지 적용될 수 있는지는 문제가 남아 있다. 게다가 소비자는 카드번호를 가상점포에 통지하지 않는 한 대금결제가 불가능하다는 점을 고려할 때, 이 거래시스템으로부터 발생하는 위험은 시스템을 구축한 자가 부담해야 한다는 결론이 된다.

두 번째 대책은 정보누설이나 위조문제에 대응한 암호기술 및 '사칭' 문제에 대응한 본인인증기술을 이용함으로써 전자화폐로 대금결제를 행하는 방법이다. 암호기술에 관해서는 RSA를 비롯한 공개키 방식이 표준으로 되어가고 있다. 공개키 방식 의하면 소비자 및 가상점포는 모두 고유의 비밀키를 가지고 있고 동시에 인증기관에 공개키를 보관한다. 인증기관에 등록된 공개키를 이용함으로써 계약상대방의 본인확인을 행하는 것이 가능하게 된다. 참고로 미국과 우리나라의 본인확인에 법적인 근거를 부여하기 위한 '디지털 서명법' 및 '전자서명법'도 이미 제정 및 시행되고 있고 그 법적 환경의 정비도 추진되고 있다. 물론 암호나 본인인증은 전자상거래 시스템 내부의 안전성 확보기술에 불과하다. 소비자 개개인에게 부여된 비밀키의 관리라는 점에서는 개인 ID나 패스워드 관리와 동일한 문제가 발생한다. 즉 비밀키라고는 하지만 그것은 데이터를 암호화한 일종의 소프트웨어이며, 소비자의 PC 안에 있는 비밀키는 제3자에 의해 절취될 위험성을 부정할 수 없기 때문이다.

개인 ID나 패스워드와 유사한 것으로서 신용카드의 비밀번호에 대한 소비자의 관리책임이 다투어진 사안으로, 개인 ID나 패스워드, 비밀키의 관리책임은 통상적으로 소비자에게 있다. 즉 가상점포나 인증기관 등의 관리체제가 불충분하는 등의 특별한 사정이 없는 한 무권한자의 이용에 의한 손해는 소비자에게 전가된다는 면책약관이 유효하다고 판례도 지속적으로 해석한다. 개인 ID나 패스워드, 비밀키도 그것을 교부받은 소비자가 관리책임을 질 수밖에 없을 것이다.

그러나 전자상거래에서의 개인 ID나 패스워드, 비밀키에서는 예컨대 그것들을 IC 카드에 보관한다면 모르지만 특별한 안전대책이 강구되어 있지 않으며, 정보 그 자체의 누설 혹은 사취만으로 무권한자에 의한 악용이 가능하게 된다. 이러한 상황에서 소비자에게 모든 관리책임을 지운다는 것은 사실상 소비자에게 무과실책임을 지우는 것이 된다. 또한 그러한 정보가 악용되면 다수의 가상점포와 거래가 가능해 예금의 사취처럼 손해에 끝이 없다. 그런 의미에서도 무권한자의 악용에 의한 손해에 대하여 소비자의 부담을 한정할 필요가 있다. 이는 소비자가 안심하고 전자상거래를 하기 위한 법적 전제이기도 하다. 실제로 구미에서는 입법에 의해 카드가 무권한자에게 이용된 경우 일정 시기와 일정 액수로 소비자 책임을 한정하고 있다.

Ⅲ. 사기판매수법의 대응방안

1. 사기판매수법

인터넷상에서도 이미 현실사회와 똑같은 사기판매가 문제되고 있다. 예를 들면 '웹페이지 사기'(Phishing 사기)라는 사기수법이 있다. 이것은 인터넷에 게재하는 개인 및 금융기관의 홈페이지 작성을 청부받아 고객으로부터 대금결제의 명목으로 카드번호를 캐내어 그것을 유출하는 수법을 말한다. 인터넷의 비대면성은 사기꾼이 소비자로부터 정보를 묻는 데 대단히 유리하게 기능한다. 한편 소비자로서는 나중에 업무자에게 책임을 추궁하려고 해도 상대방의 소재마저 확인할 수 없는 사태가 발생할 수 있다. 설상가상으로 금융기관도 그 과실을 온전히 소비자에게 전가시키려 하고 있다. 온라인이든 오프라인이든 카드번호 등의 개인정보를 유통시키는 것은 대단히 위험한 것이다.

또한 전자우편을 이용한 '피라미드 수법'도 큰 문제이다. 그 시스템은 "Get Cash Fast" 혹은 "일확천금"이라는 제목의 전자우편을 불특정다수에게 송부하거나, 복수의 홈페이지 게시판에 게재함으로써 무제한으로 확대되어 간다. 여기에는 보통 5명 정도의 이름이 리스트로 기재되어 있어, 소액의 송금을 하는 것을 조건으로 리스트의 가장 위에 있는 사람의 이름을 삭제해 스스로 그 리스트에 이름을 게재할 수 있는 것이다. 최근에는 금전뿐만 아니라 간단한 디지털 콘텐츠의 구입대금을 대상으로 하는 수법도 있다. 종래의 피라미드 수법은 친구나 가족 등의 인간관계를 기초로 확대되었기 때문에 그 한계를 쉽게 알 수 있었으나, 전혀 면식이 없는 자와의 사이에 금전이나 대금을 교환하는 이 비생산적 메커니즘은 무한히 계속될 것으로 생각되기 때문에 문제가 크다.

나아가 이러한 악질성이 없다고 해도 선물을 제공하거나 설문조사를 한다고 사칭해 소비자의 메일주소나 기타 개인정보를 온라인으로 입력하게 하는 홈페이지도 있다. 여기에 제공된 소비자의 개인정보는 컴퓨터에 의해 자동적으로 저장·처리되어 다른 목적으로 이용된다. 목적을 밝히지 않은 개인정보의 수집 및 활용은 중대한 소비자문제이다.

2. 대응방안

(1) 쿨링오프(Cooling—off) 제도

전자상거래에서는 기술적·제도적 제약도 있어서 상품이나 거래조건에 관한 정보가 대면거래와는 달리 상대적으로 소비자에게 적절하고 충분하게 제공되고 있다고는 할 수 없다. 이러한 환경에서 상세한 상품정보를 알기 위해서는 상당히 장기간의 접근이 필요하며 상세한 상품정보를 표시했다 해도 그것을 소비자가 모두 읽어본다는 보장이 없다(정보의 불충분). 또한 전자상거래에서는 거래의 목적물 자체를 사전에 확인하기가 용이하지 않다(거래의 비현물성). 그리고 온라인에서 상품을 검색하거나 상품의 설명이나 표시를 보고 있는 동안에도 통신요금 등의 비용이 든다는 것을 고려하면, 소비자는 통상의 거래에 비해 충분한 이해를 하지 않고서 주문버튼을 클릭할 위험도 있다(신중한 의사형성시간의 부족). 덧붙여 통상의 대면거래에서는 불확정한 의사를 갖고 상품을 구입하더라도 그 점포를 나오기까지는 "안 살래요"라는 대응이 가능한 현실도 있지만 전자상거래에서는 그럴 수도 없다(거래의 비대면성).

이러한 점을 고려해 전자상거래에서는 '반품주의'나 '쿨링오프' 제도가 도입 시행되고 있다. 오히려 소비자가 실제로 상품을 수령한 이후에 거래의 재검토 기회를 부여하는 것이 뉴미디어를 이용한 이러한 통신판매 시스템을 소비자에게 안전하게 정착하기 위한 법적 환경이라고도 평가할 수 있다. 이런 의미에서 방문판매법의 통신판매와 같이 업자의 대응에 따라 그 내용과 성격이 다른 반품제도보다는 법에 의해 소비자에게 일정기간 계약으로부터의 이탈을 허용하는 쿨링오프 제도가 시행되고 있다. 온라인에서 반품의 가부나 조건에 관한 정보를 제공받더라도 접속시간을 조금이라도 절약하려는 소비자가 정확히 이해하지 못할 우려도 있다. 반면에 생선식료품이나 디지털 콘텐츠 등이 거래되는 경우에는 쿨링오프에 의한 대응은 용이하지 않다. 그러나 생선식료품은 전자상거래에 관계없이 쿨링오프와의 어긋남이 공통으로 문제가 되며, 디지털 콘텐츠의 경우에도 기술적으로 일정기간이 경과된 후에 그 프로그램이나 데이터가 기능하지 않을 수도 있다. 국제적으로 보더라도 EU의 '격지자간 거래에 대한 EU지침' 제6조에서 일정한 예외상품을 열거하고 전자상거래를 포함한 원격지계약에 7일간 이상의 쿨링오프를 규정하고 있다.[14] '전자상거래 등에서의 소비자보호에 관한 법'에 따라 전자상거래의 소비자의 계약해제기간은 계약내용에 관한 서면의 교부일(재화 등의 공급이 계약내용에 관한 서면의 교부일보다 늦은 경우에는 재화의 공급일)부터 7일간으로 규정하고 있다(법 제17조 제1항).

(2) 구매안전서비스

인터넷을 이용한 통신판매에 대해 불안을 느끼는 소비자가 많다. 그러나 소비자피해보상보험계약 등을 통해 현금결제에 대해 안전성이 확보된다면 중소형 쇼핑몰을 비롯한 통신판매의 활성화에 크게 기여할 것이다.

소비자피해보상보험계약이란 소비자가 통신판매업자에게 대금을 결제했으나 상품을 배송 받지 못하는 피해 등을 입은 경우, 그 피해를 보상해주는 것을 내용으로 하는 보험을 말한다. '보험사와의 보험계약, 은행과의 채무지급보증계약, 공제조합과의 공제계약'이

---

[14] 전자상거래에 쿨링오프를 적용해야 한다는 주장을 할 때에 쿨링오프가 인정되는 법적 근거에 대해 정리할 필요가 있다. 1972년 할부판매법 개정으로 방문판매에 쿨링오프가 인정된 것은 방문판매가 밀실에서 행해지기 때문에 압박적인 거래환경에서 계약이 체결되는 경우가 많다는 것이 그 이유였다. 전자상거래에는 그러한 압박적인 요소가 없다. 그러나 쿨링오프가 그 후 많은 소비자계약을 대상으로 입법화된 배경에는 거래의 압박성만으로는 설명할 수 없다. 적극적인 소비자 보호를 위한 인식의 결과로 보아야 한다.

여기에 해당한다.

전자상거래 등에서의 소비자보호에 관한 법률에 따라 통신판매업자는 거래의 안전장치로써 '에스크로(ESCROW), 보험계약, 채무지급보증계약, 공제계약' 중 하나에 대해 소비자가 그 이용(체결) 여부를 선택할 수 있도록 제공해야 한다(법 제13조 제2항 제10호 및 제24조 제2항). 통신판매업자는 거래안전장치를 모두 도입해 그 중의 하나에 대해 소비자가 선택하도록 하는 것이 아니라 4가지 중 한 가지를 선택해 그 이용(또는 체결) 여부를 소비자가 선택할 수 있도록 하면 된다. 에스크로 또는 소비자피해보상보험계약 등의 도입이 제외되는 경우는 신용카드로 구매하는 거래나 배송이 필요하지 않은 재화 등을 구매하는 거래(예) 인터넷게임, 인터넷 학원수강 등)와 10만 원 미만(1회 결제하는 금액 기준)의 소액거래, 분할되어 공급되는 재화 등을 구매하는 거래에는 제외된다.

에스크로제도란 제3자(에스크로사업자[15])가 소비자의 결제대금을 예치하고 있다가 상품배송이 완료된 후 그 대금을 통신판매업자에게 지급하는 거래안전장치로, 법률에서는 '결제대금예치제도' 라고도 한다. 이는 에스크로계정(일정한 조건을 갖춘 사람에게 지불해 달라고 은행이나 회사에 맡기는 돈의 계정)을 통해 결제가 이루어진다. 에스크로는 2007년 현재 10만 원 정액제와 (12~15개월) 수수료율 (0.2~0.4%) 두 가지가 있다. 인증절차는 인터넷을 통해서만 인증이 되는데, 개인사업자 혹은 개인으로 계정이 만들어진다.

현실적으로는 구매안전서비스인 소비자피해보상보험계약 등에

---

[15] 에스크로사업자는 은행 등 금융기관과 자본금 10억 원 이상, 부채비율 200% 이하 등의 요건을 갖추고 소비자피해보상보험계약 등에 가입한 상법상 회사 또는 민법상 법인이다.

대해 업체에서 판매비용의 증가 때문에 소극적으로 대처하고 있다. 때문에 공정거래위원회는 '구매안전서비스에 대한 통신판매업자의 표시·광고 또는 고지의 방법에 관한 고시' 제정을 통해 2007년 9월부터 의무적으로 이러한 서비스 가입사실 및 내용을 표시·광고, 고지해야 하며 소비자가 이를 쉽게 확인 또는 조회할 수 있도록 장치를 마련할 것을 강제화했다.

제3절

분쟁해결제도

I. 대체적 분쟁해결제도

당사자 쌍방의 이익을 도모하는 한편 그 비용도 최소화하면서 신체적·정신적 피해를 최소화하는 분쟁해결절차의 필요성을 충족시키기 위해(과거의 사실관계에 대한 흑백논리적 결론이 아닌 장래를 향한 이익조정적 분쟁해결에 그 비중) 재판 외의 분쟁해결방법으로 '대체적 분쟁해결'(Alternative Dispute Resolution, ADR)을 시행하고 있다. 처음에는 민사분쟁을 해결하는 제도였으나 지금은 민사재판 이외의 제도 즉, 상담이나 화해, 알선, 조정, 중재 등 광범위하게 적용을 하고 있다.

장점으로는 법원의 간섭이나 통제는 필요한 경우 최소한으로 허용하면서 관계분야의 전문지식과 풍부한 경험을 가진 사람들 중에서 분쟁을 해결할 조정인, 중재인 등을 당사자 스스로 선임해 소송보다 상대적으로 절차진행이 신속하고 경제적이어서 시간과 비용을 절약할 수 있다. 절차의 진행이 소송법에 묶이지 않아 탄력적이며, 절차진행이 비공개적이기 때문에 기업의 비밀이나 개인의 이익 보호가 뛰어나다. 비형식적이기 때문에 분쟁을 해결한 후에도 당사자 사이에는 재판에서처럼 적대적이 아닌 우의적인 관계가 지속될 수 있다. 단점으로는 충분한 절차보장과 사실관계의 조사가 행해지지 않을 수 있기 때문에 ADR절차가 경제적 · 사회적 강자로부터 양보를 얻어내는 절차로 전락할 수 있으며, 신속하고 저렴한 비용에 의한 분쟁해결만을 강조하다보니 분쟁의 공정한 해결을 침해받을 가능성이 많다. 판단기준이 애매하여 주관적이고 자의적이거나 양 당사자의 주장을 단순히 반으로 나누는 식의 절충주의적 판단이 될 위험성이 크고, 당사자에 의해 선임된 중재인은 대리인 의식이 작용해 공정한 판단을 해할 우려가 있다. 상소절차가 없기 때문에 잘못된 판단이 내려진다면 돌이킬 수 없는 위험을 부담해야만 하는 등의 문제도 존재한다.

　　ADR의 종류로는 ① 화해 즉, 당사자간의 협상에 의한 화해, 민법상의 화해계약에 의한 화해, 민사소송법상의 재판상 화해(제소 전 화해, 소송상 화해), ② 알선(제3의 전문가에 의한 우호적 해결), ③ 조정 즉, 법원의 민사조정(조정판사 및 조정위원 : 일방신청 · 직권조정 가능), 특별법상의 조정(개인정보, 전자거래, 금융분쟁, 무역분쟁 등), ④ 중재(중재법에 의한 중재)가 있다.

　　우리나라의 ADR의 문제점으로는 일반적으로 ADR에 대한 인식이 낮아 공공부문 및 민간부문의 ADR서비스가 활성화되지 못해 소송을 통한 갈등해결에 많이 의존하고 있다. 또한 분쟁조정에 관한 일반법이 없고 조정의 효력에 대해 개별법마다 달리 규정하고 있다는 것이 지적되곤 한다.

Ⅱ. 집단분쟁조정제도

2007년 소비자기본법 제68조와 시행령 개정에 따라 현재 다수의 소비자에게 같거나 비슷한 유형의 피해가 발생한 경우 제조물책임, 가격담합 등으로 동일하거나 유사한 피해를 입은 소비자가 50인 이상이고 사건의 중요한 쟁점이 사실상 또는 법률상 공통되는 경우(시행령 제56조) 집단분쟁 조정을 신청할 수 있다(예 통신서비스, 아파트의 베란다 확장, 자동차, 내비게이션, 회원권, 보험 등 다수의 소비자 피해가 발생하는 영역으로 사건의 중요한 부분이 같은 경우). 소액·다수의 피해발생이라는 특성을 지닌 소비자문제를 일괄적·효율적으로 해결하는 데 이바지할 것으로 기대한다. 집단분쟁조정 신청은 한국소비자원(옛 소비자보호원) 산하 소비자분쟁조정위원회로 한다. 집단분쟁조정 결과에 따라 피해 소비자들은 피해를 입은 만큼 금전적 보상을 받을 수 있다. 국가, 지방자치단체, 한국소비자원 또는 소비자단체, 사업자가 조정위원회에 서면으로 의뢰 또는 신청한다(법 제68조 제1항).

집단분쟁조정을 의뢰 또는 신청받은 조정위원회는 위원회의 의결로 집단분쟁조정의 절차를 개시할 수 있고, 이 경우 조정위원회는 14일 이상 그 절차의 개시를 공고해야 한다(법 제68조 제2항). 조정위원회는 집단분쟁조정의 당사자가 아닌 소비자 또는 사업자로부터 집단분쟁조정 개시 공고기간 내에 조정의 당사자에 추가로 포함될 수 있도록 하는 신청을 받을 수 있다(법 제68조 3항). 절차에 참가하려는 소비자 또는 사업자는 개시 공고기간 내에 서면으로 참가신청을 해야 한다(시행령 제59조). 조정위원회는 집단분쟁조정의 당사자 중에서 공동의 이익을 대표하기에 적합한 1인 또는 수인을 대표당사자로 선임할 수 있다(법 제68조 제4항). 조정위원회는 집단분쟁조정 절차 개시 공고가 종료한 날로부터 30일 이내에 그 분쟁조정을 마쳐야 하며, 부득이한 사정이 있는 경우에는 조정기한을 연장할 수 있다(법 제68조 제7항, 제66조). 조정결정된 내용은 즉시 당사자에게 통보되며 당사자가 통보를 받은 날로부터 15일 이내에 분쟁조정의 내용에 대한 수락 여부를 조정위원회에 통보해야 한다. 이 경우 15일 이내에 의사표시가 없는 때에는 수락한 것으로 본다(법 제67조 제1항, 제2항).

조정이 성립된 경우 그 조정내용은 '재판상 화해'와 동일한 효력이 있으며(법 제67조 제4항), 민사소송법상의 확정판결과 동일한 효력이 발생한다. 조정이 성립된 후 당사자 일방이 이를 이행하지 않는 경우에는 법원(서울중앙지방법원)으로부터 집행문을 부여받아 강제집행을 할 수 있다. 조정위원회는 사업자가 조정위원회의 집단분쟁조정의 내용을 수락한 경우에 집단분쟁조정의 당사자가 아닌 자로서 피해를 입은 소비자에 대한 보상계획서를 작성해 조정위원회에 제출하도록 권고할 수 있다(보상권고, 법 제68조 제5항). 보상계획서 제출을 권고받은 사업자는 그 권고를 받은 날부터 15일 이내에 권고의 수락여부를 통지해야 한다(시행령 제60조).

Ⅲ. 집단소송

1. 집단소송

　집단소송이란 '같은 집단으로 묶을 수 있을 정도로 이해관계가 밀접한 다수의 피해자 중에서 그 집단을 대표하는 대표당사자가 나와서 소송을 수행하고, 피해자 중에서 별도로 제외신고(opt-out)를 하지 않는 한 당연히 판결의 효력이 피해자 전체에 미치게 하는 집단구제(일괄구제)제도'를 말한다. 영미법 계통을 따르는 국가들이 주로 이 제도를 시행하고 있다. 이는 소비자들의 권익을 보호하고 기업의 투명성과 회계의 신뢰성을 고취시킨다는 장점이 있는 반면 불필요한 재판이 많아짐에 따라 재판비용의 증가, 재판업무 지연 등이 단점으로 지적된다. 1938년부터 증권거래법(Securities Exchange Act) 제10조 (b) 및 증권거래위원회 규칙(Securities Exchange Commission Rule) 제10조 (b)-5에 따라 집단소송제를 실시하고 있는 미국에서 제기되었던 고엽제소송, 자궁 내 피임기구소송, 유방성형소송, 석면소송, 자동차 관련 소송, 담배소송, 회계법인에 대한 분식결산책임소송 등이 집단소송의 형태로 제기된 대표적인 예들이다. 입증책임은 원고에게 있다.[16] 운용방식은 나라마다 차이가 있어

---

16) 증권거래법 제10조 (b)는 "주식거래와 관련하여, 기망행위 또는 증권거래위원회 규칙위반 행위는 불법이다"라고 규정하고 있고, 증권거래위원회 규칙 제10조 (b)-5는 "주식거래와 관련하여, 기망행위, 중요사실의 허위기재 또는 기재누락 등은 불법이다"라고 규정하고 있다. 연방법원은 손해배상의 요건사실인 불법행위, 피고의 악의(scienter), 불법행위가 없었다면 주식거래가 발생하지 않았을 것이라는 거래인과관계(transaction causation) 및 거래

독일에서는 개인이 아닌 시민단체만이 소송을 제기할 자격을 부여받고 있다. 스칸디나비아반도국가에서는 국가가 이를 수행하고 있다.

우리나라는 2002년 3월 증권분야에서 집단소송 제도를 도입하고, 2005년 1월부터 '증권관련 집단소송법'을 시행하고 있다. 동법 제2조 제1호에 따르면 집단소송은 "유가증권 거래과정에서 다수인의 피해가 발생한 경우 그 중 1인 또는 수인이 대표당사자가 되어 수행하는 손해배상청구소송"이다. 이 법은 증권시장에서 발생하는 기업의 분식회계, 부실감사, 허위공시, 주가조작, 내부자거래와 같은 각종 불법행위로 인해 다수의 소액투자자들이 재산적 피해를 입은 경우 기존의 소송구조로는 소액투자자들이 손해배상청구의 소를 제기하기 어려울 뿐만 아니라 다수의 중복소송으로 소송불경제가 야기될 우려가 있어 이를 해결하기 위해 제정된 것이다.[17] 이 소송이 기업에 미칠 심각한 위협을 인식한 삼성, 현대, SK, LG 등 국내 10대 기업들은 2006년 지출한 임원책임배상보험료가 총 350억 원에 이른 것으로 2006년도 사업보고서 공시에 드러나 있다.[18]

와 손해 사이의 손해인과관계(loss causation)의 입증책임을 원고에게 부담시키고 있다.

[17] '선정당사자제도(대표소송제)'는 집단소송제와 비슷하지만 밀접한 이해관계인 모두가 전면적으로 소에 참가할 경우의 단점을 극복하기 위해 참가자 중 대표자를 선정해 소송을 수행하는 제도이다. 소송에서 이길 경우 재판을 받은 대표들만이 피해에 대해 구제를 받는 것으로, 판결의 직접적인 효력이 이해당사자 전체에 미치지 않는 점이 다르다. 선정자가 간섭을 할 수 있는가는 견해가 대립되지만 소송관계를 명확히 하고 분쟁을 조기에 해결하면서 업무부담을 최소화하는 장점이 있다. 반면에 전체 소송 당사자의 이해를 적절히 반영하기 어려운 것은 단점이다. 베트남전쟁 참전자들의 고엽제 후유증에 대한 재판이 선정당사자제도로 진행되었다.

[18] 국내의 공익적 집단소송은 1984년 '망원동 수해피해 사건'이 그 효시인데, 그 동안은 주로 국가나 도로공사 등 공공기관을 상대로 제기돼 왔으나 최근 들어 일반 기업을 상대로 확산되고 있는 추세다. 일반 기업을 상대로 한 공익적 집단소송은 이른바 '백수보험사건'에서 노후대비용 보험상품을 구매했던 소비자 2천400여 명이 삼성생명 등 6개 생보사

2. 텔랩스 판결

　집단소송을 제기당한 미국 내 기업들이 최종 판결까지 가지 않고 중간에 화해가 이루어지는 현상은 사실심리 전 증거개시절차에서 막대한 비용이 소요될 뿐만 아니라 기업기밀이 유출될 가능성이 크고, 판결에서 법 위반사실이 인정되어 패소할 경우 임원책임배상보험금이 지급되지 않아 경영자 개인들이 막대한 손해배상에 대한 연대책임을 져야 하기 때문이다. 이러한 점 때문에 소를 제기한 후 기업을 압박하는 방법으로 화해절차를 통해 금전적 이익을 취득하려는 소위 '거품소송'이라는 소의 남용이 있어 왔다.

　이를 막기 위해 연방의회는 제소요건을 엄격히 규정할 목적으로 1995년 '증권민사소송개혁법'(Private Securities Litigation Reform Act, PSLRA)을 제정했다. 그 중 가장 효과적인 남소방지 규정으로 평가되는 제21조 D(b)(2)는 소장 청구원인으로 "투자자의 오판을 야기하는 행위를 구체적으로 기재할 것"과 "그러한 행위가 악의로 이루어졌음을 강하게 추정할 수 있는 정황사실을 구체적으로 기재할 것"을 요구하고, 이러한 기재사항 흠결시 피고는 소각하신청을 할 수 있으며 그 신청이 제기되어 있는 동안에는 증거개시절차가 정지되는 것으로 규정하고 있다.

　'강한 추정' 요건의 해석과 관련해 최근 수년간 연방항소법원들 간에 상반된 판단기준에 따른 판결들이 선고되어 오던 중 2007년 6

를 상대로 확정 배당금 지급 소송을 3차례에 걸쳐 제기한 것과 '교복값 담합사건'에서 학부모 3천525명이 2002년 1월 교복제조 판매회사인 제일모직 등을 상대로 손해배상청구소송을 제기한 것, 리니지 명의도용 사건 피해자 집단소송 등이 대표적인 사례이다.

월 연방대법원이 텔랩스 사건(Tellabs, Inc., Et Al. v. Makor Issues & Rights, Ltd., Et Al.)에서 그 견해를 제시했다.[19]

연방대법원은 동일 조항에 대한 항소법원들 간의 엇갈린 판결에 대해 통일적 해석기준을 제시하고자 심리를 개시했고, "연방의회가

---

[19] 사실관계 : 피고 텔랩스사(이하 피고회사)는 광섬유 네트워크장비 제조업체이고, 공동피고 리처드 노트베어트(Richard Notebaert, 이하 피고 대표이사)는 허위공시가 문제된 2000년 12월 11일부터 2001년 6월 19일 사이에 피고회사의 대표이사였다. 그리고 원고들은 위 기간 중 피고회사의 주식을 매수한 주주들이었다. 원고들은 피고회사가 위 6개월간 사업보고서에 허위정보를 기재해 공시함으로써 투자자들에게 실제 주식가치에 대한 기망행위가 있었음을 이유로 일리노이주 북부연방지방법원에 주가하락에 따른 손해배상을 구하는 집단소송을 제기했다. 위 기간 중 피고회사 주식은 주당 67달러에 거래되었으나, 피고회사가 2001년 6월 19일 직후 자사 주력제품 'TITAN 5500'에 대한 주문 및 2001년 2/4분기 수입액이 급감했다는 사실을 비로소 공시함에 따라 주가는 15달러로 급락했다. 원고들은 소장에서 '오판야기행위'의 청구원인으로서 위 기간 중 TITAN 5500에 대한 주문량이 미진했음에도 주문량이 호황을 이루는 것처럼 사업보고서에 기재한 점, 신제품 'TITAN 6500'이 미완성이었음에도 출고 준비가 완료되어 주문이 증가하는 것처럼 사업보고서에 기재한 점, 2000년도 4/4분기 재무제표가 '채널스터핑'(Channel Stuffing : 제조사가 유통업체들에게 분기 말에 남은 재고를 밀어내기식으로 판매한 후 이를 매출로 계산하는 불공정거래행위)을 통해 수입이 과대계상된 점을 주장했다. 다만 '악의'(scienter)의 청구원인과 관련해서는 피고 대표이사가 허위공시에 대한 통제가능한 지위에 있었다는 점만을 적시했다. 이에 대해 피고회사는 소장 기재내용이 PSLRA 제21조 D(b)(2) 요건을 충족시키지 못했음을 이유로 각하항변을 제기했고, 법원은 이 항변을 인용해 소를 각하했다. 이후 원고들은 '악의'를 추론케 할 정황사실들을 보충해 소장을 다시 제출했지만 법원은 "그러한 정황사실만으로 악의가 강력하게 추정된다고 보기에 부족하다"면서 다시 소를 각하했다. 그러나 항소심을 맡은 일리노이 연방 제7항소법원은 "청구원인이 사실이라 가정할 때 합리적인 배심원이 피고의 악의를 추정할 수 있다면, PSLRA 제21조 D(b)(2) 요건은 충족될 수 있다"고 전제한 후, 이 사건 소장기재내용에 비추어 피고 대표이사의 악의가 강력하게 추정될 수 있다고 판시하며 1심을 파기했다. 이에 대해 피고들은 항소심의 입장은 2006년 피델 사건(Fidel v. Farley)에서 캘리포니아 제6항소법원이 제시한 판단기준과 상치된다면서 상고장을 제출했다. 즉 제6항소법원은 "원고의 주장사실만으로 악의가 강하게 추정되는가를 판단해서는 안 되고, 그와 아울러 반대추론의 가능성도 살펴본 후 양자를 비교검토해 전자가 압도적으로 앞설 경우에 비로소 강한 추정요건이 충족될 수 있다"고 판시했다.

PSLRA 제21조 D(b)(2) 제정시 'strong'이란 표현을 사용한 것은 근본적으로 비교검토를 전제로 한 것인데, 원심은 단지 원고에게 유리한 추론가능성만을 살펴본 잘못이 있다"고 지적한 후, "청구원인을 전체적으로 고찰한 결과 원고에게 유리한 '악의 존재의 추론가능성'과 아울러 원고에게 불리한 '악의 부존재'라는 반대추론가능성'도 함께 검토해야 하고, 그 결과 추론가능성이 반대추론가능성을 압도할 정도에 이르러야 비로소 '강한 추정' 기준을 충족할 수 있다"고 판시하며 원심을 파기했다.

한편 우리나라에서도 사업설명서의 허위표시 또는 중요사항 기재누락으로 주식취득자가 손해를 입은 경우 증권관련 집단소송을 제기할 수 있다(증권관련집단소송법 제3조 제1항 제1호 및 증권거래법 제14조 제1항). 그런데 피고가 상당한 주의를 했음에도 불구하고 이를 알 수 없었음을 증명할 경우 면책되도록 규정함으로써 입증책임의 전환을 꾀하고 있다(증권거래법 제14조 제1항 단서). 대법원도 "유가증권 취득자가 상장법인에 대해 사업보고서의 허위기재로 인해 입은 손해배상을 청구하는 경우 취득자는 사업보고서의 허위기재와 손해발생간의 인과관계 존재에 관해 입증할 필요는 없고, 상장법인이 책임을 면하기 위해 인과관계의 부존재를 입증해야 한다"고 판시하고 있다.[20]

그러나 우리나라의 '증권관련집단소송법'은 PSLRA와 달리 소장에 단지 '청구취지와 원인'을 기재하도록 규정하고 있을 뿐이다(제8조 제4호). 소장의 기재단계에서의 여과가 불가능하므로 남소의

---

[20] 대법원 2002.10.11 2002다38521(대우전자주식회사 사건).

폐단이 우려될 수 있다. 미국과 같은 '증거개시절차'가 없고 다만 본안소송절차 이전에 소송허가절차(증권관련집단소송법 제12조~제15조)를 규정하고 있는 상황에서 남소라고 볼 명백한 사정이 있을 경우 법원이 소송불허결정에 대해 적절한 운용대책이 필요하다.

Ⅳ. 단체소송

2008년 1월 1일부터는 대기업의 횡포를 막고 소비자의 권익을 되찾을 수 있게 하기 위해 사업자가 소비자의 생명, 신체 또는 재산에 대한 권익을 직접적으로 침해하고 그 침해가 계속되는 경우 '법에서 정한 적격단체'가 법원에 소비자권익 침해행위의 금지·중지를 구하는 소송을 제기할 수 있다(법 제70조). 소송을 제기할 수 있는 소비자단체는 정부에 등록되어 있는 한국소비자연맹, 한국YMCA전국연맹, 한국여성단체협의회 등 10곳이다. 이 밖에 공정거래위원회에 등록한 소비자단체 가운데 정회원이 1000명 이상이고 등록 후 3년이 지난 곳도 가능하다. 단체소송제도는 권익침해행위의 금지·중지를 요구할 수 있을 뿐 손해배상 청구 등을 할 수는 없다. 손해배상을 청구하기 위해서는 민사소송을 제기하거나 소비자원의 집단분쟁조정제도를 이용할 수 있다. 이는 입법상의 흠결이라고 본다.

V. 다양한 해결책 추구

인터넷이 자유로운 공간이지만 그것은 결코 무법지대임을 의미하지는 않는다. 소비자문제에 관해 살펴보면, 종래 현실사회에서 생성·확인되어 온 소비자보호법리가 공통으로 가상세계에도 적용되는 것은 말할 나위가 없다. 현실사회에서의 소비자보호와 그 법리의 발전이 결국은 가상사회에서의 소비자보호를 발전시키는 것으로 이어진다. 다만 이들 법리를 구체적으로 적용하기 위해서는 인터넷의 특징에 대응한 수정이 필요할 것이다.

이 경우에 고려해야 할 점은 소비자에게 충분한 정보가 제공되고, 시스템 자체가 가지고 있는 위험에 대해서는 이를 소비자에게 일방적으로 전가시키는 것이 아니라 사회적으로 분산해 처리할 수 있는 법적 대응을 생각해야 한다는 점이다. 이러한 관점에서 인터넷 사회에서의 소비자의 권리를 명확히 할 필요가 있다. 이것이 인터넷 혹은 전자상거래라고 하는 블랙박스에 소비자가 안심하고 참가할 수 있는 전제인 것이다. 나아가 개개의 소비자가 제기하는 고충의 해결을 통해서만 이 새로운 시스템이 유효하게 기능할 수 있다는 점도 강조해 두고자 한다.

한편 사이버공간의 분쟁에 대해서는 재판 외 분쟁해결제도인 대체적 분쟁해결제도와 집단소송 및 집단분쟁조정제도와 단체소송의 역할이 중시되고 있다. 인터넷이나 전자상거래에 관한 소비자 고충이 다양하고 복잡하다는 것을 고려하면, 소비자 분쟁의 해결에도 온라인에 의한 고충의 접수·해결 등 소비자의 관점에서 다양한 분쟁해결 시스템이 준비되어야 한다. 그렇지 않으면 소비자의 고충이 매몰되어 문제가 표면화되지 않을 우려가 있다. 다행히 현실사회에서의 소비자법의 영역은 학자나 변호사 등의 법률실무가는 물론 소비자센터 등의 행정기관, 기업의 소비자 상담창구, 소비생활 상담원, 그리고 소비자 등 다양한 사람들이 소비자보호에 관여하고 있다. 이러한 다양한 사람들이 인터넷을 통한 소비자 고충의 해결에 관여하고 그러한 환경을 정비하는 것, 그것이 최선의 '인터넷의 소비자문제' 해결책일 수 있다.

제3장
지적재산권

제1절 지적재산권의 중요성
제2절 보호제도

제1절

지적재산권의 중요성

　일반적으로 재산(물건[21])이라고 하면 부동산이나 귀금속과 같은 유형(有形)의 것(유체물)을 주로 생각할 수 있다. 그러나 오늘날은 발명이나 상표 및 디자인 같은 부동산이나 동산이 아닌 것도 중요한 재산이다. 이러한 재산을 지적재산(무체재산)이라고 한다. 이러한 재산이 예전에는 가치가 없었느냐 하면 그런 것은 아니다. 하지만 상대적으로 덜 중요한 가치로 인식했었다. 그러나 미국이나 EU가 국제통상의 측면에서 중요관심사로 부각시킨 것은 최근의 일이다. 자국의 비교우위 때문이다. 이러한 경향은 정보지식사회로 진행할수록 더 증가할 것이다. 관련 법제도 이에 걸맞아야 함은 물론이다.[22] 최근의 한미자유무역협정(FTA)이나 한·EU 자유무역협정시 요구, 예를 들

---

[21] 물건이라 함은 '유체물 및 전기 기타 관리할 수 있는 자연력'을 말한다.
[22] 예를 들어 수출입은행법 제18조 제1항의 1호 및 2호는 '상품의 수출 및 외국에 대한 기술제공'에 한해 대출을 하는 것으로 규정하고 있어 지적재산에 대한 대출을 수출입은행은 할 수가 없다. 그러나 '상품'을 '물품'으로, '기술'을 '용역 및 전자적 형태의 무체물'로 변경하면 대출은 가능하다.

어 의약품 지적재산권 관련 조항 중 신약개발자의 신약 관련 자료에 대한 독점권 보장, 복제약의 시판 허가신청시 특허권자에 대한 통지, 지적재산권의 단속강화(친고죄의 폐지 및 저작권 침해 의심물품의 세관신고 의무화 등) 등이 그 예이다.

지적재산권(Intellectual Property Right)[23]이란 '인간의 노력에 의해 형성된 것으로서 법에 의해 보호되는 권리'라고 할 수 있다. 법 규정에 따르면 "문학·예술 및 과학적 저작물, 실연자(實演者)의 실연, 음반 및 방송, 인간 노력에 의한 모든 분야에서의 발명, 과학적 발견, 디자인, 상표, 상호 및 기타의 명칭, 부정경쟁으로부터의 보호 등에 관련된 권리와 그 밖에 산업, 과학, 문학 또는 예술분야의 지적 활동에서 발생하는 권리"이다.[24] 그 종류로는 ① 학문, 예술상의 창작물에 관한 보호법인 저작권법(컴퓨터프로그램보호법 포함), ② 기술보호법으로서의 특허법, 실용신안법, ③ 산업디자인 보호법으로서 디자인보호법, ④ 영업상 사용되는 각종의 표지(標識)에 대한 보호법으로서 상표법, 상법 중 상호에 관한 부분, 원산지 표시나 영업비밀 일체 등의 부정경쟁방지법 등이 있다. 이른바 신지적재산권으로 불리는 반도체집적회로의 배치설계에 관한 법률은 특허법과 저작권법의 중간영역에 있다.

예를 들어 설명하자면, 1876년 그레이엄 벨에 의해 전화기가 발명되었다. 이것은 장거리 의사소통이 모스부호라는 상당히 불편한

---

[23] 지적소유권이라는 말과 지적재산권이라는 말이 혼용되어 쓰인다. 1980년대 중반에는 지적소유권이라는 말이 유행하다가 1980년대 말~1990년대로 오면서 지적재산권이라는 말을 많이 쓴다. 둘 다 'Intellectual Property Right'를 번역한 것이다. 지적생산물과 그 창작자와의 관계를 강조할 경우 지적소유권(知的所有權)을 사용하기도 한다.
[24] 세계지적소유권기구(WIPO) 설립조약 제2조 제8항.

방법을 통해서밖에 할 수 없었던 시대에 인간의 자연언어를 통한 통신을 가능하도록 만든 획기적인 새로운 기계장치이며, '자연법칙을 이용한 기술적 창작 중 고도의 것'이다. 이러한 발명에 대해서는 특허청의 특허등록을 통해서 특허권이 주어진다. 벨이 발명한 전화기는 송화기와 수화기가 분리되어 있어 불편했다. 만약 어떤 사람이 이를 개량해 송화기와 수화기가 일체로 되어 있는 전화기를 개발했다면 이것은 '물품의 형상, 구조 또는 조합'에 관한 실용적인 고안으로서 특허청의 등록을 거쳐 실용신안권을 취득할 수 있다. 이렇게 개발된 전화기를 아름답게 디자인했다면 이러한 디자인은 '물품의 형상·모양·색채 또는 이들을 결합한 것으로 시각을 통해 미감(美感)을 일으키는 것'이며, 특허청의 등록을 거쳐 디자인권을 취득할 수 있다. 이러한 전화기를 생산·판매하는 사람이 자기가 판매하는 전화기에 일정한 마크(예컨대 KT, KTF, LGT 등)를 붙이고, 그 마크를 특허청에 등록했다면 이에 대해서는 상표권이 주어진다. 또한 누군가가 '전화기를 만드는 방법'이라는 책을 썼다면 이 글은 어문저작물로서 이에 대해서는 저작권이 발생한다. 방송으로 벨의 일대기가 제작된다면 그 방송물에 대한 저작권도 따로 발생한다.

과거와 달리 지적재산의 내용형성이 거의 무제한으로 발생하고 있는 현대의 정보 및 지식사회는 소수의 이용자가 지식권력을 독점하고 정보접근을 제한하면서 소극적으로 지식을 구축한 웹 1.0 시대를 넘어, 정보가 개방 및 공유되면서 정보의 제공자와 이용자의 경계가 허물어지고(Prosumer) 일반 국민이 자발적으로 네트워크를 형성해 적극적으로 지식을 축적하는 웹 2.0 시대이다.[25] 웹 2.0은 1.0

---

25) 2004년 닷컴 쇠퇴 이후 야후, 구글, 유튜브, 위키피디아, 마이스페이스(우리나라에서는

과 비교해서 상대적으로 개방과 공유 및 참여의 강화라는 특징을 가지고 있다.[26] UCC(User Created Contents) 또는 UGC(User Generated Contents)는 그 예이다. 이는 저작권에 직접적인 영향을 미치고 있다. 따라서 저작권을 비롯한 지적재산권을 다룰 경우에는 이러한 시대적 변화를 항시 고려해야 한다.

지적재산권 영역의 시대적 변화의 흐름에 대해 구체적으로 알아보면, 헌법 제22조는 국가의 간섭을 받지 않고 학문과 예술의 자유를 누릴 수 있다고 하는 소극적인 의미의 기본권뿐만이 아니라, 저작자와 발명가 등의 권리를 보호해줌으로써 학문과 예술의 발전을 도모한다고 하는 보다 적극적인 내용의 기본권도 규정함으로써 저작권법의 명시적인 헌법적 근거를 제공해 주고 있다. 그렇다면 "저작자, 발명가, 과학기술자와 예술가의 권리는 법률로써 보호한다"고 규정하고 있는 헌법 제22조 제2항에서 '권리' 라는 것은 어떤 권리를 의미하는가? 당연히 재산권을 의미하는 것인가? 우리가 현재 살고 있는 이 세상이 자본주의의 욕망 속에서 작동한다는 사실을 인정

판도라 TV 등) 등이 적자생존하면서 이들의 웹과 비즈니스 양식을 통칭하는 말이다(2004년 Tim O' Reilly가 기업들의 특징을 발표하면서 처음으로 개념제시). 1.0과 비교하면 Double Click→Google AdSence, mp3.com→Napster, personal websites→blogging, page views→cost per click, publishing→participation, content management system→wikis, directories→tagging 등이 있다.

26) '개방' 은 인터넷의 특정한 이용자가 정보독점을 소유하지 못하며 웹상에 올리거나 서비스되는 모든 정보를 이용자 자신의 편의에 따라 자유롭게 이동하거나 수정해 활용하는 것을 말한다. '참여 및 공유' 는 이용자간의 상호작용을 말한다. 공유에 관한 기술은 RSS/ATOM과 OpenAPI(기상청의 방재기상정보의 실시간 제공 및 경찰청의 미아정보찾기, 환경부나 해양수산부의 하천오염 상태 및 홍수감시, 댐수위정보, 건설교통부의 부동산 실거래가 정보제공 등) 및 Mash-Up이 사용되고 있다. 주된 예는 블로그(blog), 위키(Wiki), 태깅(Tagging)이 있다.

한다면 그 권리라는 것은 분명 재산권이라는 개념을 통해서 보장받을 수밖에 없음을 불가피하게 시인하지 않을 수 없다. 근대 이후 재산권이라는 것은 '배타적인 의미의 소유권'이라는 것과 동일시되고 있다. 그러나 재산권에 관해 궁극적으로 규정하고 있는 민법 조항들을 살펴본다면, 다양한 유형의 재산권들이 존재하고 있음을 알 수 있다. 이러한 재산권들은 사용, 수익, 처분에 관한 권리의 내용들을 바탕으로 다양한 유형이 존재한다. 따라서 저작권법이 규정하고 있는 재산권은 반드시 사용, 수익 및 처분을 다 소유하는 '배타적인 소유권'일 필요는 없는 것이다.

그렇다면, 예를 들어 저작권 문제에 있어 저작자 및 창작자에게 보장되는 권리 즉, 재산권이라는 것은 무엇인가? 학문과 예술의 발전, 궁극적으로는 문화의 발전에 기여할 수 있는 재산권이란 무엇을 의미하는가? 그 핵심은 '인센티브(incentive)의 보장'이다. 그것을 보장하는 방법은 매우 다양하다. 지금 저작권법에 그 모습을 드러내고 있는 '배타적 소유권'의 성격은 그러한 보장 방법 중 하나일 수 있다. 그러나 그러한 배타성은 지식과 정보가 소통 속에서 더욱 발전한다는 기본적인 상식에 어긋나는 것이다. 오히려 자유로운 공유와 활용방향으로 원칙을 설정하되 저작자들에게 어떻게 인센티브를 보장해줄 것인가를 고민해야 하는 것이다.

예를 들어 현 저작권법은 이러한 새로운 소통을 가로막는 법률이다. 아무런 울타리가 없던 곳에서 배타성을 확보하기 위한 시도를 감행하다보니, 각종 개념정의를 비롯한 규제조항들로 넘쳐난다. 곳곳에 지식과 정보의 기본적인 공유적 속성을 살릴 수 있는 조항들도 가지고 있는 것처럼 보이지만, 이는 다분히 장식적인 측면 그 이상을 넘어서는 것은 아니다. 배타성 강화를 위한 최근 일련의 지속적인 노력은 결과적으로 학문과 예술, 더 나아가서는 문화의 증진에 이바지하는 것이 아니고 그것을 저해하는 상황으로 치닫고 있다. 이는 네트워크의 속성을 이해하지 못한 데 기인한 바 크다. 또한 재산권의 개념을 논함에 있어 '배타적 소유권'이라는 장벽을 뛰어넘지 못하는 입법 및 위정자들의 상상력의 한계에 기인한다.[27]

---

[27] 근대 이후 재산권 관련법이라는 것은 배타적인 권리를 중심으로 형성되어왔다. 이용을 원활하게 하는 것은 이와 상반되게 배타적인 권리를 설정받은 자의 이익을 침범하는 것이었다. 상황이 이러하다 보니 그 배타성을 어느 정도의 범위로 설정해 재화의 이용이라는 것과 조화를 이룰 수 있도록 할 것인가가 항상 문제되어 왔다. 초기의 사이버공간의 운동가들은 인터넷이 자유로워야 한다는 이상을 가지고 있었다. 이러한 사이버공간에 대한 어떠한 규제도 관료주의적이며 근대적인 규제로 취급되었다. 그러나 시간이 점차 흐르면서 국가 및 권력(자본)은 새로이 창출된 공간을 오프라인과 마찬가지로 이윤을 얻기 위한 수단으로 활용하기 시작했으며 이를 위해 '법'과 '기술'을 통한 울타리치기(배타성 확보)를 시작했다. 여기서 말하는 법이라는 것은 네트워크상의 저작권을 규율할 수 있는 저작권법을 비롯한 지적재산권에 관해 규율하고 있는 법을 의미하고, 기술이라는 것은 그러한 법을 뒷받침해주고 더 나아가서는 법의 도움 없이도 배타성을 획득하게 해줄 수 있는 '기술적 보호조치' 등을 의미한다. 상황은 바뀌고 있다. 유체물의 속성에 기반한 재산권 관련법들이 적용되기 힘든 영역이 생겨났다. 대표적 영역이 사이버 커뮤니케이션 공간(Cyber Communication Space)이다. 말 그대로 커뮤니케이션(소통)이 중심을 이루는 공간으로, 이곳에서 배타적인 권리를 설정하기란 그리 쉬운 일이 아니다. 이러한 상황에 과거의 법들이 만들어낸 규제구조를 그대로 적용하기 위한 방법은 끝이 없는 충돌을 가져올 수도 있다. 그 결과 사실상 네트워크에서의 많은 지식정보들이 이제는 거래의 대상인 지식 및 정보상품이 되어버렸다. 이러한 상황은 개인적인 기호나 취미를 위해 만든 정보, 예를 들면 UCC에까지도 적용이 되고 있다.

제2절

보호제도

I. 저작권법과 산업재산권

1. 차이

현행 저작권법과 컴퓨터프로그램보호법은 저작권적 접근방식(예 무방식주의)에 기초하고 있다. 반면에 산업재산권인 특허법, 실용신안법, 상표법, 의장법은 권리보호에 대해 특허권적 보호(예 등록 및 특허의 심사주의)를 취하고 있다. 문화창달을 목적으로 하는 저작권법은 보호의 목적과 보호의 객체, 권리의 발생과 내용 등에서 특허법적 접근체계와 차이점이 존재한다. 그러나 디지털시대에 그 한계의 불명확성은 증가하고 있다. 이것은 중복영역이 증가하고 있다는 의미이다. 그에 따라 관련법도 중복(중첩)적인 보호를 인정하고 있다.

(1) 보호의 목적

특허법 등은 '기술혁신'(디자인 창작 장려 등)을 통해 산업발전에 이바지함을 목적으로 하는 반면, 저작권법은 '문화의 향상발전'에 이바지함을 목적으로 하는 문화입법이다. 그러나 기술형식과 문화의 향상발전의 기준은 고정적이 아닌 유동적으로 파악해야 한다. 현대는 새로운 기술에 의한 새로운 문화도 발생하고 있다. 이러한 문화는 산업재산권 성격을 강하게 갖고 있다(예 UCC와 저작권).

(2) 보호대상과 보호범위

특허와 실용신안은 자연법칙을 이용한 기술적 사상(idea)의 창작품인 '발명(고안)'을 보호대상으로 하므로 기술적 구성수단의 표현형식이 동일한 경우 및 특정의 기술적 사상과 '등가성'이 있는 아이디어가 모두 특허권의 보호범위에 속한다. 의장도 물품의 '미적 외관'을 보호대상으로 하며 그 보호범위는 창작가치의 '동일성'이 인정되는 유사범위까지 미친다. 예를 들어 제3자가 독자적으로 특허발명과 동일성이 있는 것을 발명한 경우는 물론 특허발명을 다른 방식으로 표현하는 경우 및 동일한 아이디어를 다른 분야에 이용한 경우에도 그것의 실시는 특허권의 침해가 될 수 있다. 따라서 보호의 강도를 비교하면 특허권에 의한 보호가 저작권에 의한 보호보다 훨씬 광범위하다.

이에 대해 저작권의 보호대상 및 보호범위는 '문화 및 예술적 분야의 사상이나 감정이 외부에 표현된 독창적인 저작물'이다. 즉 그 보호대상 및 범위는 아이디어와 표현의 이분법에 따라 '독창적인 표현형식'에 국한한다. 사상과 감정 그 자체가 보호되는 것은 아니다.

따라서 동일한 아이디어를 별개의 형식으로 표현을 달리하는 경우에는 저작권의 효력이 미치지 않으며 별개의 저작물이 된다.

컴퓨터 소프트웨어와 같은 기능적 저작물에 대해서는 '아이디어와 표현'이 합체되는 특성으로 인해 표현을 보호하면 아이디어까지 보호되는 문제점 때문에 그 보호범위를 제한하는 판례가 지속적으로 생성되고 있다. 이에 따라 판례에 반발하는 특허권적 보호 목소리가 높아져 왔으며 이러한 경향은 비즈니스모델특허로 이어지고 있다.

(3) 권리의 발생과 존속의 체계

저작권법상 저작권의 발생은 '무방식주의'에 따르므로 저작물의 성립요건을 구비한 것이면 '저작물의 창작행위의 완료'만으로 발생한다. 저작권은 창작자인 저작자에게 원시적으로 귀속된다(단체명의 저작물 예외 : 법인, 영상저작물 특례 : 법인). 저작물의 성립요건으로 요구되는 창작성은 '모방하지 않고 독자적으로 작성한 것'을 의미한다. 따라서 저작물의 작성이 독자적이라면 창작의 선후를 불문하고 권리의 병존이 허용된다.

반면에 특허제도는 대부분 '심사주의'를 채택하고 있으므로 특허청에 출원해 심사 및 특허결정과 등록이라는 절차를 거쳐야 특허권이 발생한다. '신규성, 진보성, 산업상 이용가능성'이 그 특허요건이다. 신규성은 선행기술과 동일하지 않은 객관적으로 새로운 것을 의미하므로 저작권과 달리 스스로 발명한 경우에도 동일 내용의 권리가 병존하지 못한다.

또한 저작권은 상대적 독점권이고 진부화의 우려가 적으므로 존속기간이 저작자 사후 50년까지로 비교적 장기이나, 특허권은 절대적 독점배타권이고 기술의 진보 및 발전에 따라 진부화가 되기 쉬우므로 존속기간이 상대적으로 짧다. 특허는 출원일로부터 20년, 실용 및 의장은 등록일로부터 15년, 상표는 10년 단위로 갱신해 사실상 영구적 독점이 가능하다.

(4) 권리의 구성과 성격

저작권은 경제적 이익을 보호하는 저작재산권(불법행위의 문제 : 복제권, 공연권, 공중송신권, 전시권, 배포권, 대여권, 2차적 저작물 작성권 등)과 인격적 이익을 보호하는 저작인격권(명예훼손의 문제 : 공표권, 성명표시권, 동일성 유지권 등)으로 구성된다. 그 성격에 있어서도 저작권은 모방한 것이 아닌 한 동일한 내용의 저작물이 복수로 존재할 수 있다. 즉 독점성은 상대적이며 차단효가 없어 '모방금지권'으로서의 성격이 강하다. 그러나 특허권은 재산권만으로 구성되며 차단효가 있다. 따라서 동일 내용의 기술적 사상에 대해서는 스스로 발명한 경우라도 중복등록을 허용하지 않으므로 특허권자 및 그의 허락을 받은 자 이외의 실시를 일체 허용하지 않는 '독점배타적인 권리'이다.

2. 융합(저작권의 산업재산권화 및 상업화 경향)

지적재산권의 보호에 있어 문예적 작품은 저작권법의 보호대상이고, 실용적인 기술은 특허법의 보호대상이라는 전통적인 이분법이 지금도 유지되고 있다. 이에 따라 각각의 보호대상은 전통적인 기준에 따라 '문예'와 '기능 또는 기술'이라는 구분으로 병존하고 있다. 또한 양 법의 체계는 전통적으로 상호간에 영향을 미치며 발전해 왔다. 즉 저작권법의 보호체계는 전통적으로 기술적인 발전에 대응한 것으로 과학기술의 발전에 영향을 받았다. 최초의 저작권법인 인쇄특권제도는 활판인쇄술의 발명에 기인했다. 그리고 저작권의 상대적인 배타적인 권리도 창의적인 저작물의 유형, 저작물의 매체[28] 및 시장경제에 상응해 확대 및 강화되어 온 것이었다.

그러나 지적재산권의 시대는 변하고 있다. 예를 들어 단순한 출판허락 등 단순하게 '이용허락권'에 머물던 저작권의 가치와 위상은 디지털시대에 있어 문화산업이 황금알을 낳는 시장으로 커가자 많은 변화가 왔다. 따라서 보호권리의 유형도 종이제품으로부터 복제권, 배포권, 2차적 저작물 작성권(저작물을 원저작물로 하여 작성된 저작물. 예) 아날로그에서 디지털로)이 태어나게 되었고, 이어 음악, 연극 및 예술을 보호하기 위해 공연(실연)권과 전시권이 추가되었다. 또한 음향이 유형의 매개체에 담겨지게 되고 공중파를 타는 것에 대응해 sound recording과 방송권 등으로 저작권은 확대되었고 최근에는 전송권으로까지 이어지고 있다.

이러한 디지털 문화상품의 등장 및 인접저작권의 보호강화 추세는 저작권이 문화 및 예술적 가치보호 체계에서 산업적 및 상업적 가치보호로 급격하게 변화되고 있음을 확실하게 보여준다. 이에 따라 양자의 보호방법의 접근용이성 확보, 중복보호, 관할통합 등의 주장

---

[28] 사진기의 발명은 사진저작물을, 축음기의 발명은 음반의 저작권법상 취급과 음반제작자의 권리를 저작인접권으로 보호하게 되었으며, 촬영기 및 영사기의 발명은 영상저작물을 탄생시켰다. 또한 컴퓨터프로그램이 저작권으로 보호될 수 있는 표현으로 인정되자 기존의 저작물 이외에 컴퓨터프로그램이 독자적인 보호내용으로 추가되었다.

이 강하게 제기되고 있다. 특히 최근의 입체상품의 보호는 상표권과 의장권, 저작권, 특허권과의 저촉여지를 발생시켰고, 의장법 영역에서 부분의장 제도가 시행되어 의장의 물품성 요건이 완화됨에 따라 컴퓨터 아이콘, 타이프페이스(예 명조체, 삼성체 등) 등으로 의장보호영역이 확대되면서 저작권과의 충돌가능성이 높아졌다. 저작물성을 인정받지 못하는 저작물의 제호에 대한 상표권 확보시도도 발생하고 있다. 더욱이 캐릭터산업이 활성화되면서 저작권으로 당연히 보호를 받는 캐릭터를 이와 무관한 제3자가 상표출원해 상표권을 확보하거나,[29] 저작권 보호기간이 경과한 유명캐릭터의 의장적 내지 상표적 사용과 관련한 분쟁도 종종 발생하고 있다.

II. 지적재산권

1. 저작권

저작권제도는 학문적 또는 예술적 저작물 등의 저작자를 보호해 문화발전에 이바지하기 위한 제도이다. 또한 일반인의 저작물에 대한 수월한 접근성의 보장도 디지털시대에 그 제도의 핵심적 내용이어야만 한다. 저작권법은 "저작자의 권리와 이에 인접하는 권리를 보호하고 저작물의 공정한 이용을 도모함으로서 문화의 향상발전에

---

[29] 현행 상표법상 유명하지 않은 저작물에 대해서는 캐릭터 이름이나 형상에 대한 제3자의 상표권 취득이 가능하다.

이바지함을 목적으로 한다"라고 규정하고 있다(저작권법 제1조). 서로 상충되는 가치이기에 어느 정도의 충돌은 불가피하다. 현재의 주된 방향은 저적권자 보호 강화를 위한 보호기간의 연장과 기술적 보호조치(Technological Protection Measure, TPM)의 강화로 정리할 수 있다.

저작권이 침해되기 위해서는 원고의 저작물에 대한 복제가 실제로 이루어져야 하고(copying), 피고가 저작물에 접근할 수 있어야 하며(access), 원고와 피고의 저작물이 실질적으로 유사해야 한다(substantial similarity).

현행 저작권법의 특징을 보면 상업적 이용이 아닌 경우 친고죄로 구성되어 있으며(제140조), 사적 및 공적 이용을 위한 복제는 허용하고 있다(제30조). 베른(Bern) 협약[30] 이후 한국을 비롯한 대부분의 국가는 '무방식주의'를 채택하고 있다. 또한 저작물에 대한 권리는 창작되는 순간부터 포괄적인 권리로 보호받고 있다. 저작권은 다른 지적재산권과 비교해 남용의 문제가 상대적으로 용이하고 크기 때문에 '저작물 등록제' 도입의 필요성이 일부에서 강하게 주장되고 있다.

저작권법은 '저작자의 저작물을 공익과의 조화 속에서 보호하는 법'이다. 저작자란 "저작물을 창작한 자"를 말한다(법 제2조 제2호).

---

30) '문학 및 미술저작물 보호에 관한 국제협정' 또는 '만국저작권보호동맹조약'이라고도 한다(1996년 가입). 1908년(베를린), 1928년(로마), 1948년(브뤼셀), 1967년(스톡홀름), 1971년(파리) 개최. 이 조약에서 저작물의 완성으로 저작권이 발생하고 등록 등이 필요 없는 무방식주의 적용, 속지주의를 채택해 가입국 국민의 저작물이더라도 가입국 이외의 장소에서 최초로 발표한 것은 비보호, 상대국의 보호기간이 자국보다 짧으면 짧은 쪽의 보호(보호기간의 상호주의), 분쟁시 국제사법재판소에 의뢰 등을 규정했다.

시인·소설가·화가 등이 그 예이다. 또한 가족사진 및 일기도 저작물이다. 그 구성으로 저작인격권은 인격적 이익을 보호한다. 공표권, 성명표시권, 동일성 유지권 등이 있다. 반면에 저작재산권은 경제적 가치가 있는 이익의 보호를 목적으로 한다. 이는 '복제권, 공연권, 전시권, 배포권, 2차적 저작물 등의 작성권'으로 구성된다.

이러한 저작권법은 '저작자(Author), 독창성 또는 창조성(Originality)[31], 출판매체에 의한 창조적인 저작물의 복제(Reproduction)' 등의 개념에 기초하고 있다. 그러나 복제의 저렴 및 용이, 수정 및 저장의 간단성, 질적 변화 없음, 멀티미디어를 특징으로 하는 디지털기술은 과거의 어문저작물, 음악저작물, 미술저작물, 영상저작물로 한정하는 기존의 저작물 분류를 점차 무의미하게 하고 있다. 새로운 분류를 인정해야 할 시기이다. 예를 들어 sound recording의 보호범위로 일련의 음악적이거나 사람의 음성에 의하거나 기타의 소리를 고정시키는 것으로부터 생기는 저작물 및 어문, 음악, 미술, 영상을 통괄하는 멀티미디어저작물(UCC) 등(응용미술저작물)이 있다.[32]

---

[31] 저작권법에 의해 보호되는 저작물이기 위해서는 완전한 의미의 독창성을 말하는 것은 아니며 단지 어떠한 작품이 남의 것을 단순히 모방한 것이 아니고 작가 자신의 독자적인 상상 또는 감정의 표현을 담고 있음을 의미할 뿐이어서 이러한 요건을 충족하기 위해서는 단지 저작물에 그 저작자 나름대로 정신적 노력의 소산으로서의 특성이 부여되어 있고 다른 저작자의 기존의 작품과 구별할 수 있을 정도면 충분하다고 판례는 보고 있다(대판 2003.10.23 2002도446). 따라서 원저작물을 번역, 편곡, 변형, 각색, 영상제작 그 밖의 방법으로 작성한 저작물은 독자적인 저작물로 보호된다. 그러나 2차적 저작물의 보호는 그 원저작물의 저작자의 권리에 영향을 미치지 않는다(법 제5조).
[32] 영화나 기타 시청각저작물에 의해 수반되는 소리는 포함되지 않는다(미국 저작권법 제101조).

현실에서 주로 발생하는 저작권의 침해여부에 관한 주요 내용을 보면 인터넷 카페 및 블로그에서의 신문기사의 무단도용,[33] 유료 mp3, 스트리밍, 샘플링, 리메이크(원곡 및 편곡), 구전가요에 대한 저작권(예) 오! 필승 코리아!), 노래방 이용, TV와 라디오의 방송, 공연 및 행사 등이다.[34] 또한 저작권법은 이러한 저작자 이외에도 가수나 무용수, 배우와 같은 실연자(實演者)나 레코드제작자, 방송사업자도 아울러 보호한다. 법은 이들이 갖는 권리를 저작인접권이라 하여 저작권 이외의 별도의 권리를 인정하고 있다.[35] 음악전문방송인 MTV와 VH1 회사(미국 : 비아콤)가 유튜브(YouTube)의 사업모델인 UCC(사용자제작콘텐츠)에 대해 허가받지 않은 콘텐츠를 제공하고 광고를 따내는 것에 대한 저작권법 위반소송이 인정되고 있는 것이 그 예이다.

---

[33] 네오위즈의 세이클럽이 테마서비스를 통해 섹션별 뉴스란을 제공한 것은 저작권침해의 방조책임을 진다는 2007년 6월의 서울고등법원 판결이 있다.
[34] 문제될 수 있는 것이 인터넷 콘텐츠의 '일시적 복제' 이다. 이를 저작권의 법익이라고 보면 이용자나 업체가 불법콘텐츠를 스트리밍 방식으로 제공하거나 보는 것 자체만으로도 피소가 가능하다.
[35] 판례 : 전씨 등은 1988년 6월~2002년 1월 김씨와 음반계약을 맺고 10장의 음반을 발매했으나 김씨가 자신들의 곡을 이용해 2003년~2005년 컬러링 등 모바일·인터넷 서비스를 제공하고 편집음반을 제작하자 소송을 냈다. 법원은 4월 24일(2007년) 자신들의 앨범에 수록된 곡으로 편집 앨범을 만들어 파는 등 저작권을 침해했다며 그룹 '봄여름가을겨울'의 김종진(45)씨와 전태관(45)씨가 D음반사 대표 김모(59)씨를 상대로 낸 인세 등 소송에서 5,750여만 원을 배상하라며 원고승소 판결했다. 재판부는 판결문에서 "음반 발매 당시 편집음반이나 모바일·인터넷 음원 제공 서비스의 활성화를 예견했다면 원고들이 다른 약정을 했을 것으로 보이는 점, 음반에 수록된 음원을 이용해 무제한적으로 편집 앨범을 제작하거나 모바일 및 인터넷 서비스에 제공하는 행위는 원고들의 저작권을 부당하게 침해하는 행위로 보이는 점 등을 고려해 (음반제작자의) 저작인접권을 침해했다"고 밝혔다. 저작인접권은 실연자(實演者)의 실연복제독점권, 음반제작자의 음반복제권 및 배포권, 방송사업자의 방송복제권 및 동시중계 방송권으로 나뉘며 50년간 존속한다.

그 밖에 저작권법은 저작권자 이외의 제3자의 이익도 도모해야 한다. 타인 저작물을 인용한다든가 비평한다든가 이를 이용해 교육하지 못한다면 문화발전이란 생각하기 힘들다. 어찌 보면 저작권 법리의 기본원리는 지식의 성과를 이용하려는 일반 공공의 필요와 저작자에게 보답함으로서 창작활동을 자극시키려는 당연한 필요성에 입각해 있다고 할 것이다. 세계인권선언 제27조는 이를 잘 나타낸다.[36] 이러한 공공의 필요와 저작자 이익의 조화를 위해 저작권법은 저작권에 대해 몇 가지의 제한을 하고 있다. 저작권법은 이를 '공정이용'(fair use) 및 '저작재산권의 제한'이라 하여 규정을 하고 있다(법 제23조 내지 제28조). 이는 저작권자의 동의 없이 또는 묵시적으로 동의가 있다고 간주해 합리적인 방식으로 제3자가 사용할 수 있게 해준다. 대표적으로 공익을 위한 저작물의 자유이용 및 저작물의 강제이용(비판, 비평, 뉴스보도, 강의, 학문 및 연구 등), 일정기간 경과 후 저작권의 소멸 및 법정허락의 허용(Compulsory License) 등이 그것이다. 언급한 것처럼 지적재산권의 보호목적은 저작권법 제1조에서 보듯이 저작자 권리 및 인접권리의 보호와 저작물의 공정한 이용의 균형잡힌 규제를 통해 문화창달에 이바지하도록 하는 데 있다. 따라서 저작물의 강화는 합리적 및 경험적 근거로 판단해야만 한다. 현실적인 상업적 이해관계에 따라 진행하는 것은 많은 문제를 노출시킬 것이다. 즉 일방적인 저작물의 보호는 금지한다는 사회적 합

---

[36] ① 인간은 누구나 공동체의 문화에 자유롭게 참여하고 예술을 향유한다. 또한 과학적 발전과 그 혜택에 함께 참여할 수 있는 권리를 갖는다. ② 인간은 누구나 자신이 제작한 모든 형태의 과학적·문학적·예술적 저작물로부터 발생하는 경제적·인격적 이익을 보호받을 수 있는 권리를 갖는다.

의의 전제조건이 존재하는 셈이다. 이는 제한된 독점권, 예를 들어 제한된 기간에만 법으로 보호하고, 사적 및 공익적 사용은 허용되며 간접적 침해자의 책임은 제한적으로 인정한다는 원칙을 통해 균형이 유지되고 있다. 따라서 새로운 창작의 유인은 제시하지 못하면서 보상만 늘려주는 저작물 관련 정책은 문제가 있다. 이러한 관점에서 본다면 허가받지 않은 저작물이 유통되면 해당 인터넷 사이트에 책임을 물어 폐쇄까지 한다는 규정은 문화환경이 본질적으로 위축된다는 점에서 헌법위반을 불러올 수 있는 과잉규제라고 할 수 있다.

미래의 디지털 의제로는 WIPO(세계지적소유권기구)의 저작권 조약(WIPO Copyright Treaty)과 실연 및 음반조약(WIPO Performance and Phonograms Treaty) 그리고 미국의 저작권법(Digital Millenium Copyright Act, DMCA)을 보면 어느 정도 예상할 수가 있다. 그 주요 내용을 보면, WIPO의 저작권 조약은 ㉠ 저작자가 저작물의 복제물을 제작하는 것에 대한 배타적 권리를 가진다. ㉡ 저작권자가 저작물을 일반인에게 전달하는 것에 대한 배타적인 권리를 가진다. ㉢ 공정이용과 같은 저작권에 대한 예외 및 제한에 대한 규정을 디지털환경에서도 인정하며 새로운 제한도 가능하다. ㉣ OSP(Online Service Provider : 온라인서비스제공자)가 저작물을 통신에 의해 전달하는 시설만을 제공하는 것은 저작권 침해가 아니다. ㉤ 저작권관리정보를 부당하게 변경하는 것은 불법이며 각 국가는 효과적인 법적 구제수단을 제공해야 한다. 실연 및 음반조약을 보면 ㉠ 배우, 가수, 음악가, 무용가 등 기타 어문제작물 등을 실연하는 자의 실연과, ㉡ 그 음반의 배포권, 대여권, 공중전달권(송신권), ㉢ 실연자의 저작인격권, ㉣ 고정되지 않은 실연에 대한 경제적 권리 인정 등이 주요 내용이다. DMCA의 주요 내용은 ㉠ 저작권을 보호하기 위한 기술적 보호조치의 보호, ㉡ 저작권관리정보(Copyright Management Information, CMI)의 보호, ㉢ OSP의 책임부과, ㉣ 배포권 및 sound recording 인정 등이다.

2. 컴퓨터프로그램보호권

예전에 소프트웨어는 단순하고 경제적 가치가 적었으므로 중요시하지 않았다. 또 하드웨어 가격이 고가였으므로 소프트웨어는 하드웨어에 수반되어 제공되는 서비스 정도로 생각되었다. 그러나 소프트웨어에 관한 기술이 발전하고 경제적 가치가 현저해지면서 양자는 분리되기 시작했다. 그 후로 소프트웨어가 크게 발전하고 그것이 컴퓨터이용의 효율에 미치는 영향이 하드웨어의 영향을 앞질러서 이제는 중요시되었다.

오늘날 컴퓨터산업 투자의 거의 80%가 소프트웨어에 대한 투자이다. 그러나 프로그램의 창조에 많은 비용과 노력과 시간이 드는 데비해 소프트웨어의 복제는 녹음테이프의 복제보다도 더 용이하다. 복제된 소프트웨어도 성능상 원본과 동일한 기능을 발휘한다. 이러한 컴퓨터 소프트웨어의 고가화와 복제의 용이성은 그 보호의 필요성을 절감케 하는 것이다.

지금까지는 그 보호방법이 주로 기술적·계약적인 것이었다. 그것으로 어느 정도 보호가 가능했다. 그러나 과거와 달리 현재 컴퓨터 소프트웨어의 유통양상이 크게 달라졌다. 즉 패키지프로그램의 등장이 그것이다. 예를 들어 맞춤복에서 기성복으로의 변화와 같이 소프트웨어도 고객의 주문에 의해 개별적으로 만들어지던 것이 미리 수요를 예상하여 완성된 프로그램을 대리점 및 백화점 등에서 그대로 판매하거나 또는 거의 완성된 프로그램을 만들어 놓고 고객의 주문에 따라 약간의 변형을 거쳐서 판매하는 방식으로 변화했다. 그 결과 소프트웨어의 완성품이나 준완성품이 시장에서 유통된다면 계약과 같은 보호방법은 그 중요성을 상실하게 되며, 그 보호는 특허권이나 저작권과 같이 제3자에 대해서도 효력을 갖는 물권적인 것이어야 한다. 따라서 1986년 컴퓨터프로그램보호법(이하 프로그램보호법이라 한다)이 제정되었다. 동법은 컴퓨터프로그램을 보호하기 위한 저작권법의 특별법적 성격을 갖는다.

보호의 대상은 '컴퓨터프로그램'이다. 프로그램보호법은 프로그램 언어·규약 및 해법에는 적용되지 않으므로 이들은 보호범위 밖에 있다. '프로그램'이라 함은 특정한 결과를 얻기 위해 컴퓨터 등 정보처리능력을 가진 장치 내에서 직접 또는 간접으로 사용되는 일련의 지시·명령으로 표현된 것을 말한다. 프로그램저작권은 프로그램이 창작된 때로부터 발생하며 어떠한 절차나 형식의 이행을 필요로 하지 않는다(무방식주의). 프로그램저작권은 프로그램이 "공표된 다음 연도부터 50년간 존속"한다. 프로그램저작자는 프로그램을 복제·개작·번역·배포·발행·전송할 권리를 가진다.

3. 특허권

기술적 창작물인 발명을 일정기간 독점적으로 이용할 수 있도록 허용하는 특허제도는 헌법에 기초하고 있다(헌법 제22조). 이는 기술적 발명정신의 보호를 통해서 기술진보와 국가산업발전을 도모함을 목적으로 하는 제도이다(특허법 제1조). 그 종류로는 일반특허(Utility Patent), 식물특허(Plant Patent), 디자인특허(Design Patent)로 구분할 수 있다.

특허는 발명의 공개에 대한 보수 내지 그 대상(代償)으로 기술에 대한 독점을 허용함으로써 사실적인 영업상·경쟁상 우위를 확보하게 해준다. 따라서 기업에 대해 기술개발에 커다란 의욕과 인센티브를 주게 된다. 특허제도 초기에는 모방이야말로 산업에 결정적인 추진력을 준다는 이유로 특허제도에 반대하는 반특허이론도 제기되었다. 그러나 다수는 특허제도는 "천재의 불꽃에 이익이라는 기름을 붓는 것"(The patent added the fuel of interest to the fire of genius)으로 인류최대의 발명이며, 기술진보를 촉진시키기 위해 지극히 합리적인 제도라고 이해하고 있다.

특허권은 발명에 대해서 주어지는 권리이다. 그러나 특허권은 단순히 발명을 했다는 사실로부터 자동적으로 발생하는 것은 아니다. 발명자나 그 승계인이 발명내용을 특허법상의 일정한 기재방식에 따라 작성한 특허명세서 및 도면을 특허청에 출원하고 특허청이 이를 심사한 결과 특허를 받을 만한 자격이 있는 때에 비로소 부여되는 것이다. 따라서 특허는 발명자의 특허출원에 대한 특허청의 특허부여라는 행정처분에 의해 부여된다. 이에 의해 발명자는 특허권이라는 누구에게나 대항할 수 있는 독점배타적 권리를 취득한다.

특허요건으로서 법(법 제29조 및 제30조, 제32조, 제41조)에 따르면, ① 산업적 이용가능성이 존재해야 한다. 발명은 산업상 이용할 수 있는 발명이어야 한다. 따라서 순수한 학문적 발명은 특허대상이 안 된다. ② 발명이 쉽지 않은 진보성이 있어야 한다. 특허출원 전에 그 분야에서 통상의 지식을 가진 자가 용이하게 발명할 수 없어야 한다. ③ 독창성 및 신규성이 있어야 한다. 특허출원한 발명이 당해 특허출원을 한 날 이전에 특허출원이나 실용신안 등록출원을 하여 당해 특허출원을 한 날 후에 출원공개되거나 등록공개된 타 특허출원 또는 등록공개된 실용신안 등록출원서에 최초로 첨부된 명세서 또는 도면에 기재된 발명이나 고안과 동일한 경우에 그 발명은 특허를 받을 수 없다(선특허등록출원). 또한 이미 존재하지 않는 새로운 것이어야 한다. 따라서 특허출원 전에 국내에서 공지되었거나 공연히 실시된 발명 또는 특허출원 전에 국내외에서 반포된 간행물에 기재되거나 전기통신회선을 통해 공중이 이용가능하게 된 발명이어서는 안 된다. ④ 공서양속에 적합한 발명이어야 한다. ⑤ 국방상 필요한 발명에 대해 발명은 가능하지만 공개 및 사용, 출원에 일정한 제한을 할 수 있다.

하나의 발명에 대해서는 하나의 특허권만이 인정된다(1발명 1출원주의). 이를 '1발명 1특허 원칙'이라고 한다. 만약 동일한 발명을 한 2인 이상이 특허출원을 경합하는 경우에는 그 중 먼저 특허청에 특허출원한 자에게 특허가 부여되며(이를 '선출원주의 또는 선원주의'라 하며 선발명주의를 채택하고 있는 미국과 다르다), 같은 날에 2개 이상의 특허출원이 경합하는 경우에는 출원자의 협의에 의해 그 중 1인의 특허출원인만이 특허를 받을 수 있다. 협의가 성립되지 않거나 협의를 할 수 없는 때에는 모두 특허를 하지 않는다(특허법 제36조 제2항 단서).

4. 실용신안권

실용신안권(Utility Model or Petty Patent)은 방법이나 성질에 대한 기술이론을 제외한 물품의 형상, 구조, 조합에 관한 실용적인 고찰, 즉 물품에 구현된 실용적인 기술이론을 보호대상으로 한다(실용신안법 제2조, 제5조). 미국은 이러한 제도가 없다. 이는 소발명(Small Invention)에 대한 단기간의 간이한 보호를 꾀하기 위해 안출된 제도로서 특허발명의 보호와 그 취지나 목적은 동일하다(법 제1조). 실용신안제도는 세계적으로 보편화된 제도는 아니지만 독일, 일본을 비롯한 여러 나라에서 시행되어 산업발전에 긍정적 기여를 해 온 것으로 평가되고 있고 우리나라에서도 많이 이용되고 있다.

실용신안제도는 연혁적으로는 소발명보호를 위해 안출된 제도이다. 그러나 실제는 소발명 및 중소기업을 위한 제도만은 아니며 대발명 및 대기업도 이용가능한 제도이다. 특히 실용신안은 고도성(高度性)의 요건이 완화되어 있어 등록이 손쉽고 무효가 될 확률이 적어 특허권보다 안정적인 권리이다. 최근 실용신안제도에 대해서는 존폐론이 대립되고 있으나 EU와 같이 제도를 가능한 한 조정·통일시키려는 경향도 있다. 우리의 현실에 비추어 볼 때 폐지론은 시기상조이다. 1998년 개정법은 절차를 간소화하고, 존속기간도 출원일로부터 10년으로 단축했다(법 제36조).

5. 디자인보호권

디자인보호법은 디자인을 특허법적 방법으로 보호하는 법이다.

디자인보호법 제1조는 "이 법은 디자인의 보호 및 이용을 도모함으로써 디자인의 창작을 장려하여 산업발전에 이바지함을 목적으로 한다"고 규정한다. 이 법 제1조의 취지는 '창작의 과실을 그 디자인 창작자(내지는 그 승계인)에게 귀속시키는 것을 사회적으로 승인하고, 이것을 강제하는 힘을 부여하는 것에 의해 일정한 사회질서를 형성하고, 이로써 디자인창작의 인센티브를 이끌어내어 산업발달의 목적'으로 하는 것이다. 보다 구체적으로는 '디자인의 창작자에게 디자인권이라고 하는 독점배타적 권리를 부여함으로서 경업상의 우위성을 보장하고 이것을 자극제로 해 새로운 디자인의 개발을 촉진하는 것이다'. 본 법의 목적은 단순히 창작자보호에 그치는 것이 아니라 그 이상으로 산업정책적 측면에서 창작자에게 절대적 독점권을 부여한다.

디자인보호법의 보호대상은 '디자인'이다. 디자인이란 물품(물품의 부분 제외) 및 글자체의 형상, 모양, 색채 또는 이들의 결합으로 시각을 통해 미감을 일으키게 하는 것이다(법 제2조). 이러한 디자인은 그 자체가 공업상의 생산품 또는 기계의 기능(기술적 효과)을 높이기 위한 것이 아니고, 단순히 공업상의 물품 또는 물체의 모양, 형상, 색채 또는 외관의 장식미를 높이기 위한 전체적 효과(ensemble)에 관한 것이라는 점에서 특허나 상표와는 구별된다. 또 물품에 대한 창작인 점에서 실용신안과 공통의 기반을 갖지만, 디자인은 미적 과제의 해결을 목적으로 하므로 기술적 과제의 해결을 목적으로 하는 실용신안과 구별된다. 그러나 하나의 물품이 실용신안권과 디자인권을 동시에 취득할 수 있음은 물론이다. 예컨대 손잡이를 붙임으로써 뜨거운 물을 붓더라도 쉽게 들 수 있도록 고안한 컵이 아름답게 디자인되었다면, 이 컵은 실용적인 면에서 실용신안권을, 심미적인 면에서 디자인권을 동시에 취득할 수 있다.

6. 상표권

현 국내 기업들이 일단 중국에 진출한 후 시장을 어렵게 개척해 자사 브랜드 및 상표를 어느 정도 알린다고 해도 이를 베껴 먼저 등록한 중국 업체에 거꾸로 당하는 사례가 많음은 상표권 보호의 중요성을 알려준다. 상표권이 침해되기 위해서는 상표가 원고의 소유이어야 하고, 피고에 의한 원고의 상표사용으로 인하여 상품의 출처에 대해 일반인의 혼동이나 착오가 야기될 가능성(또는 혼동가능성)이 있어야 한다. 상표권은 10년 주기로 등록 갱신을 할 수 있다. 그러나 등록이 되어 있다 하더라도 3년 동안 사용을 하지 않는 상표권의 경우 '불사용 취소심판'을 통해 선점의 부작용을 어느 정도는 막을 수 있다.[37]

상표는 영업자가 구매자의 심리에 자기의 상품을 다른 경쟁품과 구별하게 하고 특정시키기 위해 사용하는 표지이다. 이러한 '자타상품식별기능'(自他商品識別機能)이야말로 상표의 가장 기본적·본질적 기능이라 할 것이다. 다른 기능은 이에서 파생된 것이라 할 것이다. 상표법 제6조 제1항 제7호에 따르면 수요자가 누구의 업무에 관련된 상품을 표시하는 것인가를 식별할 수 없는 상표는 상표등록을

---

[37] 법원은 상표권 침해를 이유로 경쟁업체가 영업중단을 요구해 손해를 입었더라도 영업중단 요구에 근거(⑩ 피고에 유리한 기존 특허법원의 판결 인용)가 있고 침해고지에 있어 현저한 상당성을 잃어버리지 않았다면 손해를 배상할 필요가 없다고 보고 있다.

받을 수 없다고 규정하고 있다.[38]

　상품표지로서의 상표는 문자·도형 등의 상징적 표현양식에 의해 상품의 동일성을 표시하므로 상표를 부착하는 것에 의해 당해 상품의 출처를 표시하는 것이 가능하다. 또 상품 자체의 품질성능, 영업의 우수성, 성실성 기타 명성 등의 신용(Good Will)을 상징하는 힘(예 Brand가치)까지 갖는다. 뿐만 아니라 상품을 극히 단순하게 형상화함으로서 쉽사리 대중의 의식에 침투하는 능력을 가져 그 자체가 광고적·선전적 활력을 갖추고 있다고 할 수 있다. 그리하여 상

---

[38] 특허법원(2007. 7)은 국민은행 등 7개 시중은행이 우리금융지주회사를 상대로 낸 등록무효 청구소송에서 한글 '우리은행' 과, 한글 및 영문자(Woori Bank)를 상하로 배치한 등록 서비스표가 은행업과 국제금융업 등에 대해 무효라는 판결을 내렸다. 재판부는 "이 서비스표는 가장 일반적인 표현으로서 식별력이 미약한 단어인 '우리' 와 역시 식별력이 약한 '은행' 이 나란히 표기된 문자이거나, 한글과 영문표기에 불과한 'Woori Bank' 가 상하로 배치돼 이뤄진 결합체"라며 "수요자가 누구의 업무에 관련된 서비스업을 표시하는 것인가를 식별할 수 없는 서비스표에 해당한다"고 밝혔다. 다만 복권발행업과 보험대리업, 홈뱅킹업 등의 업종에 대해서는 '우리은행' 한글 서비스표 등록이 유효하다고 판결했다. 또한 파란색 일출 모양의 로고에 '우리은행' 을 결합한 등록서비스표는 등록 시점에 이미 식별력을 취득했다는 이유로 모든 업종에 대해 등록을 유지한다고 판결했다. 재판부는 "'우리은행' 과 외관, 호칭, 관념을 거의 구별할 수 없어 실질적으로 동일한 표장이라고 볼 수 있는 '우리은행' 은 모든 수요자에게 그 사용이 개방돼야 할 표현"이고, 그 영문자 부분도 "특정한 새로운 관념을 낳지도 않는 부수적 또는 보조적인 것에 불과하다"고 강조했다. 재판부는 '우리은행' 한글 표시의 등록을 복권대리업 등에 대해서는 유지한 이유에 대해서는 "당초 은행업 등에 대해서는 1999년 서비스표 등록을 했고, 복권발행업 등에 대해서는 2003년 추가등록을 했는데, 추가등록할 때는 이미 일반인이 피고의 서비스업이라는 출처를 인식했다고 볼 수 있어 추가등록 부분에 한해 등록이 유효하다"고 밝혔다. 상표법 제6조 제2항에 따르면 상표등록출원 전에 상표를 사용한 결과 수요자간에 그 상표가 누구의 업무에 관련된 상품을 표시하는 것인가가 현저하게 인식돼 있는 것은 상표등록을 받을 수 있다. 재판부는 파란색 로고 및 문자 결합 등록서비스표에 대해서도 "이 서비스표 등록이 결정된 2003년 12월 19일 무렵에는 일반 수요자 및 거래자들이 피고의 서비스업이라는 출처를 인식하기에 이르렀다" 며 "서비스표 등록은 유지돼야 한다"고 설명했다.

표는 '자타상품식별기능을 기초로 출처표시의 기능, 품질보증의 기능, 광고선전의 기능'을 가진다.

역사적으로 볼 때 처음에는 자타상품식별기능 및 출처표시기능만이 상표의 기능으로 생각되었다. 사회경제의 변천과 상품거래의 발전에 따라 현대는 광고선전기능의 비중이 점차 중요시되고 있다. 상표의 이러한 기능은 그 사용에 의해 비로소 현실로 나타나며 그 사용기간, 범위, 밀도, 사용자의 노력 등에 비례해 증대되고 강화된다. 또한 출처표시 내지 품질보증의 기능을 통해 상표사용자의 신용이 상표에 투영되어 상표의 재산적 가치는 동산, 부동산 등과 마찬가지로 극히 높게 평가되고 상표법 등에 의한 독점배타적인 보호를 받아 유리한 경쟁도구로서 시장독점적인 기능을 발휘할 수 있다. 그러나 상표의 이상과 같은 여러 기능은 관념적으로는 이를 구분할 수 있으나, 현실적으로는 일체로서 발휘되어 상업 또는 영업에 있어서 유력한 경쟁무기이자 재산권으로서 특허권 등과 함께 중요한 산업재산권을 구성한다.

Ⅲ. 인터넷과 지적재산권

1. 인터넷과 영업비밀 및 산업기술

기업의 영업비밀(Trade Secret)은 당연히 저작권의 보호범위에 포함된다. 특정 회사의 영업비밀을 침해하고자 하는 자는 인터넷을 통해 실시간으로 간편하게 의도하는 일을 종종 달성할 수가 있다. 그 때문에 과학기술영역에 포함된다고 볼 수 있다. 고의든 과실이든 또는 크래커(Cracker) 및 사이버스파이(Cyberspy)에 의한 침해이든 여기에서는 중요하지가 않다. 인터넷에 올려진 자료의 비밀성 상실 유무에 대한 논의는 계속되고 있다. 통상적으로 영업비밀의 소유자는 웹사이트와 전자우편 등에 대해 기술보호적인 조치를 하고 있다. 내부 네트워크(Intranet) 구축 및 추적이 가능한 프로그램 설치 등이 이에 포함된다.

인터넷을 통한 유출은 법적으로는 저작권 침해와 형법상의 영업비밀 침해와 관련 특별법('영업비밀 및 보호에 관한 법률')에 저촉될 수 있다. 또한 정부가 지정고시한 산업기술에 대해서는 '산업기술의 유출방지 및 보호에 관한 법률'에 의해 보호를 받는다. 동법(예정)에서는 국가의 핵심기술을 가진 기관이 해외에 인수 및 합병되거나 해외기관과의 합작투자로 핵심기술이 유출될 우려가 있다고 판단될 경우 이를 산업자원부 장관에게 의무적으로 사전신고하도록 했으며, 장관은 국가안보나 국민경제에 심각한 영향을 줄 수 있다고 판단되는 경우에는 관련행위를 중지 및 금지 또는 원상회복시킬 수 있는 권한을 부여했다.[39]

---

39) 국가정보원 산하의 산업기밀센터에 따르면 2003년~2006년 적발된 해외 불법기술유출 사례는 총 101건으로 매년 꾸준히 증가하고 있다고 한다(2003 : 6건, 2004 : 26건, 2005 : 29건, 2006 : 31건).

2. 인터넷과 퍼블리시티권

　퍼블리시티권(Right of Publicity)은 '특정 개인(예 유명인, 임꺽정역을 맡은 정흥채)이 자신의 성명 및 별명, 이미지, 캐치프레이즈, 자신과 유사한 것, 기타 동일성을 표시하는 것에 대한 가치를 통제하고 이에 의해 이익을 얻을 수 있는 권리' 또는 '특정 개인의 동일성을 그의 허락 없이 상업적으로 사용하는 것을 방지할 수 있는 권리'이다. 즉 재산적 가치가 있는 유명인의 성명, 초상 등 프라이버시에 속하는 사항의 상업적 이용을 통제할 수 있는 권리라고 볼 수 있다. 이는 프라이버시 보호에 그 기원을 두고 있으며 디지털기술에 의한 그 침해의 형태는 다양하다. 판례(1993년 White v. Samsung, 캘리포니아)에서는 특정인의 동일성을 단순하게 환기시키는 기능 및 기망을 불러오지 않는 이미지의 사용이나 패러디(Parody)도 그 범위에 포함된다고 보고 있다. 그러나 패러디 영상은 창작측면이 강해 침해여부에 대한 논란이 있을 수 있다.

　지적재산권 측면에서 보면 그 권리의 내용사항들이 동의를 받지 않고 웹사이트에서 이용되고 있는 경우이다. 이는 저작권 침해 및 상표법에서 금지하고 있는 소비자를 기망할 가능성이 있는 상징이나 도구를 상업적으로 사용할 수가 있기 때문이다.

3. 네트워크제공자의 책임

　원칙적으로 디지털화는 OSP(Online Service Provider)의 적극적인 관여 없이 이루어질 수 있으므로 그 책임의 문제는 발생하지 않을 수가 있다. 그러나 교사 및 방조가 있다면 공동불법행위 책임이 될 수가 있다. 또한 네트워크제공자가 용이하게 당해 서버에 축적된 정보를 인식하고 삭제 등 관여를 할 수 있었음에도 불구하고 이를 등한시한 경우에 발생할 수 있는 저작권자의 전송권이나 저작인격권의 침해는 문제가 될 수 있다. 보안상의 미비(예 해킹)로 인한 정보누출의 책임도 논란이 될 수 있다. 그러나 ID 및 암호의 관리소홀로 인한 책임은 개인적 책임사항이다(예 다수가 사용하는 컴퓨터에서 로그인 및 불법 다운로드로 인한 ID나 암호의 노출 등). 그러나 모든 책임을 개인에게 돌리는 것은 사실상의 무과실책임을 요구하는 것이기 때문에 그 책임을 한정할 필요가 있다. 네트워크제공자의 책임문제는 과거와 달리 자율규제가 아닌 의무적 자율규제 형식을 띠고 있어 시간이 지남에 따라 그 책임문제가 강하게 불거질 수가 있다.

사용자가 적법한 정보에 접근해 송신을 받는 행위(수신행위) 자체는 사용자의 송신행위는 아니므로 저작권법상의 문제는 생기지 않는다. 이 경우 램(RAM)이나 캐시(Cache)로의 시스템에 의한 자동적인 일시적 저장은 저작권 보호범위 내의 복제권 침해의 문제가 될 수 있다. 미국의 저작권법은 이를 인정하고 있으며 한미FTA 협정시 인정을 요구하고 있다. 그러나 송신에 수반되는 일시적인 저장은 인터넷의 통신량 삭감 및 신속한 접근보장을 위한 것이다. 따라서 이러한 기능들은 부수적 행위로 인정해야 한다.

4. UCC와 CCL

웹 2.0 시대의 대표성은 UCC가 가지고 있다. 이의 저작권 침해

유무, 특히 기존 방송물과 광고물의 침해유무가 논란이 되고 있다. 적용규정은 OSP의 책임문제에 대해서는 저작권법 제102조[40] 및 제104조와 망법 제44조의 2 및 제44조의 3이다. 불법복제물의 유통에 대해서는 망법 제44조의 7(불법정보의 유통금지)[41]이다. UCC 제작자를 위한 보상책은 구글(Google)의 애드센스, 다음(Daum)의 애드클릭스, 직접거래 및 기업체나 OSP의 판매모델 등이 있다.

저작권법은 사회 제반요소의 변화에 상당히 예민하다. 처음부터 문화를 주제로 한 법이고, 실질적으로는 문화의 경제적 가치를 보호하기 위해서 등장한 것이며, 표현의 자유를 대변하는 수단이라는 정치적 요소뿐만 아니라 기술의 발전에 직접적인 영향을 받는 영역이기 때문이다. 또한 그 법은 이념적인 성격을 띠고 있다. 저작권자의 이익보호를 위해 생겼지만 지적 창작의 유도와 문화의 발전이라는

---

[40] 서울중앙지법은 2007년 6월 영상물등급위원회는 영상물의 등급을 결정하는 기관이지 '음란성' 여부를 최종결정하는 기관은 아니기 때문에 '18세 관람가'의 등급분류를 받았다는 점만으로 음란물이 아니라고 단정할 수 없다는 판결을 내렸다. 저작권법 제102조 : ② 온라인서비스제공자는 제1항의 규정에 따른 복제 및 전송의 중단요구가 있는 경우에는 즉시 그 저작물 등의 복제 및 전송을 중단시키고 당해 저작물 등을 복제 및 전송하는 자 및 권리주장자에게 그 사실을 통보해야 한다. 제104조 : ① 다른 사람들 상호간에 컴퓨터 등을 이용해 저작물 등을 전송하도록 하는 것을 주된 목적으로 하는 온라인서비스제공자는 권리자의 요청이 있는 경우 당해 저작물 등의 불법적인 전송을 차단하는 기술적 확인조치 등 필요한 조치를 해야 한다. 망법 제44조의 2 : ② 정보통신서비스제공자는 제1항의 규정에 따른 당해 정보의 삭제 등의 요청을 받은 때에는 지체 없이 삭제, 임시조치 등의 필요한 조치를 취하고 이를 즉시 신청인 및 정보게제자에게 통지해야 한다. 이 경우 정보통신서비스제공자는 필요한 조치를 한 사실을 해당 게시판에 공시하는 등의 방법으로 이용자가 알 수 있도록 해야 한다. 제44조의 3 : ① 정보통신서비스제공자는 자신이 운영 및 관리하는 정보통신망에 유통되는 정보가 사생활의 침해 또는 명예훼손 등 타인의 권리를 침해한다고 인정되는 경우에는 임시조치를 할 수 있다.

[41] 망법 제44조의 7 : ① 누구든지 정보통신망을 이용해 다음 각 호의 어느 하나에 해당되는 정보를 유통해서는 아니 된다.

이념을 정당성의 근거로 삼아 의도적으로 개입을 허용하는 법이기 때문이다. 그 한가운데에 UCC에 대한 CCL(Creative Commons Licence : 저작물사용허락표시)이 위치하고 있다('Some Rights Reserved'). 이는 자유소프트웨어재단의 GPL(General Public License)을 지적재산권에 응용한 것으로서 '이용허락에 대한 일정한 조건을 사전에 밝혀 해당 조건 내에서 이용자가 자유롭게 저작물을 이용할 수 있게 하도록 하는 제도'이다. 전통적 저작권에서는 모든 배타적인 권리가 저작자에게 주어지는 반면에 CCL은 이용자가 저작물을 자유롭게 사용하되 일부 조건을 단다는 점에 차이가 있다. 저작권자의 권리를 보호하는 동시에 저작물에 대한 자유로운 사용을 장려하자는 것이 근본취지이다. 그것은 통상 '저작자 표시'(Attribution), '비영리'(Noncommercial),[42] '변경금지'(Nonderivation),[43] '동일조건 변경허락'(Sharealike)[44] 등으로 분류할 수 있다. 우리나라에서 많은 UCC는 기본적으로 저작자 표시를 기본으로 하면서 '비영리 · 변경금지 · 동일조건 변경허락'을 각각 붙여 유통되고 있다. 다만 변경금지와 동일조건 변경허락은 양립할 수 없다. 현재 주요 신문사가 개설한 공동사진사이트인 뉴스뱅크이미지, 다음, 유스보이스(youthvoice), 네이버(naver), 태그스토리(tagstory) 등이 CCL 규정을 적용하고 있다.

---

[42] 저작물을 언제든지 수정, 전송 등을 할 수가 있으나 제3자에게 판매 및 광고 등은 허용하지 않는다는 의미이다.
[43] 재가공 및 편집 등을 하지 않는 이상 자유롭게 사용할 수 있다는 의미이다.
[44] 제3자에게 전송 등을 할 경우 원자작물의 조건과 동일해야 한다는 의미이다.

제4장
개인정보 보호법제

제1절 개인정보 자기결정권
제2절 현재 및 미래의 개인정보 보호법제
제3절 각국의 개인정보 보호정책
제4절 정보공개제도

제1절

개인정보 자기결정권

I. 정보사회

　남이 자신에 대해서 아는 것과 자신이 남에 대해서 아는 것이 사회문제 및 법적 문제의 화두가 된 것은 정보사회[45]의 디딤돌인 정보통신기기의 발달 및 융합과 밀접한 관계가 있다고 볼 수 있다. 우리나라의 정보사회는 과거 70년대식의 정부에 의한 고도경제성장에서 연상되듯이 현재의 정보사회의 진입과 성숙의 조절도 많은 부분이 정부(정보통신부, 행정자치부 등)에 의해 일방적으로 진행되고 있다. 대표적 예로 이해당사자들의 합의 없이 일방적인 교육행정통합정보시스템(NEIS)을 실행했던 점과 전자주민카드와 통합의료정보 및 생

---

[45] 정보사회는 넓은 의미에서는 전반적인 정보기술의 발전에 따른 사회변화의 양상을 의미한다. 좁은 의미로는 넓은 의미의 정보사회에서 현실(물리적)공간의 정보가 디지털화되는 것을 의미한다.

체여권의 지속적인 도입시도를 들 수 있다. 이러한 정책방향은 일장일단이 있지만 문제는 개인정보의 보호필요성을 인식하지 못한 상태이거나 아니면 의도적으로 이의 보호를 무시하면서 효율성 및 경제성만을 강조하는 데 치중하고 있다는 점이다. 이는 아직도 현재 진행형이다.[46] 이를 막기 위한 개인정보의 보호 및 이용의 적절한 균형유지는 정보사회의 성공을 위한 전제조건이라 할 수 있다. 정보사회도 인간을 위한, 인간에 의해 유지 및 발전하는 사회이기 때문에 정보사회에 대한 사회구성원의 신뢰성과 안전성을 확보하지 못하면 그 새로운 사회의 실패는 확실하다. 예를 들어 행정효율의 극대화를 추구하기 위해 전자정부법이라는 법까지 만들어 모든 행정부의 의사소통을 전자문서로 시행하도록 한다지만 그러기 위해 모여진 정보가 엉뚱한 방향으로 남용되고 보호통제가 되지 않아 상호신뢰가 무너진다면 그러한 것은 우리를 편안하게 만드는 것이 아닌 불안감을 증폭시키는 주요 수단이 되기에 폐기해야 마땅한 것이다.

바로 옆에서 일어나고 있는 이러한 정보환경은 정보주체에게 위기와 기회를 동시에 주고 있다. 자기 자신의 개인정보가 전부 노출된 투명인간에게 반강제적으로 자기 자신의 내면감시를 불러일으켜 타율적 인간의 출현가능성을 증대시키는 것은 정보사회의 위기이며, 반면에 인간소외의 문제를 정보통신기기의 힘을 빌려 쌍방향적인 활발한 의사소통을 유도하는 것과 가상세계와 현실세계와의 연관성

---

[46] 2007년도 현재 '정보통신망 이용촉진 및 정보보호에 관한 법률' 개정의 주요 방향이 국무조정실의 '전자상거래 규제개선 방안'에 협의과제로 포함되자 주무부서인 정보통신부가 이에 적극적으로 호응하고 있는 현실은 정부가 아직도 개인정보의 경제적 측면에 몰두하고 있음을 잘 보여주고 있다.

강화를 통해 문제를 극복하고자 하는 것은 새로운 자율적 인간의 발생가능성을 볼 수 있다는 점에서 정보사회의 기회라고 할 수 있다.

정보사회에서 개인정보의 중요성 인식제고 및 법적으로 개인정보 보호제도를 정비하지 않은 상태에서의 이용위주의 정보사회를 운영하는 것은 교통법규도 신호기도 없거나 망가진 상태에서 자동차가 무서운 속도로 달리는 위험천만한 장면과 똑같다. 이는 권리의 주체인 개인을 법률효과의 시험대상에 빠지게 할 수 있다. 따라서 문명의 이기인 정보통신기술의 이용에 있어 이에 따른 사회적 조건(인식의 전환 등) 및 법적 조건의 동시적 정비는 정보사회의 성공여부를 결정할 중요한 요소라는 인식이 필히 이루어져야만 한다. 이는 정보사회의 신뢰성 및 안정성 유지의 핵심일 수밖에 없다.

II. 개인정보

과거의 개인정보는 개인의 신분을 나타내는 단순한 의미가 강했다.[47] 그러나 정보사회의 개인정보는 개인의 신분확인을 넘어서 인간의 존엄과 자유를 실현하기 위해 반드시 보호되어야 하는 필수적

---

47) 예를 들어 호패제도는 현 주민등록증제도와 거의 유사한 것이다. 호패는 16세 이상의 남자가 차고 다닌 신분증으로, 이 제도는 고려 공민왕 때 처음 시행되었고(유민통제 목적) 조선 3대 태종 때에 들어와 전국으로 확대실시되었다. 주 기능은 세금징수 및 징병을 위해 직업 및 계급을 분명히 하면서 신분을 증명하기 위한 것이었다. 그러나 백성들은 나라에 대한 의무를 피하기 위해 양반의 노비로 들어가거나 호패를 위조하는 등 법을 어기는 일이 아주 많았다고 한다. 결국 나라에서는 이러한 백성들의 불법을 더욱 잘 감시하려고

인 요소이고 전자상거래 및 금융거래 등 기업활동을 위해서도 없어서는 안 될 핵심적인 가치로서 기능하고 있다. 이처럼 과거와 달리 더 중요하게 자리매김한 상반된 가치 덕분에 현대의 공공부문과 민간부문이 개인정보의 효율적 활용에 골몰하는 것과 한편으로는 이의 수집 및 활용에 엄격한 잣대를 대려는 노력을 이해할 수가 있다. 또한 정보의 상호연결(Network, Ubiquitous)이 특징인 정보사회에서 권리침해의 특징을 보면 침해의 용이성, 광범위성으로 항시 개인정보에 대한 누출과 남용이 발생할 수가 있으며, 국가만이 아닌 민간기관과 개인에 의해서도 발생하면서 그 침해의 결과가 정보주체의 입장에서는 유사하다는 것이다.

개인정보를 정의하자면 '특정한 또는 특정할 수 있는 개인에 대한 일체의 인적이나 물적 정보'(모자이크정보 포함)이다.[48] 또한 개인정보는 인격적 가치, 재산적(상품적) 가치, 의사소통 가치를 동시에 가지고 있다. 복합적인 이러한 개인정보의 특성을 무시하고 단지 상품가치로만 이용가능성을 강조하는 것은 정보주체의 의지대로 행사할 수 없는 자율상실의 상황을 초래할 수도 있다. 이는 인간의 자율성을 전제로 성립된 민주주의의 위기와 직접적으로 연결될 수가 있다. 그렇다고 해도 개인정보에 포함되어 있는 개인정보의 재산적

'5가작통법'이라는 제도를 함께 실시했다(한 마을의 이웃 다섯 집안을 하나로 묶어 서로 법을 어기지 못하도록 감시하고 세금을 공동으로 내도록 하는 제도). 이렇게 호패제도는 개인의 신분을 증명하는 제도이면서, 지배층이 백성들을 효율적으로 관리하고 통제하기 위한 통치정책으로 실시한 것이었다. 현재에도 신분을 증명하는 그 무엇은 여전히 예전과 같은 그러한 기능을 수행하고 있다.
[48] 망법 제2조에서는 개인정보를 "생존하는 개인에 관한 정보로서 성명, 주민등록번호 등에 의해 당해 개인을 알아볼 수 있는 부호, 문자, 음성, 음향 및 영상 등의 정보를 말한다"라고 규정하고 있다. 개념 자체를 상당히 협소하게 규정해 보호에 소극적임을 알 수 있다.

측면 또한 무시할 수는 없다. 개인정보의 긍정적인 이용은 정보사회의 전제가 되기 때문이다. 그렇다면 개인정보의 인격적인 보호측면, 재산적인 이용측면, 보호와 이용이 교차하는 의사소통 측면이라는 갈등관계의 조화를 어떻게 구성해야만 하는가가 개인정보의 보호영역 확정에 있어 논의의 중심에 있음을 알 수 있다.

개인정보는 그 종류를 ① 신분정보[49] : 성명, 주민등록번호, 주소, 본적(원적), 가족관계, 본관, 이혼유무, 새터민(탈북자) 등, ② 사상정보 : 사상, 신조, 종교, 가치관, 정치적 성향 등, ③ 의료(진료)정보(Electronic Medical Record System, EMR) : 건강상태, 신장, 체중 등 신체적 특징, 병력, 장애정도 등, ④ 사회정보 : 학력, 나이, 직업, 자격, 전과 여부 등, ⑤ 금융(신용)정보[50] : 소득규모, 재산보유상황, 거래내역, 신용정보, 채권채무관계 등, ⑥ 생체(인식)정보 : 얼굴, 지문, 홍채, DNA 등, ⑦ 위치정보(Location Based System, LBS),[51] ⑧ 행태(행동)정보 : 소비행태, 웹서핑 습관(쿠키), ⑨ 유전자정보 등으로 분류할 수 있다. 이러한 정보의 주요 공통점은 정보사

---

[49] '호적법' 대신 '가족관계의 등록 등에 관한 법률'이 제정(2007년)되어 국민 개인별로 등록기준지에 따라 가족관계 등록부를 작성하고, 개인정보 보호를 위해 증명하려는 목적에 따라 기본증명, 혼인증명, 입양증명, 가족증명 등으로 분류해 가족 등 일정한 자에게만 청구가 인정될 수 있도록 했다.

[50] 개인신용정보 관리서비스(credit4u.or.kr) 기능을 이용해서 정보주체는 자기 자신의 신용정보 조회날짜, 조회기관, 조회목적, 조회신용정보의 세부항목을 확인할 수 있다. 동시에 은행과 신용카드사들의 불법적인 신용조회가 있으면 금융감독원에 신고할 수 있다. 자기자신의 신용정보를 직접 조회하는 것은 신용등급에 영향을 미치지 않는다. 참고로 금융기관은 신규대출 또는 신규카드발급의 경우 은행연합회 전산시스템을 통해 조회목적이라는 특정목적의 이용에 있어 본인조회, 여신심사, 신용카드 심사, 공공목적, 추심, 기타 등의 6개 항목 중에서 선택을 하는데 15~20%가 관행적으로 기타 항목을 선택하는 것은 목적구속성원칙에 반하기에 이의 개선이 필요하다.

[51] '위치정보의 보호 및 이용 등에 관한 법률'이 2005년 7월 27일부터 시행 중이다.

회에 걸맞게 전부 디지털화되고 융합되어 있어 언제든지 활용할 수 있다는 것이다.

개인정보 자기결정권은 정보사회에서 발생하고 있는 문제에 대한 헌법상의 답변이다. 이의 적극적인 보장은 분명 사회적·정치적인 발달과 일정한 함수관계에 있다. 이는 '정보주체가 자기의 정보에 대해 자기 스스로 사용, 수익 및 처분할 수 있는 기본권'으로서 자기 자신의 개인정보를 정보사회에서 어떻게 보장해야 하는가 하는 질문에 대한 답변이다. 판례를 통해 내용이 형성되고 있는 현재진행형인 권리이기 때문에 그 보호범위의 구체적이고 명확한 확정은 어렵다. 그러나 국제적인 개인정보 보호원칙과 법제의 상호비교를 통해 어느 정도의 추상성을 극복할 수 있다. 그 헌법상의 근거에 대해서는 학설이 분기되어 있다. EU 헌법(가칭)은 제8조에서 독자적인 기본권임을 명문으로 인정하고 있다. 독일은 1983년 '인구조사' 판결을 통해 일반적 인격권에서 독자적인 기본권임을 인정하고 있다. 반면에 미국은 *The Right of Privacy*라는 워런·브랜다이스(Warren/Brandeis, 1890)의 논문 발표 이래 프라이버시의 광의의 개념설정을 통해 개인정보 자기결정권을 인정하고 있다. 일본도 이를 따르고 있다.

Ⅲ. OECD 및 EU, UN의 개인정보 보호

개인정보 보호법제의 제정 및 개정경과는 각 국가마다 처한 정보환경의 상황에 따라 약간은 다를 수가 있다. 그러나 기본적으로는 OECD의 보호원칙[52]과 EU 준칙(Directive)[53]의 자국으로의 적극적 수용을 통해 관련 법제정비가 이루어지고 있다. 우리나라 또한 동일하다.

1. OECD와 EU의 보호원칙

(1) 수집제한(Collection Limitation)원칙
- 정보주체의 동의를 얻은 개인정보 수집(당사자 직접수집의 원칙)[54]
- 적법하고 공정한 방법(법령 또는 계약)을 통한 개인정보의 수집[55]
- 수집목적 명시를 통한 보유의 최소화
- 민감한 개인정보의 수집제한 및 대체수단 개발 노력

(2) 정보주체 참여(권) 보장(Individual Participation)원칙
- 정보주체의 개인정보 열람권, 정보이용 및 제공에 대한 통지권
- 동의철회권, 정정(갱신)청구권, 정보분리청구권, 접근수월권 보장

---

52) Guideline for the Protection of Privacy and Transborder Flows of Personal Data. 경제협력개발기구, 파리, 30개 국가, 1996년 가입.
53) Directive 95/46/EC of The European Parliament and of the Council concerning the processing of personal data and the protection of privacy in the electronic communications sector.
54) 개인정보 수집시 서면 및 공인전자서명방식, 녹취, 자동응답전화(ARS) 허용 등으로 동의방법의 다양성은 인정되어야 한다.
55) 금융회사의 신용평가회사(Credit Bureau, CB)를 통한 정보수집의 경우도 은행연합회나 각종 금융관련 협회처럼 동의를 받게 해야 한다.

(3) 정보의 정확성 유지원칙(Data Quality)

- 이용목적상 필요한 범위 내에서 개인정보의 정확성, 완전성, 최신성 확보
- 개인정보 변경의 통지의무

(4) 목적 명확성 및 구속성원칙(이용목적의 구체화, Purpose Specification, Use Limitation)

- 명시된 목적에 적합한 개인정보의 이용 및 목적 외 이용불가[56]
- 보유목적 달성과 보유기간 일치(보유목적 달성 후 즉시 폐기조치)의 원칙

(5) 보안조치 강구원칙(Security Safeguard)

- 물리적, 조직적, 기술적 안전조치 확보[57]
- 개인정보 보호담당자 임명 및 주기적인 교육실시

(6) 개인정보 정책공개 및 관행 공개원칙(Openness)

- 개인정보의 처리 및 보호를 위한 정책의 공개

---

[56] 금융회사가 사생활을 침해하지 않는 범위에서 자사의 상품을 소개하는 경우 동의가 필요 없게 하는 것은 보호보다는 활용방향에 치우친 것으로 문제가 있다.

[57] 예를 들어 개인정보의 안전한 취급을 위한 내부관리계획의 수립 및 시행, 개인정보에 대한 불법적인 접근 차단을 위한 접근통제장치의 설치·운영, 로그기록의 무결성 유지를 위한 조치, 개인정보를 안전하게 저장·전송할 수 있는 암호화 기술 등을 이용한 보안조치, 백신프로그램의 설치·운영 등 컴퓨터바이러스 방지 조치, 기타 개인정보의 안정성 확보를 위해 필요한 보호조치 등. 우리나라에서는 공공과 민간부문을 포함해서 KISIS(Korea Information Security Industry Support Center, 정보통신부 소속)가 그 역할을 수행 중이다.

• 관리자의 신원 및 연락처, 개인정보의 존재사실, 이용목적 등에 대한 접근용이성 확보

(7) 책임부담의 원칙(Accountability)
• 개인정보 관리자에게 원칙준수 및 책임부과
• 징벌적 손해배상 검토
• 입증전환의 법리

(8) 독립적 감독기구 설치
• 권력분립 원칙에 따라 공공부문과 민간부문으로부터의 기능상의 독립
• 개인정보에 관한 모든 업무의 감시 및 감독(시정 및 권고 등)
• 법원소송 외의 효율적 권리구제 대책수립 및 실시(조정 및 화해제도, 법제도 개선 등)
• 개인정보 영향평가제도 실시[58]

2. UN의 개인정보 전산화 가이드라인

(1) 합법성과 공정성의 원칙
개인에 대한 정보는 불공정하거나 불법적인 방법으로 수집되거

---

[58] 새로운 개인정보 시스템 도입 등 정보화사업을 계획하는 단계에서 당해 사업이 개인정보에 미치는 영향을 평가하고 검토함으로써 침해가능성을 최소화할 수가 있다. 일반 국민의 정보화사업에 대한 불신을 감소시킬 수 있으며, 관련사업의 무분별한 도입을 사전에 방지해 예산누수를 막을 수도 있다. 또한 실증적인 사전검토를 통해 효율적인 대응과 예방책을 강구할 수도 있다.

나 처리되어서는 안 된다. 유엔헌장의 목적이나 원칙에 반한 목적으로 사용되어서도 안 된다.

(2) 정확성의 원칙

개인정보 파일의 편집을 담당하거나 관리를 책임지는 사람은 기록된 데이터의 정확성과 타당성을 정기적으로 점검할 의무가 있다. 또한 누락(부작위) 에러를 피하기 위해 파일을 가능한 한 정확하게 보존해야 한다. 그리고 파일이 처리되고 있는 한 정기적으로 또는 파일 안의 정보가 사용되는 동안에 최신의 것으로 유지할 의무가 있다.

(3) 목적명시의 원칙

개인정보 파일이 제공되는 목적과 그 목적의 용도는 명시되어야 하고 합법적이어야 하며 이런 작업이 진행되는 동안 일정한 정도 이상의 의견을 수렴해야 하고 관계가 있는 사람들에게 인식이 되어야 한다. 따라서 수집되고 기록되는 모든 개인정보는 명시된 목적에 적절하고 충족된 상태로 유지되어야 하고, 어떤 개인정보도 명시된 목적에 거스르는 용도로 당사자의 동의 없이 유출되어서는 안 된다. 개인정보의 보관(보유)기간은 명시된 목적을 달성할 수 있는 기간을 초과하지 않아야 한다.

(4) 이해당사자 접근의 원칙

신분이 증명된 누구라도 지나친 지체나 비용지불 없이 자신과 관계 있는 정보가 어떻게 처리되는지 알고 이해가 가능한 형태로 제공받을 권리가 있으며, 불법적이거나 불필요하거나 부정확한 입력과 통신 수신자가 있을 경우 적절하게 수정하거나 삭제할 수 있어야 한다. 아래 제8원칙에 명시된 감독기관이 필요하면 구제조항이 만들어져야 한다. 수정비용은 파일책임자가 부담한다.

(5) 차별금지의 원칙

제6원칙에서 제한적으로 언급된 예외적 경우를 감안하고, 불법적이고 임의적인 차별을 유발할 수 있는 데이터 즉, 단체 및 노동조합 가입 사항 뿐 아니라 인종적, 민족적 출신, 피부색, 성생활, 정치적 의견, 종교, 철학적 혹은 기타의 신념에 대한 정보는 수집되어서는 안 된다.

(6) 예외부여권

제1원칙에서부터 제4원칙에 대한 이탈은 국가 안보, 공공질서, 공중보건과 도덕, 특히 타인의 자유를 지키기 위한 경우에만 인정될 수 있다. 특히 학대받는 사람의 경우(인도주의적 조항에 따라)는 법률적 한계를 명시하고 적절한 보호조항을 제시하고 있는 국내법제도와 상응하는 공포 법률이나 그에 상응하는 규제제도에 명백히 명시된 예외를 인정받는다. 차별금지에 대한 제5원칙의 예외는, 제1원칙과 제4원칙에 대한 예외에 적시된 보호조항에 더해, 인권보호와 차별금지에 관련된 국제권리장전과 기타 관련 수단에 적시된 한계 하에서만 인정받을 수 있다.

(7) 보안의 원칙

사고나 파괴에 의한 손실과 같은 천재지변이나 부당한 접근, 데이터의 부정한 이용, 컴퓨터바이러스에 의한 감염과 같은 인재로부터 파일을 보호하기 위해 적절한 수단이 취해져야 한다.

(8) 감독과 제재조치

모든 국가의 법은 위에서 제시된 원칙의 준수여부를 감독할 책임기구를, 국내법체제에 무리 없이 지정해야 한다. 이 기구는 데이터를 처리하고 작성하는 책임자나 책임부처, 그리고 기술적 능력면에서 공평성과 독립성을 보장해야 한다. 국내법 조항의 침해에 대해서는 적절한 개인적 구제절차와 동시에 형사처벌 혹은 기타 벌칙이 명시되어야 한다.

(9) 데이터 흐름의 초국경성

국경을 넘나드는 데이터와 관련된 두 개 이상의 국가들의 법률이 프라이버시를 보호하기 위한 유사 보호조항을 제시할 때, 정보는 관련국 영토에서 자유롭게 흐를 수 있어야 한다. 상호 보호조항이 없을 때는 프라이버시 보호가 충족되는 한 파일 흐름이 부당하게 제한되어서는 안 된다.

(10) 적용영역

제시된 원칙은 우선적으로 선택적 확장과 적절한 조정에 의해 수기파일뿐 아니라 전산처리된 모든 공적 및 사적인 파일에 적용되어야 한다.

Ⅳ. 보호영역

　　정보시장에 있어 정보산업과 관련이 있는 기업들은 예전처럼 물건 잘 만들어 팔고 고객관리만 잘하면 되는 게 아니냐고 생각할 수도 있다. 그러나 이제는 정보시장에서 시장이 기업을 어떻게 생각하고 있는가 하는 것도 신경을 써야 하는 시대다. 기업의 목적이 이윤추구에 있다면 정보시장에서 신뢰를 받는 게 무엇보다 중요한 세상이 도래했다. 역설적으로 개인정보의 보호와 보호의 투명성 보장에 적극적인 기업이 현대에 어울리는 기업상이라 할 수 있다. 따라서 개인정보 보호원칙의 준수와 투명한 보호절차는 기업의 쇄신과 이미지 변신에 도움을 줄 수 있는 훌륭한 동반요소라는 발상의 전환이 필요하다. 즉 정보보호도 투자라는 인식이 필요한 시기이다(㈎ 환경산업).

　　정보통신기술의 발달은 정보주체에게 위기를 주고 있다. 따라서 각국은 정보사회의 신뢰성과 안정성을 확보하기 위해 개인정보의 관련 법제를 현 정보통신기술 발전에 걸맞게 제정 및 개정해 정보주체의 권리신장을 위해 노력하고 있다. 개인정보보호법의 보호법익은 분명 개인정보 자기결정권이어야만 한다. 따라서 정보주체는 원칙적으로 자기 개인정보의 주체이어야지 객체일 수가 없다는 사실만으로도 단지 경제성 및 효율성의 기준만으로 개인정보정책을 논해서는 안 된다. 즉 자기 개인정보의 순간적인 객체가 될 가능성을 부인할 수는 없다. 그러나 주된 방향은 항상 주체쪽으로 향하고 있어야만 한다.

1. 보호 및 동의능력 강화

정보주체의 자기보호능력 향상에 있어 개개인의 노력보다는 개인과 사회의 공동작업이 더 효율적임을 우리는 알고 있다. 가능하다면 개인정보의 암호화 및 익명화된 상태에서 개인정보의 수집 및 처리를 해야 한다. 또한 침해로 인한 권리구제시 노동조합의 관여권 인정 및 징벌적 손해배상제도의 도입이나 기능적으로 독립된 구성을 통한 개인정보 보호관의 임명 및 그 업무실행에 있어 고도의 독립성 보장, 입증책임전환과 소송법상의 강제중재도입 등을 적극적으로 검토해야 한다.[59]

---

[59] 참고로 소비자기본법(구 소비자보호법)에 따라 같은 제품이나 서비스로 피해를 본 소비자가 50명만 넘으면 분쟁 조정을 통해 금전적인 보상을 받을 수 있는 '집단분쟁조정제도'가 시행된다(2007. 3. 28). 또한 소비자단체들이 소비자를 대신해 기업의 위법 행위를 금지하거나 중지해 달라는 소송을 제기할 수 있는 '소비자단체소송제도' (2008. 1)가 도입된다. ① 집단분쟁조정제도 : 지금까지는 소비자가 기업으로부터 피해를 보상받기 위해서는 직접 소비자보호원에 피해구제를 신청하거나 법원에 소송을 내야 했지만 앞으로는 집단분쟁조정을 통해 좀 더 쉽게 금전 보상을 받을 수 있다. 앞으로 특정 제품 및 서비스에 대해 피해를 본 소비자는 소비자단체나 지방자치단체 등에 신고만 하면 된다. 그런 피해자가 50명이 넘을 경우 해당 단체가 '소비자분쟁조정위원회' (한국소비자원 산하)에 대신 조정을 신청하게 된다. 소비자분쟁조정위원회는 접수된 분쟁 사실을 한국소비자원 인터넷 홈페이지나 일간 신문에 14일 이상 공고해 추가 피해자를 접수하고, 위원회 심사를 거쳐 기업이 부담해야 할 금전적인 피해 보상액을 결정한다. 신고하지 않은 피해자도 보상을 받을 수 있다. 조정에 참가하지 않은 다른 소비자에게도 보상하도록 기업에 '사후보상계획서' 를 제출하도록 권고함으로 이는 가능하다. ② 소비자단체소송제도 : 현행 법체계에서는 소액 피해를 입은 소비자가 기업을 상대로 민사소송을 제기하기 어렵다. 이를 개선하기 위해 만들어진 소비자단체소송은 일정 요건을 갖춘 단체가 법원에 소송을 대신 제기하는 제도이다. 소송대상은 소비자의 생명이나 신체, 재산을 침해하는 기업의 위법 행위이다. 단체 소송을 제기할 수 있는 단체는 ㉠ 한국소비자연맹, 한국YMCA 전국연맹 등 공정위에 등록된 10개 소비자단체, ㉡ 대한상의, 중소기업협동조합중앙회, 대통령령이 정하는 전국단위의 경제단체, ㉢ 구성원 수가 5000명 이상이고 3년간 활동 실적이 있으며 50인 이상의 소송제기 요청을 받은 비영리 민간단체 등이다.

개인정보의 수집은 원칙적으로 제한적이고(정보주체의 동의), 합법적이며 공정한 수단(법령)에 의해 정보주체의 인지 및 동의하에 습득해야 한다(수집제한의 원칙). 여기에 있어 개인정보 수집의 자유원칙은 현 정보사회에서 개인정보의 처리에 대해 통제를 하지 않겠다는 말과 동일하다. 따라서 정보주체의 동의가 없는 개인정보의 수집 및 처리는 법률의 예외가 없는 한 원칙적으로 침해로 보아야 한다. 우리나라의 망법 제22조 제1항 및 제24조, 독일의 개인정보보호법률 제4조 제1항 및 제4a조에 규정되어 있다. 여기서의 동의는 정보주체의 '자유로운 의지'[60]의 표현이어야 한다. 때문에 예외규정이 없는 한 원칙적으로 사전동의를 의미하며 사후동의는 예외이다.

일(개)괄적 동의제도를 통해 정보주체의 선택적 동의를 일방적으로 배제하는 것은 침해로 보아야 한다. 이러한 귀결은 권리침해자와 피침해자의 사회적 힘의 관계를 고려한 논리적 결과이다.[61] 보험가입이라든지 회사입사의 경우 정보이용의 일괄적 동의를 요구하는 업무관행은 그 구체적인 예이다. 마찬가지로 일반적인 정보나 민감한 정보는 분리해서 동의를 받아야 한다.

동의에 따른 고지의무 이행시(통지) 개인정보의 수집 및 이용, 제공 등을 세밀하게 분류해 고지의 내용을 각각 달리하지 않는 것은

---

60) EU에서는 "모든 의심 없이"라고 표현하고 있다. 동일한 의미이다.
61) 개인정보 보호를 위한 이용자 수칙 : ① 개인정보 제공은 필요한 경우에만 제공한다. ② 개인정보 제공시 개인정보 보호방침을 반드시 확인한다. ③ 개인정보의 공개와 비공개를 선택할 수 있는 경우 반드시 비공개를 선택한다. ④ 블로그, 게시판 등에 자신 및 타인의 개인정보를 함부로 게재하지 않는다. ⑤ 주기적으로 검색포털을 통해 자신의 이름, 주민번호, 휴대전화번호 등을 검색해 개인정보 노출여부를 점검한다. ⑥ 자신의 개인정보가 노출된 사실을 발견했을 경우 해당 웹사이트 또는 검색포털 사이트 등에 삭제 요청 등 적극적으로 조치를 요구한다.

정보 보호의식의 선진화와 보호관행이 긍정적으로 존재하는 상태에서 시행되어야 그 효율성을 보장받을 수가 있지 보호보다는 활용이 당연시되는 정보환경에서 시행하는 것은 무책임한 정보정책이다.[62]

정보주체의 동의능력을 향상시키기 위해서 스팸메일[63]의 주류인 전자우편 규제방식을 옵트아웃(Opt-Out)방식에서 옵트인(Opt-In)[64]방식으로 메일전송을 제한하는 것도 바람직하다. EU의 '전자통신 부문에서의 개인정보 처리와 프라이버시 보호에 관한 준칙'은 이미 옵트인방식을 통해 스팸메일을 규제하고 있다.

개인정보 취급위탁의 경우, 예를 들어 텔레마케팅, 광고, 회원모집, 이벤트 등의 업무를 위탁하는 과정에서 수탁자가 정보주체의 개인정보를 취급하는 경우에도 실질적으로는 제3자에 대한 정보제공과 동일하므로 동의를 받아야 한다. 다만 물품배송이나 AS처리 등 계약이행을 위해 필요한 범위 내에서의 업무위탁은 통지나 사후동의 등 동의제도의 완화를 침해로 보기는 힘들다는 생각이다.

---

[62] 금융기관에서 신용정보 활용 동의서를 제공한 후 활용되는 구체적인 정보는 ① 이름, 주민등록번호, 주소, 직업, 직장명, 연락처, ② 대출일, 대출기간, 대출금액 등 대출관련 정보의 모든 것, ③ 개인의 재산, 소득 총액, 납세실적, 채무보증 현황, ④ 신용카드 발급 및 해지사실, 결제금액, 현금서비스 금액 등이다. 정보통보기관은 ① 은행, 카드사, 캐피탈 등 금융업체, ② 카드사와 포인트, 마일리지 등 제휴업체, ③ 은행연합회, 여신전문금융협회 등 금융협회, ④ 한국신용정보, 한국개인신용 등 신용정보회사 등이다.

[63] 스팸메일이라는 개념정의는 정책적 측면이 강하다. '영리'의 개념설정의 어려움이나, 광고성 메일이 아닌 정보와의 구분의 작위적인 설정 등은 이를 말해주고 있다. 기술적으로는 이용자가 정보를 원하지 않는다는 의사를 추가비용 없이 수월하게 정보발신자에게 표시할 수 있는 방법을 찾아야 한다는 것이 핵심 방지대책이라 할 수 있다. '방문판매 등에 관한 법률' 제25조에서 그 정의를 "한 번의 수신거부의사 이후에 계속되는 사업자의 소비자 생활 저해행위"라고 규정하고 있다. 망법 제50조에서 그 전송방법을 규제하고 있다.

[64] 망법 제50조 제1항과 제2항에서 메일에 대해서는 옵트아웃방식, 전화나 팩스기기에 대해서는 옵트인방식을 채택하고 있다. 부분적인 옵트인방식을 취하고 있는 것이다.

정보주체의 동의능력 강화를 위해서 정보통신망에 대한 정보주체의 접근성이 수월해야 한다. 만일 보편적인 접근의 수월성이 충분히 제공될 수 없다면 정보주체 및 제3자의 참여권이 제한될 수밖에 없을 것이다. 이는 정보격차 해소를 위해서도 필요하다.

2. 목적구속성 강화 및 참여권 보장

공공부문이나 민간부문에서 기관 및 기업이 보유한 개인정보의 활용에 있어서는 보유목적과 어울리는 '목적 명확성 및 구속성의 원칙'을 강하게 적용해야 한다. 이러한 원칙은 개인정보의 국외이송의 경우 및 공유정보로 인한 침해의 경우 유효한 통제방법이 될 수 있다. 즉 개인정보는 확정적이고 명백한 목적에 의해서만 수집되고 이용이 되어야 한다. 또한 목적달성 후에는 별도의 규정이 없는 한 즉시 해당 개인정보는 파기되어야 한다. 마찬가지로 관련 규정 또한 비례성의 원칙에 비추어서 합목적성을 상실한 경우에는 해당 개인정보는 즉시 파기되어야 한다.[65] 홈페이지가 법령위반에 따라 강제폐쇄된 경우가 그 예이다.

개인정보의 정보주체의 동의 또는 법령의 규정에 의하지 않은 목적 외 이용 및 제3자에의 제공은 한계를 일탈한 명백한 침해행위이다. 예를 들어 수집항목 변경이나 보유 및 이용기간 변경의 경우

---

65) 통신비밀보호법 개정예정안(2007) 제15조의 2 제5항은 인터넷 로그기록 등 '통신사실 확인자료'를 12개월 이상 전기통신사업자가 보관하도록 의무화한 조항이다. 이 정도의 장기간의 자료보관은 범죄수사의 필요성 등의 긍정적 효과보다는 남용의 부정적 효과가 크며 이미 인터넷과 휴대전화가 자체적으로 보관기능을 하고 있다는 점에서 다중규제를 하는 셈이다.

별도의 동의가 없다면 목적 외의 활용에 해당하는 침해행위이다. 그리고 동의받은 목적과 다르게 활용하는 행위[66] 및 동의 없이 예외적으로 수집이 허락되는 경우 수집목적과 다르게 활용되는 것도 금지되어야 한다.

보유목적 외의 이용 및 제공을 제한한 결정을 보면 국가인권위원회는 '공공기관의 개인정보 보호에 관한 법률' 제10조 제2항 제2호의 '다른 법률'이란 개인정보 보유기관(예를 들어 보험공단)에 대해 문제의 개인정보 취득을 허용한 특정법률(예를 들어 건강보험법)이 아닌 제3의 법률을 의미하며, '다른 법률에 정한 소관업무'란 '다른 법률'에 의해 '문제의 보유기관'이 수행할 것으로 정해진 사무를 의미하는 것으로 해석했다.[67] 즉 해당 조항은 다른 법률에서 정하는 소관업무를 해당 기관 스스로 수행하기 위해 당해 정보처리를 보유목적 외의 목적으로 이용할 상당한 이유가 있는 경우를 의미하는 것이지 해당 개인정보를 다른 기관에 제공하는 근거로 삼을 수는 없다고 했다.

또한 효과적인 개인정보 보호를 위해서는 정보주체에게 자신의 정보에 대한 적극적인 참여권을 인정해 정보열람, 정정(갱신)청구권, 정보분리청구권, 익명권의 보장 등이 이루어져야 한다. 이러한 제도적 보장은 공공기관과 민간기관 구별 없이 준수되어야만 한다. 따라

---

[66] 예를 들어 노동부가 산재보험을 이용하기 위해 근로복지공단에 제공한 사업장 정보를 정부홍보에 활용하는 것과 국정홍보처가 정부정책을 알기 위해 제공한 메일 등을 통해 개헌홍보를 하고 야당을 비판하는 것과 수험정보를 알기 위해 정책고객 대상으로 삼는 것은 목적 외의 활용으로 위법이다.
[67] 2002년 7월 30일 국가인권위원회 의결(정신과 진료기록을 운전면허 적성검사의 기본정보로 이용한 사례).

서 행정의 효율성만을 앞세워 충분한 보호논의가 없이 민감한 개인정보를 포함해 포괄적이고 통합적인 개인정보 시스템을 구축하는 것은 정보분리보호(권력분립을 통한 보호)에 있어 문제가 있다는 논거가 여기에서 비롯된다.

정보주체가 개인정보의 수집, 이용, 제공에 관해 동의한 내용을 언제든지 열람, 정정(갱신)할 수 있어야 한다. 정보주체의 오류정정 요구의 경우 필요한 조치가 있기 전까지는 당해 개인정보를 활용하지 못하도록 해야 한다. 다만 범죄수사 등의 목적으로 수사기관에서 요구하는 경우와 같이 다른 법률에 의해 허용되는 것은 예외이다.

그리고 현재 문제가 되고 있는 익명권의 보장은 기본적 권리임에도 불구하고 민간기관도 아닌 공공기관이 이의 폐해를 부각시켜 일률적으로 인터넷실명제를 도입하려 하는 것은 비례성에 반할 가능성이 높다. 예를 들어 망법상의 제한적 실명제[68]와 공직선거법의 실명제가 그러하다. 익명의 부작용에 대한 대책은 사회적 합의를 거쳐 제한된 범위 내에서 도입하는 것이 바람직하다.

---

[68] 제44조의 5(게시판 이용자의 본인확인) ① 정보통신 서비스제공자로서 제공하는 정보통신서비스의 유형별 일일평균 이용자수, 매출액 등이 대통령령으로 정하는 기준에 해당되는 자가 게시판을 설치 · 운영하려는 경우에는 그 게시판 이용자의 본인확인을 위한 방법 및 절차의 마련 등 필요한 조치(이하 "본인확인조치"라 한다)를 해야 한다. ② 정부는 제1항에 따른 본인확인을 위해 안전하고 신뢰할 수 있는 시스템을 개발하기 위한 시책을 마련해야 한다. ③ 정보통신 서비스제공자가 선량한 관리자의 주의로써 제1항에 따른 본인확인조치를 한 경우에는 이용자의 명의가 제3자에 의해 부정사용됨에 따라 발생한 손해에 대한 배상책임을 줄이거나 면제받을 수 있다. 따라서 35개(일일평균 이용자수 30만 이상인 16개 포털 및 5개 UCC 사업자, 일일평균 이용자수 20만 이상인 14개 인터넷언론)의 인터넷사이트에 뉴스댓글, 지식in, 붐, 플레이 등 불특정 다수인을 대상으로 하는 게시판 등에 게시물을 달려면 한국신용평가, 서울신용평가, 한국정보통신산업협회 등에 등록한 주민등록번호를 통해 본인확인 절차를 거쳐야 한다. 메일, 카페 및 쪽지 등은 제외된다.

V. 제도적 보장(보호)

　제도적 보장으로서 그 보호법익에 무엇을, 어떻게, 얼마나 보호해야 할지는 입법자에게 우선적으로 '최소금지의 원칙'을 조건으로 입법형성의무가 부여되어 있다. 또한 본질적인 침해가 이루어져서는 안 된다. 따라서 생체정보나 고유식별자와 같이 '민감한 개인정보의 보호'는 효율성 측면보다는 인격적 측면을 우선시해야 한다. 이는 상대적으로 높은 수준의 보호를 행해야 함을 의미한다. 주민등록번호를 대신할 대체정보의 개발 및 활용은 그 적절한 예가 될 수 있다.[69]

1. 정보공유 금지 및 제한 제도의 필요성

　공공부문에서 민간부문으로의 개인정보의 전송은 이를 허용하는 법률규정이 없다면 원칙적으로 금지되어야 한다. 규정이 없기 때문에 허용되는 것이 아니다. 공공부문과 민간부문에서 동시에 개인

---

[69] 주민등록번호 대체수단의 내용(실시예정) :

공인인증서	• 회원가입시 기존의 공인인증서를 이용해 본인확인 • 대면확인을 통해 발급
온라인 실명인증서	• 인터넷으로 신원확인 후 발급되는 낮은 등급의 인증서 이용 본인확인
개인인증키	• 13자리 난수로 구성된 개인인증키를 발급받고 웹사이트 회원가입시 개인인증키에 접근할 수 있는 비밀번호 입력
가상주민번호	• 난수화된 가상주민번호를 휴대폰 등으로 발급받은 후 웹사이트 회원가입시 입력
그린버튼서비스	• 공인인증서를 통해 로그인 및 암호화 지원

정보를 공유하게 하는 것은 개인정보가 민간부문에서 단지 이익(경제성)의 대상으로 전락할 높은 개연성과 거기에 따른 개인정보의 오용과 남용이 극대화될 수가 있기 때문이다. 따라서 예외적으로 전송될 수 있는 경우에는 미리 법률에서 정한 전제조건들이 엄격히 충족된 경우이다. 여기서의 법률은 형식적인 법률을 지향해야 한다. 또한 그 법률은 제한적이고 명확해야 한다. 그 침해의 개연성이 상대적으로 높고 본질적인 침해를 불러올 수도 있기 때문이다.

따라서 행정자치부(2006. 3. 24.)가 공공부문에서 보유하고 있는 정보를 민간부문에까지 개방하려고 하는 '행정정보 공동이용법'(가칭)은 문제의 소지가 많다. 공공기관이 보유한 행정정보에는 민감한 개인정보를 포함한 다수의 개인정보가 포함되기 때문에 위에서 언급한 것처럼 공동이용의 범위는 제한적이어야 하며 명확해야 한다. 또한 정보주체에게 실질적인 정보통제권이 부여되어야 한다. 그러나 해당 법안은 원칙적으로 개인정보가 포함된 행정정보 전산망을 민간기업(은행, 보험, 증권 등)에게 개방하는 목표를 갖고 있다(제2조 제4항). 특히 공유내용에 있어 예를 들어 주민등록법, 지적법, 국세기본법, 소득세법, 부동산등기법, 호적법, 자동차관리법, 지방세법, 건축법에서 규정된 행정정보(제10조) 및 행정정보 공동이용이 가능한 대상정보가 약 70여 종(제5조)에 이르는 등 그 범위가 매우 광범위하다. 또한 행정자치부는 행정정보공유추진위원회(제15조)와 행정정보공동이용센터(제16조)라는 조직을 통해 국가가 수집한 개인정보의 활용에 관한 큰 권한을 부여하려고 한다.

결론적으로 행정자치부의 행정정보공동이용법(가칭)은 개인정보공동이용법에 불과하다. 물론 민원서비스의 질을 높이기 위해 행정보를 공유해야 할 필요가 있을 것이다. 그런데 국가가 보유하고 있는 개인정보와 결합된 행정정보는 민감한 개인정보가 많다. 때문에 이러한 정보의 공유와 이용은 보호의식이 강한 개인정보 보호를 취급하는 기관의 감독과 통제하에 있어야 한다. 그런 의미에서 이용을 촉진하는 법의 제정은 일반법적인 기능을 하는 개인정보보호기본법 제정 이후에 논의되어야 하며, 정보주체의 실질적인 권리보장 후에 논의되어야 한다.

2. 국외이송정보의 적절한 보호를 위한 제도의 필요성

국경을 넘어서는 외국의 공공부문과 민간부문으로의 개인정보 전송은 법률의 규정이나 해당 기관이 우리나라의 개인정보수준과 비교해서 적절한 보호수준을 가진 경우에만 가능하다고 해야 할 것이다.[70] 현재 이에 관련된 선언적인 규정만 존재할 뿐 절차 및 이의 위반시 강제규정은 없다. 이의 보호를 위해 법 제정 전까지 EU에서 채택하고 있는 '표준거래약관'의 제정을 통해 그 보호기준을 마련하는 것도 정보주체의 보호를 마련하는 한 방법이다.

3. 자율규제 및 의무적 자율규제 제도의 필요성

개인정보를 수집 및 처리하는 민간기업에 있어 그들의 업무방식

---

70) Art. 4b BDSG 2003.

인 자율규제를 인정하고 국가가 이를 촉진함이 원칙이다. 그러나 시장실패 예정영역, 공정한 제도 및 공공이익의 보호와 민주적 준법성 보장의 필요성 증대영역에서는 국가의 감독이 강화된 '의무적 자율규제'이어야만 한다.

4. 독립적인 감독기구의 필요성

기능적인 독립을 의미하며, 조직구성에 있어 민주적 정당성이 높은 헌법기관의 개입이 필요하다.

제2절

현재 및 미래의 개인정보 보호법제

개인정보 보호법제는 각 국가마다 상이한 정보환경에 따라 차이가 존재한다. 우리나라에 있어서는 관할 부처의 이기주의적인 법제정으로 인해 정보보호를 위한 관련 법제가 분산되어 있어 일관성 있는 개인정보 보호체계가 정립되지 못하고 있다. 또한 정보보안의 일부로서 개인정보 보호가 논의되고 있기 때문에 충실한 국제적 보호원칙을 찾아보기가 힘들다. 따라서 개인정보 보호에 있어 국제적 보호원칙에 충실하고 현실세계와 가상세계를 아우르는 일반법적인 기능을 할 수 있는 개인정보보호법(가칭)의 제정이 필요하다. 현재 현실세계와 가상세계에서 일반법적인 기능을 하는 개인정보 보호법제는 제정되어 있지 않다. 그러나 일반법으로서 개인정보 보호법제의 제정 필요성은 시간이 갈수록 높아지고 있다. 그 법에 따라 분야별 입법의 발전을 유도하면서 업무의 독립성과 실효성을 확보한 감독기구를 통해 보호체계를 확립해야 한다.

I. 현재 법제

현 법제를 보면 공공기관과 민간부문에 있어서의 구별을 전제로 하고 있다. 공공기관의 개인정보 보호는 '공공기관의 개인정보 보호에 관한 법률'에 의해, 민간기관에 대한 개인정보 보호는 '정보통신망 이용촉진 및 정보보호 등에 관한 법률'에 의해 원칙적으로 행정자치부와 정보통신부가 그 보호를 행하고 있다. 그러나 적용영역이 한정되어 있다. 즉 보호가 필요한 분야별로 개별적인 입법을 하고 있다. 예를 들어 금융기관의 신용정보는 금융감독원이 행한다.

민간부문의 보호실태를 보면 망법에서는 원칙적으로 정보통신사업자로 그 적용대상을 엄격히 한정한다. 따라서 민간부문의 공공단체 및 개인에 의한 개인정보 이용과 남용에 대해서는 공공기관에 의한 보호대책보다 훨씬 미흡하다. 이 영역은 원칙적으로 정보수집의 자유를 인정하고 있다. 과거와 달리 현재 민간부문이 보유하고 있는 개인정보는 그 양과 유통의 광범위성 등을 결코 무시할 수 없다. 이러한 정보환경에서 공공과 민간부문의 정보보호수준의 완화 및 공용주장은 분명히 정보주체 보호의 후퇴를 불러올 것이다. 또한 한미자유무역협정의 금융영역에서 국내에 진출한 미국계 금융기관의 한국지사뿐만 아니라 미국본사에도 한국고객의 금융정보 처리를 허용한 것은 2년간의 유예기간 및 미국수준의 엄격한 보호수준안에서 금융정보의 재사용 금지 및 전산시설 유지조건이 있다 하더라도 우리가 이를 통제하기는 어려움이 많을 것이기에 이미 선경험이 있는 EU의 사례를 연구해 동일한 실패를 하지 말아야 한다.

① 현 개인정보 보호법제 현황[71]

구분	관련법규	규제내용
정부 기록 정보	공공기관의 개인정보 보호에 관한 법률	국가·공공기관 보유의 개인정보 보호, 수집·처리·이용 과정상의 정보주체와 공공기관의 권리, 의무, 규율
	공공기관의 개인정보 보호에 관한 법률	개인정보의 비공개, 부분공개
	주민등록법	주민등록의 열람 또는 등·초본의 교부, 주민등록 전산 정보자료의 이용 등
	자동차관리법	자동차관리업무의 전산처리시 사생활 보호
	통계법	통계작성과정의 개인, 단체, 법인의 비밀보호
	국정감사 및 조사에 관한 법률	사생활침해 목적의 감사·조사 제한
	국가공무원법, 독점규제 및 공정거래에 관한 법률 등	업무상 지득한 비밀의 보호
통신 비밀	통신비밀보호법	우편물의 검열, 전기통신의 감청 등 통신 관련 사생활의 보호
	통신제한조치의 허가절차 및 비밀유지에 관한 규칙	범죄수사 및 국가안보를 위한 통신제한조치의 허가절차
	전기통신사업법	개별 이용자에 관한 정보의 공개 및 유용 금지 등
	형법의 비밀침해죄(제316조)	봉합 기타 비밀장치한 편지, 문서, 도화 또는 전자기록 등 특수매체기록에 대한 기술적 침해
보건 의료 정보	보건의료기본법	보건의료 관련 사생활의 보호
	의료법, 전염병예방법, 후천성면역결핍증예방법	업무상 비밀누설 금지
	생명윤리 및 안전에 관한 법률	유전자정보의 보호 등
소비자 정보	정보통신망 이용촉진 및 정보보호 등에 관한 법률	정보통신 서비스제공자에 의한 개인정보 수집·처리 규제, 여행업·호텔업·항송운송사업·학원 등 사업자의 개인정보 보호
	신용정보의 이용 및 보호에 관한 법률	민간부문에 의한 개인신용정보 처리의 규제, 신용정보주체의 열람 및 정정 청구 등
	금융실명거래 및 비밀보장에 관한 법률	금융거래의 비밀보장
	증권거래법	정보의 제공·누설 금지
	위치정보의 이용 및 보호 등에 관한 법률	위치정보의 수집, 제공의 범위, 오용 및 남용 방지
	은행법, 변호사법, 외국환거래법, 법무사법, 공증인법 등	업무상 지득한 비밀의 보호

71) 활용 법제 : 정보화 촉진기본법, 전자무역 촉진에 관한 법률, 정보시스템의 효율적 도입 및 운영 등에 관한 법률, 정보격차 해소에 관한 법률, 정보통신기반보호법, 소프트웨어 산업진흥법, 벤처기업 육성에 관한 특별조치법, 이러닝 산업발전법, 문화산업 진흥기본법, 게임산업 진흥에 관한 법률, 영화 및 비디오물의 진흥에 관한 법률 등.

② 현 개인정보 보호기관 현황

구분	기관명	근거법률	관할범위	주요기능
공공 부문	개인정보 보호심의 위원회	공공기관의 개인정보 보호에 관한 법률	공공기관이 보유하고 있는 개인정보	• 법령 등의 정비, 정책 및 제도개선 사항 심의 • 공공기관간 의견조정 사항 심의
	행정자치부	공공기관의 개인정보 보호에 관한 법률	공공기관이 보유하고 있는 개인정보	• 개인정보 파일보유 공공기관 접수 및 공고 • 의견제시 및 권고
	국민고충 처리위원회	민원사무처리에 관한 법률	행정기관 관련 민원사무 일반	• 민원사항 안내, 상담 및 고충 민원의 조사・처리 • 위법・부당한 처분 등에 대한 시정 조치의 권고 • 행정제도 및 운영의 개선에 대한 권고 또는 의견표명
	인권위원회	국가인권위원회법	인권침해 일반	• 법령, 제도, 정책, 관행 조사 및 연구 • 개선권고 및 의견표명 • 침해구제 • 지침의 제시 및 권고
민간 부문	개인정보 분쟁조정 위원회	정보통신망 이용촉진 및 정보보호 등에 관한 법률	개인정보 침해 일반	• 분쟁조정 신청・접수 • 사실조사 및 청문 • 합의권고, 분쟁조정 • 위법사실 통보 등
	개인정보 침해신고 센터	정보통신망 이용촉진 및 정보보호 등에 관한 법률	정보통신 서비스 사업자, 호텔, 항공사, 학원 등	• 상담 및 고충처리 • 교육・홍보 • 기술절차 자문 등
	정보통신부	정보통신망 이용촉진 및 정보보호 등에 관한 법률		• 법률 제・개정 및 기준제정 • 시정 권고 및 명령 • 과태료 부과
	금감위・ 금융감독원	신용정보의 이용 및 보호에 관한 법률	금융거래	• 상담 및 피해구제 • 시정권고 및 명령 • 기준제정 등
	전자거래 분쟁조정 위원회	전자거래기본법	전자거래	• 상담 및 피해구제
	소비자 보호원	소비자기본법	소비자거래	• 상담 및 피해구제
	소비자단체	소비자기본법	소비자거래	• 상담 및 합의권고

1. 공공부문(공공기관의 개인정보 보호에 관한 법률)

(1) 중요사항

동법은 개인정보 처리의 적법성 및 절차의 적정성 등을 확보해 국민의 권익보호 및 공공업무의 적정한 수행을 도모하기 위해 공공기관이 조치해야 할 사항 및 준수사항 등을 규정하고 있다.

1) 적용대상 공공기관

① 국가행정기관

정부조직법 제2조 제2항(중앙행정기관), 제3조 제1항(특별지방행정기관), 제4조(부속기관) 및 제5조(합의제 행정기관)의 기관 및 감사원, 국가정보원, 대통령경호실 등 개별법에 의해 설치된 기관

② 지방자치법 제2조에 의한 자치단체
- 지방자치법 제2조 제1항 및 동조 제3항, 동법 제104조 내지 제107조의 기관
- 지방교육자치에 관한 법률 제3조 b 제1항의 시·도교육위원회

③ 각종 교육법 기타 다른 법률에 의해 설치된 각급 학교

④ 정부투자기관 관리기본법 제2조에 의한 정부투자기관(대한무역투자진흥공사, 한국도로공사 등)

⑤ 특별(개별)법에 의해 설립된 특수법인(한국방송공사, 한국마사회, 한국자산관리공사, 지방공사, 지방의료원 등[72])

---

[72] 금융실명거래 및 비밀보장에 관한 법률 제2조 제1호에 의한 금융기관은 제외한다. 단, 금융기관일지라도 정부가 자본금의 5할 이상 출자(출연)한 금융기관은 이 법이 적용된다(한국은행, 한국산업은행, 중소기업은행 등).

2) 다른 법률과의 관계

　공공기관의 컴퓨터에 의해 처리되는 개인정보 보호에 대해 주민등록법 등 따로 적용규정이 있을 경우에는 해당 규정에 의한다.

(2) 개인정보 보호를 위한 규정

1) 공공기관의 의무

① 행정자치부장관의 업무
- 공공기관의 장에 대해 개인정보의 처리에 관한 실태조사 및 자료 제출요구
- 공공기관의 장에게 개인정보 보호에 관해 의견 제시 및 권고
- 공공기관에서 처리되고 있는 개인정보 파일목록집 공고
- 개인정보보호심의위원회의 운영

② 중앙행정기관의 장의 업무
- 관계 정부투자기관 등에 대한 지도·감독[73]
- 공공기관 이외의 법인·단체 또는 개인 등에 대한 행정지도[74]

③ 개인정보 처리를 위한 위임전결권자를 지정해 개인정보의 유출 및 오·남용 예방

2) 개인정보보호책임관의 지정 및 운용

① 책임관 지정
- 해당 공공기관의 개인정보 침해사고 처리 총괄(총괄책임관)

---

73) ㉠ 행정자치부의 특수법인(공무원연금관리공단, 대한소방공제회, 대한지방공제회, 대한지적공사). 지도·감독 범위 : 자료제출 요구, 실태조사 및 일반 감독권 행사 등.
74) 단체 또는 개인 : 학원, 앨범·학생증 제작업자, 민원업무 대행사 등.

• 개인정보를 보유 · 처리하는 과 단위 부서장(분야별책임관)
② 책임관의 임무
  가. 총괄책임관
  • 당해 기관의 개인정보 침해신고 접수 및 처리
  • 당해 기관의 개인정보 보호계획 및 방침 수립
  • 소속 · 산하기관 및 단체의 개인정보 보호계획 검토, 의견제시
  • 개인정보 보유부서의 사용자권한 설정 및 제반 보호장치의 운영 여부 확인 · 감독
  • 소속 · 산하기관 및 단체에 대한 개인정보 관리실태의 확인 · 감독
  • 각종 개인정보 보호 관련 통계 및 자료 취합
  • 기타 개인정보 보호를 위해 필요한 사항 등
  나. 분야별책임관
  • 부서의 개인정보 취급자에 대한 개인정보 보호업무의 지도 · 감독
  • 개인정보 처리시스템의 사용자 권한설정 등 제반보호 장치에 관한 사항의 확인 · 감독
  • 시스템 로그파일 등 접속기록의 주기적인 분석 및 오 · 남용 사고의 예방[75]
  • 기타 소관분야별 개인정보 보호를 위해 필요한 사항 등
③ 변경되는 경우 개인정보에 관한 업무 인계인수를 실행
④ 오류 및 부정행위가 발생하거나 예상될 경우 기관의 장에게 즉시 보고[76]

---

75) ㉠ 업무시간 외에 개인정보 처리시스템에 접속한 사실이 있는 경우 접속사유 및 처리내용 확인, 정보의 입 · 출력, 수정 근거 확인.
76) 개인정보보호책임관은 이 임무수행 목적의 달성에 필요한 경우 이외에는 개인정보에 접근하거나 직접 취급할 수 없도록 하고 있다.

3) 공공기관의 '개인정보보호방침' 웹사이트 게재

① 대상기관 : 홈페이지를 보유 또는 개설하고 있는 전 공공기관
② 게재 내용
- 인터넷 이용자의 개인정보 보호 등을 포함하는 기관의 개인정보 보호 방침
- 개인정보 파일별로 보유근거 및 목적, 관리자, 보호책임관, 파기시기 등
- 통상적으로 다른 기관에 제공하는 개인정보 파일 현황
- 개인정보 파일의 열람 및 정정청구 안내
- 권익침해 구제절차에 대한 안내
- 개인정보보호책임관 부서명과 성명, 전화번호 및 전자우편 등 연락방법[77]

③ '개인정보 보호방침'의 웹사이트 게재위치
- 홈페이지 초기화면 하단 등에 '개인정보 보호방침' 웹페이지를 하이퍼링크할 수 있도록 하는 아이콘, 배너 등을 설치해 이용자가 쉽게 찾아볼 수 있도록 조치

4) 웹페이지 관리

① 법령상 필요한 경우를 제외하고는 주민등록번호 등 개인정보가 노출되지 않도록 처리(예 주민등록번호 뒷자리 숨김)
② 웹페이지 게재에 있어서 게시기간을 설정해 기간 경과 후 해당 자료의 삭제 조치

---

[77] 회원 서비스, 민원처리 등 특정서비스 제공을 목적으로 운영되는 사이트에 대해서는 동 사이트의 특성에 맞게 따로 정할 수 있다.

③ 홈페이지 접속시 개인정보 유출방지 방안 마련
- 키보드 해킹에 의한 개인정보 유출방지를 위해 키보드 해킹방지 툴 설치 등 대책 추진
- 관리자 외에 일반인이 열람할 경우 주민등록번호가 숨김 처리되도록 시스템 설계
- 웹로봇 등에 의한 검색의 경우에도 개인정보가 노출되지 않도록 기술적 조치

5) 개인정보처리시스템

① 업무별 접근권한 설정 및 주기적인 비밀번호 변경
- 정보의 대상별, 지역관할별, 취급자별, 업무관리범위별 등으로 세분화 조치해 접근권한 설정[78]
- 허가 받은 개인정보 취급자만 파일접근 및 단말기 등 취급[79]

② 입·출력 및 수정사항, 파일별·담당자별 데이터 접근내역 등 자동으로 로그파일의 생성
- 개인정보 취급시의 책임을 명확히 할 목적 이외에 로그파일 사용금지[80]

③ 개인정보 처리시스템 간 연계를 하고자 하는 공공기관의 장은 사전에 다음 사항을 관계 중앙행정기관과 협의

---

[78] A지역 업무취급자의 열람 허용범위를 포괄적으로 규정함으로써 B지역의 주민상황을 열람하는 사례금지(열람시 근거를 남기도록 조치).
[79] 주민등록번호를 시스템의 접근권한으로 설정하는 사례금지.
[80] 출력자료 등에 작업자, 연수 및 출력장비의 고유번호 등을 표시함으로 개인정보의 유출, 오·남용방지를 위해 시스템적으로 구현되도록 하고 있다(법 시행규칙 제5조). 예를 들어 입력 데이터의 대사자료 출력물, 각종 통계작성용 출력자료 등이 그렇다.

- 공동이용대상 개인정보
- 개인정보의 제공방법 및 정보 전달체계
- 보호대상 및 위험요소, 자원별 위험요소, 네트워크 및 인터넷 보호대책 등 개인정보 보호를 위한 조치
- 장애관리, 백업 및 복구 등을 포함한 시스템 관리대책
- 연계시스템의 개인정보 보호책임자 지정 등

④ 관계 중앙행정기관의 장은 법령상 소관업무를 위해 필요한 범위 내에서 협의조치

6) 개인정보의 수집 및 보유

① 수집 및 보유는 법령 및 정보주체의 동의 및 목적달성에 필요한 최소한의 범위 내로 함
- 당해 파일의 보유가 소관업무 수행에 필요할 뿐 아니라 기록항목, 개인정보의 범위, 보유(폐기)기간도 필요한 범위 내로 한정[81]
- 당해 개인정보를 수집·처리함으로써 개인이 입는 사생활 침해와 그로 인해 얻는 공익상의 목적달성 사이에 비례관계 유지

② 정보주체의 동의에 의해 수집할 경우 사전에 수집목적, 보유기간, 이용범위, 목적달성 후 처리방법 및 이의제기 절차 등에 대한 충분한 사전설명 후 수집(보유기간을 초과해 보유하고자 할 때에는 정보주체의 동의 필요)

③ 수집한 개인정보는 수집목적을 달성한 즉시 폐기하되, 그 원형태

---

[81] 필요성에 대한 판단권자 : 보유기관의 장이 판단하되 파일 보유의 사전통보를 받은 행정자치부장관 및 관계중앙행정기관의 장 등은 법에 따라 의견제시 또는 권고 등을 통해 과다보유를 방지한다.

및 수록된 데이터를 식별할 수 없도록 파쇄기 또는 소각의 방법 등을 통해 폐기. 단, 법령에 보유기간 등이 명시된 경우에는 예외
④ 업무별 담당자의 성명, 전화번호, 전자우편주소 등 국민들의 공공기관 업무 접촉편의를 제공하기 위한 정보를 게재해야 하나, 전자우편주소 등 링크로 연결되는 시스템을 갖추어도 무방하다.
⑤ 기관 홈페이지의 개선·보완 및 침입탐지 등의 목적을 위해 필요할 경우 홈페이지 이용자에 대한 최소한의 정보 수집을 할 수 있으나, 수집된 개인정보는 개인을 식별할 수 없는 통계형태 등으로 처리되어야 하며, 관계법령의 이행목적이나 수집시 동의한 목적이외로 사용할 수 없다.

7) 개인정보의 활용
① 기관 내 부서간의 개인정보 이용 또는 조회는 법령에 근거하거나 소관업무를 수행하기 위해 필요한 최소한의 범위로 제한
② 정보주체의 동의 없이 개인정보를 수집하거나 보유목적 외 또는 보유목적에 맞더라도 권한을 넘어서는 부당한 목적으로 내부직원 등이 이용 또는 조회하지 못하도록 엄격하게 관리
③ 타 기관 제공은 사전에 법령상 요청근거 또는 이용목적, 요청목적에 따른 제공항목의 적정성, 적절한 보안대책 등 확인 후 종합적으로 판단. 보유기관의 장은 제공요건, 정보내용, 이용목적 등을 고려해 결정하되, 사용목적, 사용방법 등 필요한 제한을 할 수 있다.[82]

---

82) 정보통신망을 이용해 제공할 경우(전자정부법시행령 제18조) : 송·수신과정에서 개인정보가 훼손·변조 또는 유출되지 않도록 행정전자서명 및 이에 상응하는 보안기술을 적용해 송신해야 한다.

④ 처리정보를 법률에 의해 제공할 때에도 다음의 조치사항을 명확히 하도록 한다.
- 제공범위, 데이터의 가공여부, 제공하는 파일의 형태 및 특성에 따른 보안방법 등 보호조치
- 제공된 처리정보(출력자료 포함)의 폐기방법 및 확인에 관한 사항 등
- 제공받은 기관은 제공기관장의 동의 없이 다른 기관에 재제공 금지, 동의 없는 재제공이 이루어질 경우 정보제공 중지

8) 개인정보의 열람
① 열람청구
- 본인 청구시 사본제공을 요하는 경우 또는 제3자와 관련사항(진정, 신고 등)이 있는 정보를 제외하고는 열람결정통지서를 생략하고 즉시 열람 조치(단, 법령상 제한이 있는 경우 제외)
- 사본제공의 경우 정보주체(본인)에게 불이익이 돌아올 수 있다는 내용을 다시 한 번 주지한 후 제공

② 열람편의 제공
- 법률 제12조 및 제16조에 따라 대리인의 열람(문서에 의한 사본의 제공 포함)이 가능하므로 정보주체 뿐 아니라 정보주체가 지정하는 자에게도 전송이 가능하도록 정보화시스템 구현

③ 열람장소의 지정
- 개인정보를 실제 보유하고 있는 기관의 개인정보 파일 사용부서 또는 민원실 등 일정한 사무 공간
- 개인정보 파일대장 사본의 전부 또는 일부를 비치

④ 처리정보 열람업무에 종사하는 직원에 대한 교육
  • 열람 · 정정 청구, 보호대책 및 권익구제 절차 등

9) 처리정보의 정확성 유지
① 처리정보의 유효기간을 감안해 정기적으로 갱신하거나 갱신사유 발생시마다 즉시 갱신조치
② 보유기관의 장은 처리정보의 수정 · 정정 · 삭제시 당해 정보를 통상적으로 이용하거나 제공받는 기관에 통보[83]

10) 개인정보 침해신고
① '개인정보침해신고처리대장'에 침해신고를 접수 · 처리
② 개인정보 침해신고의 처리절차는 민원사무처리 관계법령 준용

개인정보 유출사건 내용
• 954명의 주민등록 자료를 지역개발위원에게 유출, 지역개발위원은 동 자료를 용역회사에 제공
• 100여 명의 본적, 주소 등이 포함된 개인정보 자료 제공 후 4회에 걸쳐 120만 원 수수
• 타인의 주민등록등본을 부정유출해 제3자에게 여러 채의 아파트를 분양 받을 수 있도록 제공
• 전화가입자들의 개인정보 총 2,750건을 파악, 신용정보회사에 제공
• 전화가입자들의 개인정보 총 400여 건을 파악, 신용정보회사에 제공
• 전화가입자들의 개인정보 총 300여 건을 파악한 후 신용정보회사에 제공
• 컴퓨터 단말기에 의해 처리되는 개인정보 총 400여 건을 파악, 신용정보회사에 제공

---

83) 통상적으로 이용하거나 제공받는 기관의 범위는 전산망을 통해 계속적으로 당해 정보를 이용하거나 제공받는 기관 및 주기적으로 제공받거나 부정기적일지라도 법령에 의해 당해 정보를 제공받고 있는 기관을 말한다.

- 신용조사소 소장에게 일일 평균 20건 총 8,800건의 개인정보 제공, 월80만 원씩 총 1,760만 원 수수
- 심부름센터 운영자로부터 귀순자의 주소확인을 부탁받고 타 파출소 직원에게 의뢰 후 조회내용을 통보받아 알려줌
- 동료 직원의 부탁을 받고 주민조회자료를 알려줌
- 부정수표 사용자의 소재를 확인할 목적으로 단말기를 이용, 주민등록을 조회하여 10만 원을 돌려받음(타인에게 제공하거나 유출 사실 없음)
- 전직 경찰관의 부탁으로 차적을 조회하여 자료 제공, 제공된 개인정보는 무허가 신용업자에게 재제공
- 심부름대행업체로부터 차주의 인적사항을 전산조회해 달라는 취지의 청탁을 받고, 행정전산망을 통해 알게 된 차량소유자의 개인정보를 3회에 걸쳐 제공
- 신규자 5명에게 교육시킬 목적으로 단말기를 이용, 프린트 없이 52회에 걸쳐 불특정인의 주민조회 실시(타인에게 제공 및 유출한 사실 없음)
- 중학교, 대학교 재학시 친구들의 주소지를 알기 위해 2회에 걸쳐 10명에 대해 프린트 없이 주민조회(타인에게 제공하거나 유출한 사실 없음)
- 학교에서 관리하고 있는 아동명부의 복사본을 출판사 외판원에게 제공
- 8,850명의 현역입영대상자 명단을 7회에 걸쳐 전산출력하여 교부, 110만 원 상당의 향응을 제공받음
- 심부름센터 운영자의 부탁을 받고 파출소 컴퓨터를 이용 3회에 걸쳐 5명의 개인정보자료 유출
- 통신기기 판매업자의 부탁을 받고 파출소 컴퓨터를 이용 삐삐가입자 주소 등 개인정보를 4회에 걸쳐 유출
- 채무자의 전화발신지 추적을 부탁받고 수사목적인 양 허위 공문서를 작성, 전화국에 의뢰해 발신지 전화자료를 파악 제공하고 50만 원 수수
- 관내 주요 주점 주인으로부터 술값외상 손님 고소와 관련, 주소지 파악을 부탁받고 전산조회하여 개인정보제공
- 초등학교 여교사가 교장으로부터 성추행당했다는 제보에 따라 주간지 기자에게 여교사의 신상정보 제공
- 전국 동시 지방선거와 관련해, 구청장선거에 출마한 당시 구청장의 고향출신 주민들의 개인정보 유출
- 평소 알고 지내던 자의 부탁을 받고 주민조회를 통해 개인정보 제공
- 지인으로부터 특정인의 주소지 조회를 부탁받고 전산조회를 통해 개인정보 유출
- 선거 입후보자의 세대별 주민등록카드를 복사해 달라는 부탁을 받고 주민등록카드를 임의로 복사해 전달
- 조카의 부탁을 받아 은행계약직 사원 채용자의 전과·수배사항을 조회해 제공
- 지인의 부탁을 받고 회사차량 3대에 대해 수배여부를 조회, 수배되지 않았다는 사실을 지인에게 통보
- 후배의 부탁을 받고 21명에 대해 전산조회를 실시한 후 주민등록사항을 제공
- 친구의 부탁을 받고 5명의 전과사항을 전산조회하여 제공
- 설계사무소 직원의 부탁을 받고 17명의 주민등록사항을 제공
- 자동차등록 소유자 2만5천 명의 인적사항 등을 마그네틱테이프 5개에 복사해 외부 유출

- 신입생 합격자, 재학생의 성명, 주민등록번호, 주소, 연락처를 학원원장에게 제공, 금품수수
- 친구의 부탁을 받고 69명에 대한 주민등록 자료를 제공
- 사촌형으로부터 차적조회 부탁을 받고 차적조회 내용을 유출, 동 자료를 건네받은 자가 이를 범행에 사용
- 이모의 부탁을 받고 2회에 걸쳐 수사목적인 양 조회하여 전과사실 제공
- 보험회사 직원의 부탁을 받고 전과사실을 유출
- 도서판매업자의 부탁을 받고 6회에 걸쳐 150명의 개인 신상자료 제공
- 공영주차장관리를 위탁받아 운영 중인 장애인협회의 차량조회 요청에 따라 차적 전산자료를 출력 유출
- 여자친구의 부탁을 받고 여자친구 여동생의 남자친구에 대한 전과 내용 유출
- 친구의 부탁을 받고 9명에 대한 주민등록사항을 알려줌
- 11필지의 약 4,000세대 건물 소유자의 성명·현주소·주민등록번호 등 개인정보를 전 직장상사에게 제공
- 친구의 부탁을 받아 특정인의 수배사항을 조회하여 제공
- 고속도로 휴게소장으로부터 다툰 손님에게 사과코자 차적조회를 부탁받고 전산조회하여 손님의 주소 제공
- 도로개설계획에 편입예정인 해당토지의 소유자를 파악해 달라는 부탁을 받고, 51필지의 임야·대지·전·답의 소유자 52명의 지번별 조서를 전산출력하여 교부
- 민원제보자의 인적사항을 노출시켜 민원업무담당자로서 민원인에 대한 기밀유지 의무 위반
- 개인정보가 포함된 자료를 외부기관에 임의로 제공
- 인터넷 야후의 특정사이트 자유게시판에 도살 사진과 일시 및 장소, 차주, 전화번호 번호 등을 게재해 명예 훼손
- 동료직원에 대한 가구사항을 조회
- 세대별 주민등록표를 세대주 또는 세대원의 위임절차나 사전 협조문 없이 불법으로 타인에게 주민등록표 열람 제공
- 개인에 대한 급여내역 2,776건을 보험회사 및 병원 직원에게 제공
- 타인의 개인급여내역 1건을 자신의 어머니에게 제공
- 동료직원으로부터 34명의 주소 조회를 부탁받고 조회자료를 제공, 그 중 4명의 명의로 신용카드 가입신청서를 위조, 현금서비스 부정사용 초래

(3) 문제점

1) 동법은 공공기관의 개인정보 보호를 위한 일반법이다. 그러나 적용범위가 제한적이다. 동법은 공공기관의 "컴퓨터 및 개인정보 시스템에 의해 처리"되는 개인정보의 보호에 관해서는 "다른 법률에 특별한 규정이 있는 경우를 제외하고는 공공기관의 개인정보 보호

에 관한 법률이 정하는 바에 의한다"(제3조 제1항)라고 하여 공공기관의 컴퓨터 및 개인정보 시스템에 의해 처리되는 개인정보만을 그 보호의 대상으로 한정하고 있다.

여기에서 현 법률은 컴퓨터의 네트워크화로 인해 발생하는 권리침해를 우선적으로 보호하기 위한 것이라는 입법자의 의지를 읽을 수 있다. 그러나 현재 컴퓨터로 처리되지 않는 공공기관의 개인정보를 보호하기 위한 일반적인 법률이 존재하지 않기 때문에 공공기관이 보유한 개인정보가 재생용지 등의 형식으로 유출되어도 제재할 수 없다. 따라서 적용범위를 컴퓨터의 처리정보로 한정하지 않고 일반법의 특징인 포괄적 규정이 바람직하다. 개인정보 자기결정권의 보호법익은 저장매체의 종류와는 관련 없이 자기 자신의 개인정보에 대한 자율적 결정을 존중하고 정보침해시 구제하는 데 있기 때문이다.[84]

2) 공공부문과 민간부문 구분 없이 개인정보의 수집은 원칙적으로 가능한 한 정보주체로부터 직접적으로 정보를 수집해야 한다. 그런데 이 법률안은 일반적인 개인정보에 대한 수집제한 규정이 없기 때문에 정보주체에게 불이익한 행정처분 등이 내려질 수 있는 경우를 포함해 정보주체의 명시적인 동의나 법규가 아니고 단지 행정편의를 위해서도 정보주체의 동의 없이 언제나 정보를 수집할 수 있는 것으로 하고 있다(제4조).

또한 '수집제한의 원칙'을 보면, 공공기관의 개인정보 수집은 법률에 정해진 업무를 수행함에 있어서 개인정보의 수집이 필요한

---

[84] 독일에서는 관련 법률 제1조에서 "개인정보의 취급과정에서 개인의 인격권 침해를 방지하는 데 있다"고 하여 포괄적인 보호를 하고 있다.

경우라도 그 목적달성에 필요한 범위(비례성의 원칙) 내에서 목적달성에 적절한 개인정보만을 수집해야 한다. 즉 법률에 의해 개인정보의 수집이 허용된다 하더라도 무제한이 아닌 정보주체의 우월한 '보호받을 만한 이익'을 해하지 않을 경우에만 정보주체의 협력 없이도 수집할 수 있게 해야 한다.[85]

수집제한에 있어 가능한 한 명확성을 가져야 한다는 기준에서 보면, 동법은 제4조에서 개인정보 수집의 자유를 원칙으로 해 놓고 사상 및 신조 '등'은 정보주체의 동의나 법률의 근거를 요하는 것으로 규정하고 있다. 물론 '등'의 해석을 통해 가능할 수도 있지만 구체적으로 인종적·윤리적 개인정보, 정치적 의견, 종교적·철학적 신념, 노동조합원 유무, 건강 또는 성생활에 대한 개인정보 등으로 광범위하게 구체화시킬 필요가 있다.

마지막으로 개인정보 수집의 사후적 구제절차와 참여권을 보장하기 위해서는 수집된 개인정보에 대해 정보주체에게 통보가 적절하게 이루어져야 한다. 제7조의 공고 및 제12조의 열람청구권만으로는 부족하다. 덧붙여서 정보공개법의 자기 정보 확인 및 이용을 누가 어떤 목적으로 했는가를 알 수 있는 정보공개 청구를 적극적으로 정보주체가 활용해야 한다. 정보주체가 단순한 객체로 전락하는 것을 막기 위한 필수적 행동사항이다.

3) 제5조의 공공기관의 개인정보 보유범위는 공공부문이 개인에

---

[85] 2005년 행정자치부는 '행정기관 홈페이지 구축 및 운영 표준지침'으로 행정기관은 개인별 인증번호인 가상식별번호를 활용해야 하며 행정기관 홈페이지에는 회원등록을 위해 주민등록번호를 받지 못하고, 이미 가입된 회원의 주민등록번호는 삭제해야 하며 민원인 스스로 주민등록번호를 게시판에 입력하더라도 자동으로 걸러내는 기능을 설치하게끔 발표했으나 지침은 지침일 뿐이었다.

대한 정보를 어느 범위까지 확보할 수 있는 것인지를 정하는 것이다. 이는 '법률로 정해진 또는 전제된 업무수행에 적절한 범위 내'에서만 공공부문이 개인정보를 보유할 수 있어야 함이 원칙이다. "소관업무를 수행하기 위해"라고 막연히 추상적으로 규정되어 있는 개인정보의 보유범위는 더 구체적이고 명확해져야 한다.

4) 제7조의 개인정보 데이터베이스 등의 공고에 대한 것이다. 이러한 공고제도는 관련 당사자의 개인정보 열람권과 정정권의 실질적인 수단이 된다는 측면에서 정보주체의 권리보호에 중요한 역할을 수행할 수 있다.

이 제도의 실질적인 활성화를 유도하기 위해서 공고되어야 할 내용으로는 개인정보 데이터베이스 등의 이름, 개인정보 데이터베이스에 정보가 포함되어 있는 사람들의 범주, 개인정보 데이터베이스 등에 포함되어 있는 정보의 범주, 개인정보 데이터베이스 등에 포함되어 있는 정보의 모든 통상적인 처리, 이용자의 범주와 이용의 목적, 정보의 저장과 복구와 접근통제, 보유, 폐기의 정책과 지침, 개인정보 데이터베이스 등의 책임자의 직함과 근무처 주소, 자신에 관한 정보를 포함하고 있는 개인정보 데이터베이스 등에 대한 정보주체의 요청에 대해 통지해줄 기관과 절차, 자신의 정보를 포함하고 있는 개인정보 데이터베이스 등에 접근할 수 있는 방법, 절차, 정보의 내용에 대해 다툴 수 있는 방법, 개인정보 데이터베이스 등의 정보의 출처의 범주 등이 있다.

5) 동법 제10조는 보유목적 외의 다른 목적으로 개인정보를 보유기관 내부에서 이용하게 하거나 다른 기관에 제공해서는 안 된다고 하여 개인정보의 목적 외 이용과 타 기관에의 제공을 제한하는 원

칙규정을 두고 있다.[86] 그러나 단서조항(제10조 제2항 제2호)을 통해 당해 개인정보의 보유목적 외의 목적으로 이용하거나 다른 기관에 제공할 수 있게 하고 있다. 이 규정은 행정편의를 위해서 사실상 관련 당사자의 동의 없이도 개인정보를 다른 기관에 제공할 수 있다는 의미로 해석될 수가 있다.[87] 역시 예외가 원칙을 지배하는 기이한 현상이다. 국가인권위원회의 결정에 따라 정보보유기관의 업무처리로 한정적으로 해석하는 것이 타당하다.

또한 범죄의 수사와 공소의 제기 및 유지에 필요한 경우나 법원의 업무수행을 위해 개인정보를 목적 외 이용하거나 타 기관에 제공할 수 있도록 한 단서조항(제10조 제2항 제7호와 제8호)도 영장주의나 이에 준하는 요건과 절차가 준용되어야 한다. 인신의 구속만큼 개인정보의 국가권력에 의한 남용과 오용의 피해를 무시할 수 없기 때문이다. 제8호의 목적 외의 활용범위를 법률이 아닌 대통령령에 위임할 수 있다는 것은 매우 위험한 조항이다.

---

[86] 이에 대한 오용사례로는 2003년 9월 26일의 윤성식 감사원장 후보에 대한 국회 청문회에서 후보의 중·고등학교의 수학성적 기록이 적혀 있는 개인생활기록부의 공개를 들 수 있다.
[87] 2007년 7월 행정자치부가 최근 3년간의 지적(地籍) 전산망 조회목록을 파악한 결과 무려 40개 정부기관에서 이명박 후보의 정보조회를 요청한 것으로 알려졌다. 국가정보원은 신상·재산정보를 조사한 것이 '부패척결 태스크포스(TF)'에서 한 활동으로 '정상적 업무활동'이라고 해명하고 있지만 이는 '위법한 월권'이다. 국정원은 정부조직법 제16조 제1항(국가안전보장에 관련되는 정보·보안 및 범죄수사에 관한 사무를 담당하기 위해 대통령 소속하에 국가정보원을 둔다)과 국가정보원법 제3조 제1항 제1호(국외정보 및 국내보안정보의 수집·작성 및 배포)를 근거로 제시했다. 그러나 이는 정보기관인 국정원에 허용된 직무로 보기 어렵고, 국정원에는 국가안보와 관련된 국내 활동만 허용돼 있다. 정치개입금지 위반적용 및 자료 외부유출의 경우 공공기관의 개인정보 보호에 관한 법률 위반 또는 공무상 비밀누설 등으로 처벌할 수 있다.

6) 제12조와 제13조의 정보주체의 권리에 대한 것이다. 정보주체의 권리를 실질적으로 보장하는 것은 개인정보가 단순히 행정의 객체가 될 수 있음을 방지하면서, 다른 한편으로는 개인의 자율성 고양을 위한 필수적인 전제조건이라 할 수 있다. 동 법률은 개인정보를 보유한 보유기관의 장은 열람을 청구한 청구인으로 하여금 당해 처리정보를 열람하도록 하는 것이 예외사유에 해당하는 경우에는 그 사유를 통지하고 당해 처리정보의 열람을 제한할 수 있다고 규정하고 있다(제13조). 그러나 예외사유를 통한 열람제한의 필요성이 있다고 하더라도 공개와 비공개의 비례성 원칙에 합당하지 않을 수가 있다. 따라서 제13조 제1호의 "중대한 지장"은 '긴급하고'라는 규정을 포함하는 것이 바람직하다. '삭제청구권 및 개인정보 침해사실 신고제'의 신설은 바람직했다고 본다.

7) 공공부문의 개인정보 보호를 위한 감독기구는 독립적이어야 한다. 특히 행정부로부터 독립적이어야 한다. 권력분립의 원칙에 의거 개인정보를 보호할 필요성이 있기 때문이다. 따라서 업무에 있어 예를 들어 감사원이나 국가인권위원회와 같은 정도의 고도의 독립성을 보장받아야 한다고 본다. EU의 '개인정보보호준칙'(96/46/EC, 제28조)은 이를 '완전한 독립'이라고 규정하고 있다. '독립'이란 '효과적이기 위해서 정부, 정당, 업무에 영향을 미칠 수 있는 다른 모든 단체 및 상황에서 독립적일 수 있는 것'이다.[88] 이를 수행하기 위한 동법에서의 '개인정보보호심의위원회'(제20조)의 업무는 이러한 의미의 독립적인 감독기관으로 보기가 힘들다. 또한 감

---

[88] 1993년 유엔총회에서 결의한 '국가인권기구의 지위에 관한 원칙'(Paris Principles, 파리원칙)과 이 원칙을 구체적으로 해설한 1995년 'UN의 설립지침서' 참조.

독기구의 독립성을 확보하기 위해서 최고책임자는 가급적 국회의 관여를 인정받는 것이 도움이 될 것이다. 독일의 연방개인정보보호관은 연방의회의 동의를 받아 연방대통령이 임명하게 되어 있다.

8) CCTV 규정이 신설됐다(2007. 11. 18. 시행). 법적 근거 없는 종로구청에 의한 인사동의 행인들에 대한 비디오촬영이나 강남구청에 의한 CCTV설치를 통한 범죄예방 등과 관련해 그 실효성에 대한 논란이 많았다. 법적 근거를 마련했을 뿐만 아니라 무분별한 설치방지를 위해 범죄예방·교통방송 등 공익을 위해 꼭 필요한 경우에 한해 설치가 되며, 설치시에도 주민을 비롯한 이해관계자의 의견수렴 절차를 의무화했으며, 일반 국민이 이를 쉽게 알 수 있도록 설치목적·촬영범위 등을 담은 안내판을 설치하도록 했다. 화상정보의 수집, 이용, 제공 및 폐기도 개인정보에 준하는 수준으로 관리되도록 했다.

독일의 개인정보보호법률 제6조 제1항을 보면 비디오촬영을 통한 개인정보 수집은 공공부문의 임무수행이나 가옥의 불가침권의 실행을 위한 경우에 관련 당사자의 보호받을 만한 이익이 우월하지 않은 경우에 한해 허락이 된다. 제2항에서는 개인정보 처리자(소)는 적절한 대책을 통해 이를 인식할 수 있게 해야 한다고 규정하고 있다. 제3항에서는 획득된 개인정보의 생산과 이용은 추구하는 목적달성을 위해서만 가능하고 관련인의 보호받을 만한 이익이 우월하지 않은 경우에 이는 허락된다고 규정하고 있다. 제4항에서는 취득된 개인정보가 특별하게 개인임이 식별된 경우에는 그 생산과 이용에 대해 관련 당사자에게 통지가 되어야 한다고 규정하고 있다. 제5항에서는 목적달성을 위해서 더 이상 필요하지 않을 경우 또는 관련인의 보호받을 만한 이익이 계속되는 저장과 충돌할 때에는 지체 없이 삭제되어야 한다고 규정하고 있다.

9) 자국에서 제3국으로 자국민의 개인정보 전송에 관한 것이다. 통신기술의 발달로 인해 정보사회는 국경이 없다. 따라서 외국인이나 외국의 공공부문과 민간부문에 의한 자국민의 개인정보 침해는 당연히 발생한다고 보아야 한다. 보호규정이 없다면 입법미비 때문이다. 법률로 국내에서의 수집 및 처리와 동등하게 취급해야 한다.[89]

EU의 개인정보보호준칙(95/46/EC)은 '적절한 보장'을 통해 EU 밖의 제3국으로 개인정보 전송을 허락하고 있다. 즉 제3국의 개인정보 보호가 EU와 비교해서 상응한 보호책이 있으면 전송을 허락한다는 의미이다. '적절한 보장'이 없을 경우에는 관련 당사자의 계약을 통한 전송도 가능함을 준칙은 규정하고 있다. 이를 위해 유럽이사회는 EU의 회원국들에게 '표준거래약관'을 사용할 것을 권고하고 있다. 독일도 이에 따라 자국민의 개인정보를 제3국으로 전송할 때에 '적절한 보장'과 계약을 통한 전송을 인정하고 있다. EU나 독일의 입법과 같은 '적절한 보장'과 '표준거래약관'을 통한 제3국으로의 개인정보 전송에 대한 보호의 대책은 법률로서 규정하는 것이 바람직하다.

10) 손해배상에 관한 것이다. 그러나 피해 입증방법은 피해자의 능력을 벗어난 경우가 많다. 실질적인 구제를 위해 환경법에 있어서와 같이 불법행위의 입증방법인 입증전환책임규정 신설이나 소송법

---

[89] 개정안 동법 제10조 제3항은 조약 기타 국제협정의 이행을 위해 외국정부 또는 국제기구에 제공할 수 있다고 규정하고 있다. 이용근거만 제시될 뿐 더 이상의 구체화된 규정은 없다. 그러나 적용영역을 달리하지만 망법 제54조에서 정보항목, 이전 국가 및 이전 일시와 그 방법, 보유 및 이용기간, 이용목적 등을 규정하고 있다. 참고할 필요가 있다.

상의 강제중재제도 도입도 바람직하다. 또한 징벌적 손해배상을 도입하는 것도 고려해 볼 수 있다.

11) 제22조의 '공공기관 외의 개인 또는 단체의 개인정보 보호'에 관한 것이다. 이를 확대해석한다면 공공부문은 민간부문에서의 개인정보의 보호수준을 공공부문의 개인정보 보호수준과 동일하게 할 것을 요구할 수 있다고 해석할 수도 있다. 그러나 이는 강행규정이 아님은 문맥을 보면 명백해진다. 단지 '할 수 있다'는 규정 때문이다. 이에 따라 공공부문은 민간부문에서의 개인정보 보호에 대해 미국식의 자율규제에 따른 개인정보 보호정책을 유도할 수 있다. 그러나 처벌법규가 없는 상태에서는 자율규제를 통한 보호의 효과가 크다고 말하기가 쉽지는 않다. 이에 대해 독일에서는 '의무적인 자율규제' 제도를 도입했다.

2. 민간부문(정보통신망 이용촉진 및 정보보호에 관한 법률)

정보사회에 있어 개인정보의 보호와 활용은 정보사회의 양 축이다. 이는 보호 속의 활용이 되어야 한다. 활용 속의 보호는 매우 위험하다. 한쪽의 희생을 전제로 한 다른 한쪽의 독주는 안 된다.

(1) 정보통신망 이용촉진 및 정보보호에 관한 법률

1986년 전기통신과 컴퓨터산업을 균형적으로 발전시키고 이의 효율적 이용을 보장하기 위해 '전산망 보급확장과 이용촉진 등에 관한 법률'을 만들어 초기 정보화 단계의 기반시설을 구축했다. 그 후 개인정보의 오용 및 남용이 정보화 촉진의 장애요소로 작용하자 이를 막기 위해 '정보통신망 이용촉진 및 정보보호에 관한 법률(이하 망법)'을 제정하면서 개인정보 보호규정의 신설이 이루어졌다. 2007년 1월까지 약 33번의 크고 작은 빈번한 개정이 이루어졌다. 이러한 규범들은 체계성을 고려한 원칙에 기반해 변동이 이루어졌다기보다는 현실적인 필요에 따라 임시방편적으로 법규의 변동이 일어났음을 말해준다. 이는 간혹 부처간의 혼선을 초래하고 궁극적으로는 중첩규정 또는 규제비용의 증가를 가져오면서 정보주체를 법률효과의 시험대상으로 전락시키곤 한다.

개정 망법(2007. 7. 27. 시행)은 제한적 본인확인제, 정보접근 임시차단조치제, 명예훼손 분쟁조정부 신설 등 사업자 및 이용자의 책임의식 강화 및 정보통신망에서의 이용자를 보호하기 위한 제도를 신설하고, 개인정보 취급방침 공개 의무화 등 개인정보 보호강화를 위한 내용을 담고 있다. 특히 친북게시물 등 불법정보가 게시된 사이트 운영자에 대한 정통부장관 명령권 대상이 현재의 전기통신사업자뿐 아니라 모든 게시판 관리·운영자로 확대됐다.

제한적 본인확인제는 1천 150개 공공기관 등과 35개 사업자(일일평균 이용자수 30만 이상인 16개 포털 및 5개 UCC 사업자, 일일평균 이용자수 20만 이상인 14개 인터넷언론)가 운영하는 게시판에 이용자가 정보를 게시하고자 하는 경우 먼저 본인여부를 확인받아야 한다. 또한 해당 이용자가 본인확인을 받고 난 후에는 종전과 같이 ID, 별명 등을 자유롭게 사용할 수 있도록 했다.

정보접근 임시차단조치제도는 인터넷을 통한 명예훼손 등 권리침해 사례가 발생할 경우 피해 확산을 방지하는 한편 신속한 권리구제를 도모하기 위해 악성 댓글 정보로 인해 명예훼손 등 사생활을 침해받은 피해자의 청구가 있는 경우 정보통신 서비스제공자가 해당 정보에 대한 접근을 30일 이내의 기간에 임시적으로 차단할 수 있는 임시조치제도를 말한다. 또한 정보통신 서비스제공자 역시 피해자의 신고가 없더라도 자율적으로 임시조치를 실시할 수 있는 법적 근거가 될 수 있다.[90]

정보통신 윤리위원회 내에 명예훼손분쟁조정부를 신설했다. 온라인 공간에서 악성 댓글로 인한 명예훼손 및 모욕, 스토킹 등의 권리침해를 입은 피해자의 권익회복을 지원하기 위해 개정 망법 제44조 10에 의거해 출범한 명예훼손분쟁조정부는 1인 이상의 변호사 자격을 갖춘 위원을 포함한 5인 이하의 위원으로 구성되며, 정보통신망을 통해 유통되는 사생활 침해 또는 명예훼손, 모욕, 스토킹 등과 같이 타인의 권리침해와 관련된 분쟁을 조정한다. 사이버상에서 명예훼손이나 모욕, 스토킹으로 피해를 입은 이용자들이 그 동안 가해자 개인정보를 몰라 민·형사상 소송을 제기하기 힘들었다는 점을 감안, 명예훼손분쟁조정부에서 분쟁조정과 정보제공 청구접수를 통해 고소 등 보다 빠른 피해구제를 제공한다. 사이버 상에서 권리를 침해받은 사람이 분쟁조정을 신청할 경우, 명예훼손분쟁조정부는 당사자 사이의 합의를 이끌어내기 위해 해당정보의 삭제, 손해배상, 사과문 게재 등의 조정안을 제시하는데, 이러한 조정안을 사건당사

---

[90] 예를 들어 삼성 코레노 노동조합 카페 폐쇄사례처럼 일부 기업들이 자사의 상품이나 노무정책을 비판하는 게시물에 대해 명예훼손을 주장하며 인터넷 공간 자체를 폐쇄하는 경우도 가능한데 단지 명예훼손에 대한 논란이 있다는 이유만으로 삭제하거나 임시조치를 할 수 있도록 한 것은 과잉규제 성격이 강하다.

자들이 수락할 경우 민법상 화해의 효력이 발생한다. 또한 정보제공 청구가 접수되면 명예훼손분쟁조정부는 피해자의 피해사실 소명자료를 바탕으로 정보통신 서비스제공자가 보유하고 있는 가해자의 정보를 제공할 것인지를 결정하게 된다.[91]

개인정보 보호강화를 위해 개인정보 수집 · 이용 · 제공에 대한 고지 및 동의제도를 개선해, 사업자는 개인정보 수집의 경우 수집 · 이용목적, 수집항목, 보유 및 이용기간, 제3자 제공에 관한 사항을 이용자에게 명확히 알리고 동의를 받아야 한다. 또 개인정보취급에 대한 제반 방침을 이용자가 언제든지 확인할 수 있도록 취급방침을 공개해야 한다. 또한 사업자가 개인정보를 취급할 수 있도록 업무를 위탁하는 경우 원칙적으로 이용자로부터 동의를 획득해야 하며, 개인정보 파기사유에 '사업 폐지의 경우'가 추가됨으로써 개인정보 파기의무가 구체화됐다.

친북게시물 등 불법정보에 대한 장관명령권 대상을 현재의 전기통신사업자뿐 아니라 모든 게시판 관리 · 운영자로 확대했다. 따라서 그 동안 삭제가 어려웠던 비영리단체 홈페이지에 실린 친북게시물도 정보통신부장관의 요구가 있으면 즉시 삭제해야 한다. 또한 관계 중앙행정기관장의 요청이 있는 경우 7일 이내 정보통신윤리위원회의 신속심의 및 시정요구를 거친 후 이에 불응시 해당 사이트의 차단 · 폐쇄 또는 접근제한 등의 장관명령권 발동을 의무화했다.[92]

---

91) 사이버명예훼손 성폭력상담센터에 따르면 지난 2002년 3616건에 불과했던 명예훼손 상담건수는 2004년 3913건, 2006년 7050건으로 급증했다.
92) 국가보안법은 인간의 기본적인 의사표현의 자유를 제한하는 법률로 국제사회에서도 폐지권고가 끊이지 않았으며 국회에 폐지법안이 계류 중이다. 이 규정이 적용되리라고 예상되는 국가보안법 위반 여부에 따른 동 위원회의 결정은 사법부 내에서도 엄격한 법리

1) 침해유형

침해유형
이용자 동의 없는 개인정보 수집(망법 제22조 제1항)
개인정보 수집시 고지 또는 명시의무 불이행(망법 제22조 제2항)
과도한 개인정보 수집(망법 제23조)
고지·명시한 범위를 초과한 목적 외 이용 또는 제3자 제공(망법 제24조 제1항)
개인정보 취급자에 의한 훼손·침해 또는 누설(망법 제24조 제4항)
개인정보 처리 위탁시 고지의무 불이행(망법 제25조 제1항)
영업의 양수 등의 통지의무 불이행(망법 제26조 제1항)
개인정보 관리책임자 미지정(망법 제27조 제1항)
개인정보 보호 기술적·관리적 조치 미비(망법 제28조)
수집 또는 제공받은 목적 달성 후 개인정보 미파기(망법 제29조)
동의철회·열람 또는 정정 요구 등 불응(망법 제30조 제1항 및 제2항)
동의철회, 열람·정정을 수집방법보다 쉽게 해야 할 조치 미이행(망법 제30조 제6항)
법정대리인의 동의 없는 아동의 개인정보 수집(망법 제31조 제1항)
주민번호 등 타인 정보의 훼손·침해·도용(주민등록법)
영리목적의 광고성 정보전송(망법 제50조 내지 제50조의 5)
기타(신용정보 침해, 직장프라이버시 침해 등)

2) 적용영역

　망법의 개인정보 규정은 정보통신 서비스제공자 또는 준용사업자(사업자)가 자신이 제공하는 서비스를 이용하거나 재화 및 용역을 제공받는 자(이용자)의 개인정보를 수집·이용·제공하는 경우 및 다른 법률에서 망법의 개인정보 보호규정을 준수하도록 규정하는 경우(예 전자상거래 소비자보호법 등)에만 적용이 된다.

① 적용대상 사업자

　'정보통신 서비스제공자'는 전기통신사업자, 영리목적으로 전

적 논쟁의 대상임에도 불구하고, 정보통신 윤리위원회라는 정부의 한 위원회가 국가보안법 위반여부를 판단하고 장관 명령을 통해 행정적으로 규제하겠다는 것은 많은 문제를 내포하고 있다.

기통신사업자의 전기통신 역무를 이용해 정보를 제공(정보제공자)하거나 정보의 제공을 매개하는 자(정보제공 매개자)를 말한다.[93] '전기통신사업자' 란 전기통신사업법의 규정에 따른 허가, 등록, 신고절차를 거친 기간통신사업자, 별정통신사업자, 부가통신사업자를 말한다(동법 제2조 제1항 제1호). '정보제공자' 란 재산상의 이익을 취득하거나 이윤을 추구하기 위해 전기통신 역무를 이용해 각종 정보를 게시, 전송, 대여, 공유하는 일련의 정보제공 행위를 하는 자를 말한다. 망법은 제공되는 정보의 종류나 성질을 특별히 제한하고 있지 않으므로 상품이나 서비스에 관한 선전, 광고도 정보에 해당된다. 따라서 영리목적으로 인터넷 웹사이트를 개설해 광고게시 또는 미용, 관광, 영화, 뉴스 등의 각종 정보를 제공하는 경우 정보통신 서비스제공자에 해당된다. '정보제공 매개자' 란 정보를 제공하려는 자와 제공받으려는 자를 연결시켜 서비스 제공이 가능하도록 하는 자를 말한다.

'준용사업자' 는 정보통신 서비스제공자 이외의 자로서 대통령령이 정하는 재화 또는 용역을 제공하는 자와 다른 법률에서 망법 개인정보 보호규정이 준용되는 자를 의미한다. 여행업자, 호텔업자, 항공운송사업자, 학원 또는 교습소 운용자, 휴양콘도미니엄업자, 할인점 · 백화점 · 쇼핑센터 운영사업자, 체인사업자(망법 제58조, 시행령 제28조, 규칙 제11조의 4), 전자서명법상의 공인인증기관(법 제24조 제2항), 인터넷 주소자원에 관한 법률의 인터넷 주소관리자

---

93) 정보통신 서비스제공자는 "신상품이나 이벤트의 안내, 구인 · 구직 알선, 경품제공 등의 정보 및 서비스를 제공하기 위해 회원모집 등의 방법으로 개인정보를 수집 · 이용하는 법인 및 개인"을 포함한다고 설명한다.

등(법 제15조 제2항).

② 이용자의 범위(이용관계의 성립)

망법의 개인정보 보호규정은 정보통신 서비스제공자 등이 영리목적으로 자신이 제공하는 정보통신 서비스를 이용하는 자(재화 또는 용역을 제공받는 자)의 개인정보를 해당 정보통신 서비스(재화 또는 용역)의 제공을 위해 수집, 이용, 제공하는 경우에 적용된다. 여기서 '이용하는 자'(재화 또는 용역을 제공받는 자)란 현재 정보통신 서비스제공자가 제공하는 서비스를 이용하고 있는 상태에 있는 자 또는 가까운 장래에 이용하게 될 상당한 가능성이 있는 자(신뢰관계 구축)를 의미한다. 따라서 예를 들어 이동통신회사와 이용계약을 체결하고 서비스를 제공받는 자, 포털사이트 이용약관에 동의하고 회원가입을 한 자와 같이 현재 서비스를 이용하고 있는 자뿐만 아니라, 통신서비스를 이용하고자 영업점에 방문해 계약을 체결하려고 하는 자와 같이 곧 서비스를 이용하게 될 상당한 가능성이 있는 자도 포함된다고 보아야 한다.

③ 개인정보 분쟁조정위원회의 결정을 통해 본 사례

Q 병원이 웹사이트를 개설해 병원을 홍보하고 의료정보를 게시하고 있으면서 회원가입을 통해 환자 등의 개인정보 등을 수집하고 있다. 망법의 적용여부는?

A 웹사이트를 개설해 정보를 제공하고 있으므로 정보통신 서비스제공자에 해당되며, 서비스제공을 위해 당해 서비스를 제공하고 있으므로 망법의 개인정보 보호규정을 적용받는다. 그러나 병원이 웹

사이트를 통해 정보만을 제공할 뿐 개인정보를 수집하지 않는 경우에는 정보통신 서비스제공자에는 해당되나 망법의 개인정보 보호규정의 적용대상은 아니다. 병원이 순수하게 오프라인에서 의료행위만을 목적으로 환자의 정보를 수집할 경우, 이는 의료법에 의한 의료기관의 행위이므로 망법의 적용을 받지 않는다. 다만 병원이 대면으로 수집한 환자정보로 웹사이트 회원DB를 구축하고 ID/PW를 발급하는 행위와 같이 오프라인으로 수집한 정보를 이용해 정보통신 서비스를 제공하는 경우에는 정보통신 서비스제공을 위해 개인정보를 수집 및 이용하는 것이므로 망법의 보호규정이 적용된다.

Q 비디오 대여점이 오프라인을 통해 회원모집을 하여 수집한 고객의 개인정보를 PC에 저장 및 관리하면서 한편으로는 홈페이지를 통해 최신비디오 정보를 제공했다. 그러나 개인정보를 수집하지는 않았다. 망법의 적용여부는?
A 당해 웹사이트가 매개가 되어 이용자의 개인정보를 수집, 이용 및 제공하는 것이 아니라면 망법 적용이 안 된다. 다만 비디오 대여점이 '유통산업발전법' 제2조 제5호의 규정에 의한 체인사업을 행하는 자에 해당되면 망법 제58조의 준용사업자가 되어 적용이 된다.

Q '학원의 설립, 운영에 관한 법률' 제2조 제1호의 규정에 의한 학원이 길 가는 학생에게 이름, 주소, 학년, 반 등의 정보를 물은 후 학원홍보물을 집으로 배송한 경우 망법 적용여부는?
A 동법 제2조 제1호의 규정에 의한 학원은 망법 제58조의 규정에 의한 준용사업자로서, 자신이 제공하는 재화 또는 용역을 제공받는

자의 개인정보를 수집하는 경우에는 망법의 개인정보 보호규정의 적용을 받는다. 그러나 사례에서 학원이 길 가는 학생의 개인정보를 수집하는 행위는 자신이 제공하는 재화 또는 용역을 제공받는 자의 개인정보를 수집한 것이 아니므로 망법 개인정보 보호규정의 적용 대상이 아니다. 그리고 학원의 개인정보 수집행위는 '홍보물 발송'을 목적으로 한 것일 뿐, 해당 학생이 학원과 직접적인 수강관계(재화 또는 용역을 제공받는 관계)에 있다고는 볼 수 없다. 또한 학원의 홍보물 발송으로 해당 학생이 반드시 학원과 수강관계를 맺게 될 개연성이 존재한다고도 볼 수 없다.

Q '전자상거래 등에서의 소비자보호에 관한 법률' 제2조 제1호의 규정에 의한 전자상거래를 행하는 사업자와 제2조 제3호의 규정에 의한 통신판매업자의 망법 적용 대상여부는?

A 전자상거래를 행하는 사업자(온라인쇼핑몰 등)는 인터넷 등 전기통신역무를 이용해 상거래에 필요한 정보를 제공하거나 정보의 제공을 매개하므로 망법상 정보통신 서비스제공자에 해당된다. 즉 통신판매업자의 경우 전화 · 인터넷 · 전자우편 등 전기통신역무를 이용해 상품을 판매하는 통신판매업자의 경우에만 정보통신 서비스제공자에 해당된다. 그러나 우편 · 광고시설물 · 전단지 · 신문 · 잡지 등에 의해 재화 등에 관한 정보를 제공하는 경우 전기통신역무를 이용한 것이 아니므로 정보통신 서비스제공자가 아니다. 그러나 전자상거래를 행하는 사업자 또는 통신판매업자가 소비자의 개인정보를 수집 · 이용 · 제공할 때에는 망법 개인정보 보호규정의 적용을 받는다(전자상거래 소비자보호법 제11조 제1항). 또한 망법과 전자상거

래 소비자보호법이 충돌하는 경우에는 전자상거래 소비자보호법을 우선 적용하되 관련 규정이 없을 경우에는 망법이 적용된다(망법 제5조 및 전자상거래 소비자보호법 제4조). 다만, 전자상거래업자 또는 통신판매업자가 자신과 서비스 이용관계에 있지 않는 정보주체의 개인정보를 수집·이용하는 경우에는 망법상 개인정보 보호규정이 적용되지 않는다. 예를 들어 온라인쇼핑몰 또는 통신판매업자가 자신과 서비스 제공 및 이용관계에 있지 않고 그러할 개연성도 불명확한 일반인의 개인정보를 웹사이트게시판, 전화번호부 등에서 수집해 DB로 구축하고 있는 경우가 그러하다.

Q '방문판매 등에 관한 법률' 제2조 제4호의 규정에 의한 전화권유판매자가 개인정보를 수집·이용 또는 제공하는 경우 망법의 적용여부는?

A 전화도 전기통신역무의 하나이다. 따라서 전화권유판매자가 이를 통해 상품정보를 제공하고 구매를 권유하는 것은 영리목적으로 전기통신역무를 이용해 정보를 제공하는 것이기에 정보통신 서비스제공자에 해당된다. 전화권유판매자는 망법과 방문판매법이 충돌하지 않는 범위 내에서 동시적용을 받으며, 충돌하는 경우엔 특별법인 후자를 우선 적용하되, 관련 규정이 없을 경우에는 망법이 적용된다(망법 제5조 및 방문판매법 제4조).[94] 다만, 망법 개인정보 보호규정이 적용되기 위해서는 전화권유판매자가 수집·이용하는 정보주체가 전화권유판매자가 제공하는 '정보통신서비스'의 이용자이어야 한

---

[94] 전화권유판매자도 소비자의 개인정보를 수집·이용·제공할 때에는 정통망법 등 관련 규정에 따라 공정하게 해야 한다(방문판매업 제48조 및 전자상거래 소비자 보호법 제11조).

다. 예를 들어 전화권유판매자가 상품정보를 제공받은 구매자의 개인정보를 상품 구매완료 후 포인트 관리 등을 위해 DB화해 보관하고 있다면, '이용자'의 개인정보를 이용하는 것이므로 망법 개인정보 보호규정에 적용된다. 그러나 전화권유판매자가 웹사이트, 전화번호부 등에서 불특정 다수인의 개인정보를 수집해 전화를 했으나, 수신자가 재화 등의 정보를 제공받는 것을 거부하고 전화를 끊은 경우에는 '이용자' 관계에 있지 않으므로 망법 개인정보 보호규정의 적용을 받지 않는다.

Q 언론사 및 인터넷 포털업체가 웹사이트를 통해 인물정보 서비스를 제공하는 경우, 이에 대해 망법의 적용여부는?
A 언론사 및 인터넷 포털업체는 웹사이트를 운영하고 이를 통해 인물정보를 제공·매개하고 있다는 점에서 정보통신 서비스제공자에 해당된다. 현행 망법상의 개인정보 보호규정을 적용하기 위해서는 '정보통신 서비스의 이용자 관계'가 전제되어야 한다. 그러나 사례에서 수집된 개인정보의 주체와 해당 언론사 및 포털업체 간에는 정보통신 서비스의 이용자 관계가 성립된다고 보기 어려우므로, 망법 개인정보 보호규정이 적용되지 않는다.

Q 번호이동성제도의 시행을 앞두고 A이동통신사가 B이동통신사 고객을 자사로 유치할 목적으로 B이동통신사의 개인정보를 온·오프라인으로 수집한 행위에 망법의 적용여부는?
A 망법 개인정보 보호규정은 정보통신 서비스제공자와 이용관계에 있는 자의 개인정보를 보호하는 것이므로, A이동통신사가 자사 고

객 또는 자사의 정보통신 서비스를 이용하고자 하는 특정한 의도를 가진 자가 아닌 B이동통신사의 고객 일반을 대상으로 개인정보를 수집하는 행위는 망법 개인정보 보호규정의 적용대상이 아니다.

Q A사는 의류를 제조·판매하는 사업자로 상품 홍보 등을 위해 웹사이트를 개설하고 각종 정보를 제시하고 있었다. 그러던 중 A사에 근무하던 직원이 소비자의 개인정보를 동의 없이 수집해 의류사업자가 입점하고 있던 백화점의 회원카드 무단 발급에 사용했다. 이 경우 해당 의류사업자에게 망법의 적용여부는?

A A사는 웹사이트를 통해 자사의 의류브랜드 관련 정보 등을 일반인에게 제공하고 있으므로 정보통신 서비스제공자에는 해당된다. 그러나 당해 의류를 구매한 소비자와의 관계에서 A사는 자사의 정보통신 서비스의 제공 및 이용관계에서 소비자의 개인정보를 수집한 것이 아니므로 정보통신 서비스의 이용관계가 있다고 볼 수 없기에 망법 개인정보 보호규정이 적용되지 않는다.

Q 보험회사인 B사는 인터넷 웹사이트를 개설·운영하면서 보험정보 제공, 고객상담, 보험상품 판매, 보험대출 등의 서비스를 제공하고 있었다. 그러나 甲은 보험설계사를 통해 B사의 보험에 가입했고 이후 甲은 B사가 자신의 개인정보를 다른 보험사에 무단으로 제공한 사실을 확인했다. 이 경우 B사의 행위에 망법의 적용여부는?

A B사는 인터넷 웹사이트를 운영하면서 보험정보 제공, 고객상담 등의 정보를 제공하고 있으므로 정보통신 서비스제공자에 해당된다. 그러나 사례에서 甲은 보험회사의 웹사이트를 통해 보험상담을

받거나 보험가입을 하는 등 웹사이트의 서비스를 이용한 바가 없고 B사에 대한 甲의 개인정보 제공행위도 모두 오프라인상에서 발생된 것이므로, 甲은 B사의 정보통신 서비스이용자로 보기 어렵고 망법의 개인정보 보호규정은 적용되지 않는다.

(2) 개인정보 피해구제 방법

개인정보 피해구제는 정보통신, 금융, 의료 등 각 영역마다 개인정보와 관련하여 담당부처 또는 관련 법령에 의해 설립된 기구 등이 해당 분야의 개인정보 보호역할을 나누어 맡고 있다. 예를 들면 공공기관의 개인정보 침해에 대해서는 행정자치부에서, 금융기관의 신용정보의 침해에 대해서는 금융감독원이 피해구제 업무를 하고 있다. 정보통신 분야에서는 정보통신부, 한국정보보호진흥원 내 개인정보침해신고센터(이하 센터) 및 개인정보 분쟁조정위원회(이하 위원회)에서 관련 업무를 수행하고 있다.

1) 개인정보 침해신고센터

① 설치근거 및 기능

센터(망법 제52조 제3항 제8호)는 한국정보보호진흥원(KISA, 망법 제52조)에 설치되었다. 주요 업무는 망법 시행령 제26조에 다음과 같이 규정되어 있다.

- 개인정보 침해방지 및 보호와 관련한 기술적 자문, 그 밖에 필요한 지원
- 개인정보 침해와 관련한 고충처리 및 상담
- 개인정보 침해관련 대책연구

- 개인정보 침해방지를 위한 교육 및 홍보
- 기타 개인정보 보호를 위한 사업

② 상담 및 고충처리의 범위

개인정보 침해로 피해를 입은 자는 누구든지 센터에 상담 및 신고를 할 수 있다. 현행법상 고충처리 및 피해구제의 대상이 되는 개인정보의 범위는 망법 제2조에 의해 생존하는 개인에 관한 정보로서 성명, 주민등록번호, 사진, ID 등에 의해 개인을 알아볼 수 있는 부호, 문자, 음향 및 영상 등의 정보를 말한다. 따라서 동 조항에 따른 정보침해로 인한 것이면 모두 침해상담 및 신고의 대상이 되는 개인정보의 범위에 해당된다. 망법은 정보통신 서비스제공자 및 그로부터 정보를 제공받은 자 그리고 일부 오프라인 사업자에 대해 적용되고 있기 때문에 주로 이들 사업자의 행위로 인한 개인정보 침해도 규제하고 있다.

③ 상담 및 신고 절차

센터의 상담 및 신고에 따른 고충처리는 다음과 같은 절차로 진행되며, 이 절차는 원칙적으로 상담의 경우 7일 이내, 신고처리의 경우 30일 이내에 완료된다.

가. 사건의 접수 및 통보

개인정보 침해로 인한 상담 또는 신고는 웹사이트, 전화, 팩스, 메일, 우편 및 방문 등을 통해 신청인이 직접 또는 대리로 신청할 수 있다. 고충처리 요청 및 침해신고가 접수되면 신청인과 피신청인에게 접수사실이 통보된다. 신청인이 민사적 피해보상 등 피해구제를 요구하는 경우에는 위원회로 이관한다.

나. 사실조사

조사담당자는 모니터링, 당사자로부터 의견청취(전화, 우편, 전자우편, 팩스 등 이용)를 하며, 필요한 경우에는 자료제출 요구 및 현장조사 등을 통해 사실조사를 실시한다. 센터는 사실조사 결과 개인정보 보호조치가 미흡한 부분이 발견되는 경우 사업자에게 침해를 유발하는 제도 및 관행의 개선, 이용자의 신속한 고충해결 등 시정을 요구하고, 시정요구를 받아들일 경우 사건처리를 종결한다. 그러나 시정요구를 받아들이지 않거나 동일 침해가 반복되는 경우 및 법률을 명백히 위반했다고 판단되는 경우에는 보고서를 작성해 정보통신부로 이송한다.

다. 시정명령 또는 과태료 부과

정보통신부는 센터의 보고서를 접수한 후 법 위반 경중에 따라 시정명령을 내리거나 과태료를 부과하는 등 행정처분을 과한다.

2) 개인정보분쟁조정위원회

① 법적 지위, 기능 및 권한

위원회는 개인정보 피해와 관련된 특성을 고려해 전문기관에 의해 신속, 간편, 공정하게 분쟁을 해결하기 위한 소송외적인 분쟁해결 기관이다. 망법 제33조가 설립 근거이며, 정보통신부의 한국정보보호진흥원 산하에 있다. 위원회는 위원장 1인을 포함한 15인 이내의 위원으로 구성된다. 위원은 정보통신부장관이 임명 또는 위촉하며, 법조계 또는 학계의 전문가, 사업자, 소비자단체에서 추천하는 인사 등으로 구성되어 전문성을 확보하고 있다. 위원의 임기는 3년이고 연임이 가능하다.

위원회는 개인정보와 관련한 분쟁조정을 고유기능으로 하고 있다. 위원회는 필요한 경우 조정절차를 진행하기 전에 당사자에게 합의를 권고할 수 있다. 또한 분쟁조정을 위해 필요한 자료의 제공을 분쟁당사자에게 요청할 수 있으며, 분쟁당사자 또는 참고인으로 하여금 위원회에 출석하게 하여 의견을 들을 수 있다. 분쟁당사자는 정당한 사유가 없는 한 위원회의 자료제공 요청에 응해야 한다.

위원회는 '조정부제도'를 운영 중에 있다. 업무를 효율적으로 수행하기 위해 도입된 것으로서 위원장이 지명하는 5인 이하의 위원으로 구성된다. 특히 그 중 1인은 변호사의 자격을 가진 위원이 포함되도록 하고 있다. 분쟁조정사건에 대한 심의, 의결은 조정부 회의에서 처리하게 된다.

또한 위원회는 분쟁조정뿐만 아니라 피해예방 활동, 법제도 개선건의, 기업의 위법한 거래행태에 대한 시정권고 등을 통해 국민의 권리보호 및 기업 능률향상과 건전한 개인정보 이용환경에도 관여하고 있다.

② 분쟁조정의 범위

위원회는 개인정보, 즉 생존하는 개인에 관한 정보로서 성명 및 주민등록번호 등에 의해 개인을 알아볼 수 있는 부호, 문자, 음향 및 영상 등의 정보침해로 인한 분쟁이면 모두 조정대상으로 하고 있다.

위원회는 망법에서 규율하고 있는 개인정보 침해 이외에도 기타 법률의 규정에 의한 개인정보 침해나 사생활침해 등에 대해서도 조정대상에 포함시켜 오고 있다. 위원회는 제6차 분쟁조정위원회에서 위원회의 조정범위에 대해 망법 위반사건에 한정하지 않으며 신청인 및 피신청인도 망법상 이용자 및 정보통신 서비스제공자에 한정하지 않기로 결정한 이래, 개인정보 침해 사건에 대해서는 모두 위원회가 조정할 수 있고 개인정보를 침해당한 자 및 침해한 자는 모두 조정사건의 신청인 및 피신청인이 될 수 있다는 입장을 견지해 오고 있다. 다만 타 기관에서 처리함이 타당하다고 판단되는 사건에 대해서는 위원회의 결정으로 당해 사건을 처리 대상에서 제외할 수 있다.

③ 조정신청 자격

개인정보와 관련하여 분쟁이 있는 이해관계인은 위원회에 분쟁의 조정을 신청할 수 있다. 여기에는 이용자뿐만 아니라 분쟁의 해결을 원하는 사업자도 포함된다. 다만 개인정보 침해자가 국가 및 지방자치단체 등 공공기관인 경우는 제외된다. 분쟁당사자는 변호사 기타 제3자를 대리인으로 선임할 수 있다. 또한 공동의 이해관계가 있는 다수 당사자는 그 중 1인 또는 수인을 대표당사자로 선임할 수 있다. 대표당사자는 조정에 관한 일체의 행위를 할 수 있으며, 위원회는 대표당사자를 상대로 조정절차를 진행한다.

④ 분쟁조정의 효력

위원회의 조정안을 제시받은 당사자 쌍방이 제시받은 날로부터 15일 이내에 위원회의 조정안을 수락하는 경우 양 당사자간에는 조정서와 동일한 내용의 합의(민사상의 화해계약)가 성립된 것으로 본다. 당사자 중 일방이라도 조정안을 거부하면 조정의 효력은 상실되며 이 경우 피해자는 민사소송을 통해 해결할 수 있다.

⑤ 분쟁조정절차
가. 신청사건의 접수 및 통보
개인정보 피해로 인한 분쟁조정은 웹사이트, 우편, 팩스, 방문 등을 통해 신청인이 직접 또는 대리로 신청할 수 있으며, 개인정보 침해 관련 상담 또는 신고사건 처리과정에서 신청할 수도 있다. 분쟁조정 신청사건이 접수되면 신청자와 상대방에게 접수사실이 통보된다.

나. 사실확인 및 당사자 의견청취
사건담당자는 전화, 우편, 전자우편, 팩스 등 다양한 수단을 이용해 자료 수집을 통한 분쟁조정 사건에 대한 사실조사를 실시하고, 사실조사가 완료되면 이를 토대로 사실조사보고서를 작성해 사건을 위원회에 회부한다.

다. 조정 전 합의권고
위원회는 조정에 들어가기 앞서 당사자간의 자율적인 노력에 의해 원만히 분쟁이 해결될 수 있도록 합의를 권고할 수 있다. 합의권고에 의해 당사자간 합의가 성립하면 사건이 종결된다.

라. 위원회의 조정절차 개시
조정 전 합의가 이루어지지 않으면 위원회를 통해 조정절차가 개시된다. 조정절차가 진행되면 당사자의 의견청취, 증거수집, 전문가의 자문 등 필요한 절차를 거쳐 쌍방에게 합당한 조정안을 제시하고 이를 받아들일 것을 권고한다. 이 경우 사건의 신청자나 상대방은 위원회의 회의에 참석해 자신의 의견을 개진할 수 있다. 조정절차가 진행되는 중에 원만한 합의가 이루어지는 등의 사유로 인해 더 이상 조정을 원하지 않을 경우 신청인은 조정신청을 철회할 수 있다.

마. 조정성립

위원회의 조정을 통해 내려진 결정에 대해 조정결정일부터 15일 이내에 신청인과 상대방이 이를 수락한 경우에는 조정이 성립된다. 당사자가 위원회의 조정안을 수락하고자 하는 경우 위원회가 송부한 조정서에 기명날인해 위원회에 제출한다. 양 당사자가 모두 조정안을 수락하면 조정이 성립되어 조정서가 작성되고 조정절차가 종료된다. 당사자 중 일방이 조정안을 수락하지 않을 경우 민사소송을 제기하거나 포기할 수 있다.

바. 효력발생

위원회의 조정 결정에 대해 신청인과 상대방이 이를 수락하여 조정이 성립된 경우 망법 제38조 제4항의 규정에 따라 양 당사자간에는 조정서와 동일한 내용의 합의(민사상의 화해계약)가 성립한 것으로 간주한다.

⑥ 개선방안

가. 적용영역을 온라인공간과 관련이 있는 정보통신사업자를 넘

어 오프라인까지 확장할 필요성이 있다. 이는 법률개정사항이다.

　나. 전통적인 피해자 입증책임이 아닌 피해와 원상회복의 어려움을 들어 입증전환 책임이 필요하다.

　다. 사후통제보다는 사전예방의 성격이 강한 개인정보 보호의 실태조사, 모니터링, 불법행위에 대한 시정권고 및 지도조언 정보제공 등 현재의 업무추진을 법적으로 인정해 안정화할 필요가 있다.

Ⅱ. 미래 정보법제

1. 정보환경의 변화

　정보통신기술의 발전은 기존의 관련 정보법제 환경의 변화를 촉진한다. 물론 기술이 변화한다고 하여 반드시 법제도적인 측면의 변화가 수반되어야 하는 것은 아니다. 그러나 기존의 법제 원칙들이 기반하고 있던 정보법제 환경이 변화되었고, 그러한 변화가 정보주체의 권리의 본질에까지 영향을 미친다면 기존의 정보법제 환경은 바뀌어야 한다.[95] 초기의 정보법제에 대한 무규제의 실익논의는 현재는 없다. 독자적인 자연상태는 상상에서만 존재하기 때문이다.

　미래의 정보환경의 상수는 유비쿼터스(Ubiquitous)사회이다. 1990년 초반의 사이버공간이 현실세계를 컴퓨터 내에서 가상적으로 재현할 수 있다고 하는 것임에 비해, 이 새로운 사회는 컴퓨터를 이용해 현실세계에서 정보주체의 활동을 지원할 수도 있으며 침해할 수도 있다는 특징이 있다. 그것을 보면 연결성 강화(컴퓨터와 사물 및 개인이 서로 연결되는 anytime, anywhere, anynetwork, anydevice, anyservice), 비시각화(보이지 않는 상태에서 기술사용자 편의를 극대화시키는 invisible), 조용성(보이지 않으면서 개인이 필요할 때에만 활용되는 calm), 실질성(현실공간에 존재하면서 이를 강화시키는 real) 등으로 정리할 수 있다. 이 세계의 핵심적 기술들을 보면 RFID(Radio Frequency ID : 무선식별시스템 또는 무선인식바코드) 및 USN(Ubiquitous Sensor Network)과 같은 센서 및 태그기술을 전제로 전자태그칩, 리더칩, 미들웨어 및 응용서비스 플랫폼 개발, WPAN(Wireless Personal Area Network), Ad-hoc, IPv6(Internet Protocol Version 6)[96] 같은 네트워크 커뮤니케이션 기술, 마우스나 키보드를 벗어난 음성, 홍채 및 지문, 문자, 표정 등을 이용하는 사용자 환경기술, 생체(인식)정보나 행태(행동)정보 등

[95] 현실공간과 사이버공간 비교

구분	현실(물리)공간	사이버(전자)공간
공간원소	원자(Atoms)	비트(bits)
공간지각	만질 수 있는 공간	만질 수 없는 공간
공간형식	유클리드 공간, 실제적인 현실	논리적 공간, 컴퓨터의 가상현실
공간구성	토지 + 사물	네트워크(인터넷) + 웹(접속)
공간위상	주소 및 번지수	IP주소
기능형성	물리적 공간에 사물집적	컴퓨터에 가상사물 집적
기반네트워크	도로망, 철도망	PC와 PC를 연결하는 인터넷
공간개발기술	토목, 건축	IT

하원규, 김동환, 최남희, 『유비쿼터스 IT 혁명과 제3의 공간』, 전자신문사, 2003, 92쪽.

[96] 현재 사용하는 IP주소 체계는 'IPv4' 방식이다. 예컨대 '123.345.456.678'과 같이 3자리의 숫자 4개 묶음을 기본 단위로 표시하는 것이다. 이런 조합을 통해 만들 수 있는 IP 주소 조합의 개수는 2의 32제곱, 약 43억 개다. IP주소를 관장하는 국제인터넷주소관리기구(IANA)에 따르면 IPv4방식에 따른 43억 개의 주소 가운데 25억 개가 이미 사용된 상태이다. IT선진국에서 IP주소에 대한 수요가 폭증하고 있는 가운데 중국과 인도 등 인구대국

에 대한 고도의 보안이 필요한 정보보안기술 등이 있다. 그 응용기술의 구체적인 예는 물류, 유통, 의약품관리, 농업 및 환경, 군사영역을 포함해 u-learning, u-campus, u-office, u-retail, u-healthcare 등이 있다.

2. 정보법제

정보사회에서 유비쿼터스 사회의 성공적인 전제조건은 이동 및 휴대의 수월성 보장과 연결성 확보이다. 이는 필연적으로 정보의 정확성을 높이기 위해 고유식별자의 사용을 전제로 하기 때문에 개인정보침해의 가능성을 예측불가능하게 높일 것이다. 예를 들어 고유식별자를 매개로 한 위치정보의 활용이 그것이다.

유비쿼터스 사회에서도 중심은 항상 인간, 즉 '유비티즌'(Ubitizen, Ubiquitous+Citizen)이다. 일상생활 곳곳에 스며든 지능화된 컴퓨터들은 유비티즌을 위해서 존재한다. 그들이 거부감을 가진다면 존재이유를 잃을 수밖에 없다. 따라서 기술발전도 중요하지만 신뢰와 사회적 합의를 이끌어 내어 그 정당성을 가져야 한다.

까지 인터넷 사용이 급증하면서 2013년쯤이면 가용한 인터넷 주소가 모두 소진될 수 있다고 IANA는 우려했다. 한국은 2001년 1900만 개의 IP주소, 2007년 5500만 개의 IP주소를 사용하고 있다. 한국인터넷진흥원 관계자는 "중국처럼 신규로 인터넷을 사용하는 인구가 증가할 뿐 아니라 한국같이 IT선진국에서는 집안의 개인 컴퓨터뿐 아니라 홈네트워킹 서비스에 따라 냉장고 같은 전자제품에도 IP주소가 필요해 현행 IPv4방식으로는 IP주소 수요를 감당할 수 없다"고 말했다. IPv4방식에 대한 대안으로 나온 IP주소가 'IPv6방식' 이다. 숫자뿐 아니라 문자까지 IP주소에 조합이 가능해 2의 128제곱에 해당하는 숫자만큼 주소를 생성할 수 있다.

이러한 정보환경에 있어 정보사회의 신뢰성과 안전성을 보장받기 위한 다양한 요소[97]에는 통상적으로 '시장, 사회규범(인식)의 변화 및 법과 기술'을 언급한다. 현재 4가지 요소의 적절한 활용이 필요한 시기이다. 시장의 자율규제 확대와 정보주체의 자율성 증대정책은 어느 영역까지 법의 규제 대상으로 포섭할 것인가와 연관된다. 여기에 시장은 근본적으로 불완전하며 사회적 강자에 의해 지배당하는 속성이 있음을 고려해야 한다. 이의 연결점은 결국 사회구성원들의 정보사회에 대한 인식에 바탕을 두고 형성되는 정보사회규범의 영향을 받을 수밖에 없다. 또한 법의 규제는 정보사회의 역기능을 최소화하면서 순기능 강화 즉, 정보주체의 참정권 강화의 방향으로 향해야만 한다. 덧붙여 법은 기술을 이용한 개인정보 보호에 인색하지 말아야 한다. 기술을 통한 보호는 효율적인 수단이기 때문이다.

(1) 시장원칙의 적극적 수용

1) 자율규제와 의무적 자율규제

자연법이라 표현되는 법의 일반적 원칙들은 예를 들어 선의에 따른 행위(Good Behavior), 거래에서의 공정성, 평등한 대우 등은 법률보다는 상대적으로 추상성을 띤 모호성이 있지만 분명히 사회통제모델로서 유효한 기능을 한다. 국가의 법 토양에 따라 보호영역의 차이는 존재하지만 이는 자율규제(행동수칙, Code of Conduct)라는 형식으로 개인정보 보호법제에 존재한다.

---

[97] 규제는 양날의 칼 성격을 가지고 있다. 긍정적인 예로는 '환경 및 안전규제'를 들 수 있다. 이는 자동차의 진화를 촉구하면서 그 결과는 연비향상과 배기감소로 나타났다. 이는 장차 기계식 통제에서 전자제어 통제 및 대체에너지 사용으로 이어질 것이라고 본다.

전통적으로 자율규제는 '보충성의 원칙'을 따른다. 특정 영역에 있어서 참여자들 스스로 적절한 해결방법을 발견하지 못하는 경우에만 국가가 관여하는 것을 의미한다. 대부분의 자율규제는 성문법인 법률보다 효율성이 뛰어나다고 인정되는 경우에 사회에서 승인이 된다. 따라서 자율규제의 효율성이 충분히 입증된 영역에서의 다른 규범을 통한 규제는 사회적인 손실로 간주되곤 한다.

자율규제에 적용되는 보편적인 이론은 동일 시장 내 또는 서로 다른 두 개의 시장영역의 민간부문 결합체에서 발견될 수 있다. 다소 유연한 자율규제의 형태는 신사협정이나 사회계약[98]의 성격을 띠고 있다. 여기에 위반한 경우 직접적인 강제는 힘들지만 해당 규율에 걸맞게 행동할 것을 요구하는 도덕적 압력수단을 가하거나 사회계약에 근거한 제재를 한다. 네티켓(Netiquette)[99]이 그 예이다.

자율규제의 장점으로는 문제해결의 시장적 가능성을 향상시킬 수가 있으며 현실적인 필요에 부응하고 현재의 기술수준을 반영하기에 유연성과 효율성이 있다. 비용절감이 존재하고 이해당사자가

---

[98] 사회계약은 어떠한 제도의 참여자들이 그 법적 강제력의 부족에도 불구하고 합의된 조항을 도의적으로 따르는 것으로 이해된다. 모든 구성원이 동일한 의무를 이행할 때 얻게 되는 이익을 고려해 각자가 의무에 따라 행동하는 사람들 사이의 합의를 말한다. 그러나 현실은 종종 사회계약이라는 것을 무시한다.

[99] 컴퓨터윤리학회 컴퓨터윤리 10계명 참조. ① 타인을 해할 목적으로 컴퓨터를 사용하지 마라. ② 타인의 컴퓨터 작업을 방해하지 마라. ③ 타인의 컴퓨터 파일 내용을 알려고 하지 마라. ④ 절도를 위해 컴퓨터를 사용하지 마라. ⑤ 허위의 증거를 만들기 위해 컴퓨터를 사용하지 마라. ⑥ 비용을 지불하지 않고 소유권 있는 소프트웨어를 복사하거나 사용하지 마라. ⑦ 권한 없이 또는 적절한 보상 없이 타인의 컴퓨터 정보를 사용하지 마라. ⑧ 타인의 지적 결과물을 전용하지 마라. ⑨ 자신이 만든 프로그램 또는 시스템의 사회적 결과에 대해 생각하라. ⑩ 항상 컴퓨터 사고를 생각하고 자신의 동료를 존중하는 방식으로 컴퓨터를 사용하라.

수시로 문제해결에 참여하기에 해결능력이 뛰어나다. 반면에 단점으로서는 절차의 적절성이 불투명하고 법률과 같은 일반적인 적용성보다는 사안의 문제해결성이 강하기 때문에 묵시적 순종자(Dark Sheep) 또는 방관자(Outsider)가 다수인 경우 소수의 이해당사자에 의해 결정이 되어버려 그 정당성에 문제가 된다. 또한 그 영역설정은 이해당사자들의 의지에 따라 의존하기에 보호수준이 상이하거나 불합리한 결과도출 가능성이 상시 존재하기도 한다.

결론적으로 강제적인 정부규제의 효율성 실패가 예상되는 특정 영역(공정한 제도, 상호이해 충돌방지, 공공이익 보호와 민주적 준법성 보장의 필요성 증대영역)에서는 의무적 자율규제(Audit Self-regulation)가 필요하고 정부규제가 성립되기 어려운 영역에서는 자율규제 통제라는 혼합적인 정책이 필요하다. 이의 명확한 구분설정은 힘들고 사회구성원의 정보보호라는 규범인식 수준에 따라 결정된다. 도메인네임(DNS)의 할당을 담당하는 ICANN(Internet Corporation for Assigned Names and Numbers)[100]의 중재절차에 자율적인 규제조정 규칙제정, 스팸메일 및 포르노그래피의 자율등급 설정과 필터링 도입 및 금칙어 키워드 사용[101]을 통한 자율적인 통제정책 수립은 그 예이다.

---

100) 이 기구의 법적 기반은 미국 재무부에 의해 인정된 이해각서이다. 이는 인터넷 사용자와 그들 욕구의 전 지구적 및 기능적 다양성을 반영하는 장치를 개발 및 발전시켜 DNS의 기술적 관리를 증진시키는 것이다. 물론 위원들의 민주적 정당성, 대표성 결정의 책임에 대한 비난이 현재에도 존재한다.
101) 이 제도의 문제점은 검색엔진에서 금칙어를 검색어로 사용할 경우 성인인증이 필요한 이름과 주민등록번호를 요구하는 점이다. 정부가 성인정보 차단을 위해서 검색엔진에 민감한 정보를 제공하고 있다는 것이다. 문제의 핵심은 청소년들로부터 성인물의 접속을 차단하는 것이지 키워드 몇 개를 검색엔진에서 차단하는 것이 아니라는 점이다.

2) 인증제도

개인정보 보호는 단순하게 법적 허가와 금지, 그에 따른 규제책에만 의지해서는 안 된다. 즉 시장경제의 원칙을 도입해 효율적 보호를 행해야 한다. 시장경쟁 원칙의 힘을 효율적으로 이용하기 위해서는 정보보호 감독과 정보보호법 준수제품의 '인증제도'가 자율적으로 이루어져야 한다. 이러한 인증제도는 시장의 실패가 예상되는 곳에서는 국가의 감독을 받아야 한다.

이와 같은 제품의 검사필증과 인증제도를 통해 생산자(기업)는 고객의 신뢰를 얻을 수 있어야 하며 이들 제품은 국가차원의 물품구입에 있어서도 우선적으로 고려되어야 한다. 이러한 방식은 시장경제원칙을 정보보호체계에 이용하는 것으로 정보처리기관이나 제품 생산자가 정보보호법 기준에 맞는 시스템을 갖추거나 이 법에 상응하는 제품을 생산할 경우 객관적 평가자가 법에 명시된 방식과 기준에 따라 이 시스템 혹은 제품의 정보보호 친화성을 검토 혹은 인증해 주는 제도이다. 관련자들은 이 공적인 검사필증과 인증제도를 이용한 상품광고를 할 수 있으며 이를 통해 타제품에 대한 경쟁력을 얻을 수 있는 것이다. 이는 여타 기관, 생산자 역시 이러한 모범을 따라 정보보호법에 부합하는 시스템, 제품을 마련, 생산하도록 하는 자극제의 의미도 갖는다.

3) 네트워크에 대한 접근의 수월성 보장

유비쿼터스 네트워크는 필연적으로 사회적 의사소통의 대부분을 매개하게 될 것이다. 이는 단순하게 수익창출 수준을 넘어서 사회의 민주적 의사형성 및 결정까지 영향을 미친다. 따라서 국가는 네트워크에 대한 보편적인 접근성을 보장해야 한다. 그 예로 공적인 표준 기술을 설정해주어야 한다. 이의 실천을 담보할 수 있는 규정은 명문으로 필요한 것이다.

(2) 일반법의 제정

기본법[102]이 아닌 일반법의 제정을 통해 일반적 규정을, 특별법은 특성에 따른 예외만을 규정하도록 하는 것이 바람직하다. 이를 통해 현행 개별적인 정보보호법의 많은 부분은 사실상 불필요해진다. 현행법은 지나치게 세분화되어 있다. 예를 들어 공공 및 민간부문의 분류, 수동 및 자동 정보처리의 분류, 자연인 및 법인의 분류 등이 그렇다.

이러한 일반법은 통합적이어야만 한다. 즉 디지털 컨버전스(Digital Convergence)[103] 및 온·오프라인 통합현상은 e-business[104] 및 u-business[105]를 연결점으로 장차 가속화될 것이기

---

[102] 기본법은 3가지의 특징이 있다. ① 현행 법제상 법제명에 명시적으로 기본법으로 사용하는 경우. ② 기본적인 대강, 준칙, 원칙, 방침 등을 정하고 있는 법률을 가리키는 경우. ③ 국가의 기본조직을 정하는 법을 지칭하는 경우이다. 박영도, 「기본법의 법제상 위치」, 『법제연구』 제5호, 1993, 274쪽.

[103] 컨버전스(융합)란 기존에 다른 것으로 인식되던 두 개 이상의 것이 합쳐져 한 개의 새로운 것으로 나타나는 것을 의미한다. 이러한 컨버전스를 가능하게 하는 기술적 기반은 디지털 기술이다. 문자는 물론이고 음성, 영상정보 등 디지털화된 모든 정보는 컴퓨터에 의해 저장 및 처리되고 전화선이나 광섬유 등의 단일통로를 통해 전달할 수 있다. 이것을 '정보융합'이라고 한다. 이러한 현상은 방송, 통신, 인터넷 등이 융합하는 '네트워크의 융합', 컴퓨터, 통신기기, 정보가전제품 등이 융합하는 '기기융합'으로 발전한다. 이러한 것은 앞으로 인간과 사물, 사물과 사물, 공간의 융합으로 확대발전할 것이다. 융합을 통해 탄생된 새로운 서비스는 정보의 활용을 전제로 하기에 이의 적절한 통제정책도 존재해야만 한다.

때문에 일반법의 적용영역은 가상과 현실을 아우르는 것이어야 한다. 과거 오프라인상의 문제들을 규율하는 입법과의 조화문제는 고려대상이 아니었다. 정보사회에 있어 법적 담론은 사이버공간을 중심으로 이루어지면서 오프라인에 대한 논의는 부수적이었다. 그러나 네트워크 편재라는 것은 네트워크가 오프라인에 내재되어 가는 것을 의미하며 과거 오프라인에서의 정보활용 현상이 그대로 네트워크의 활용에 적용되고 있는 것은 보호영역의 확장에 정당성을 준다.

물론 제정하고자 하는 일반법은 OECD 개인정보 보호원칙에 충실해야 한다. 원칙에 충실한 보호 및 활용의 다양성을 보면, 보호와 활용의 극단적인 정책을 지양하고 개인정보의 불법적인 활용에 대한 최종적인 규제를 국가가 행하면서 민간부문의 자율규제 노력을

104)

용어	개념정의
e-business	(광의) 인터넷과 관련한 IT기술(통신네트워크)을 활용해 내부 업무 처리과정을 개선해 업무의 효율성을 높이고, 기업간 거래 및 협업을 통해 새로운 수익을 창출하고 생산성을 향상시키는 기업활동.
	(협의) 전자상거래 의미와 동일.
전자상거래	인터넷(통신네트워크)을 통해 재화와 서비스를 거래하는 활동으로서 기업, 소비자, 정부, 경제주체들간의 거래.

105) 유비쿼터스 정보기술을 이용해 전자공간과 물리공간이 연계된 공간에서 물리적 요소와 전자적 요소의 통합을 통해 언제나 접속되어 있고, 언제나 상황인식을 할 수 있으며, 사람을 대신해 언제나 자율적으로 서비스할 수 있는 시스템을 중심으로 전통적인 산업경제활동과 접목되어 경영관리, 매장관리, 공급망관리(SCM), 고객관리(CRM), 자산(부품 및 기계)관리, 제조공정관리, 물류, 교통, 의료복지 등의 다양한 분야에 응용된 사업영역을 말한다.

항목	e-business	u-business
주요기술	유선인터넷과 웹 기술 활용	무선인터넷과 웹 기술 활용
사업내용	사업대상의 의식적인 활동	자율컴퓨팅 기능의 기기와 사물에 의한 사업활동
거래채널	사업처리는 온라인, 실사업은 오프라인	온라인과 오프라인의 통합
마케팅	고객정보에 기반	자율적인 상황인식 기반

지원하는 형태가 되어야 한다. 이러한 관련 법제의 역할분담적 정책은 '민간부문이 전통적인 국가영역에 해당되었던 규제영역에 적극적으로 참여하고 국가영역은 이러한 민간부문의 활동과 역할에 대해 적극적으로 협력함으로서 규제의 합리화 및 효율성을 추구하는 방식'이라고 할 수 있다.

(3) 독립적인 개인정보보호 감독기구의 설치 및 시행

'독립적'이라는 말은 기능 및 예산상의 독립을 의미한다.[106] 그 성패는 기능유지와 구성방법에 달려 있다. 이러한 독립적인 기구를 통해서 개인정보 수집 및 처리 등을 감시·감독하고 피해발생의 경우 법원 소송 외의 보다 효과적인 권리구제를 행할 수 있다. 또한 구성에 있어 민주적 정당성이 더 보장되는 방법으로 인원을 구성할 수도 있다. 또한 개인정보 영향평가제도를 통해 사전에 불필요한 정보수집과 처리를 통제할 수 있으며, 공공부문과 민간부문의 현황파악을 통해 제도개선을 꾀할 수도 있다.

(4) 시스템 통합적인 보호

미래의 개인정보 보호법제 내용은 현재 및 미래의 정보통신기술의 변화와 그에 따른 위험성에 대응할 수 있어야 하며 간명성(간단성)과 이해의 수월성에 바탕을 두어야 한다. 즉 '예측가능하고, 최소한이고, 일관성 있고 간단해야 한다'[107]는 의미이다. 이를 위해 각 영역에서의 유연성과 적응성이 높은 최신의 기술을 이용한 '시스템

---

106) Art. 4f, 4g BDSG 2003.
107) 클린턴 행정부의 정책보고서 A Framework for Global Electronic Commerce 참조.

통합적'인 보호방법을 적극적으로 이용해야 한다. 이는 네트워크 설계에 내장되는 기술적 규칙을 통해 개인정보의 보호와 처리를 규율하고자 하는 방법을 말한다. 초기설정뿐만 아니라 기술표준 및 기술규칙 등을 통해 변화에 능동적으로 대응할 수 있다.

이러한 방법에 대한 도입의 필요성은 신기술 개발에 따라 정보유출의 위험은 높아지고 이 위험성 역시 정보통신 기술발전에 따라 끊임없이 변화하고 있는 반면 입법체계는 이 속도를 따라갈 수 없기 때문이다. 또한 인터넷 시스템이 세계적으로 운용됨에 따라 국내법의 한계가 드러나고 있기 때문이다. 외국에서 인터넷을 통해 활동하는 정보처리자에게 현실적으로 국내의 개인정보보호법은 국제공조 외에는 현실적으로 아무런 영향력을 행사할 수 없다.

시스템 통합적인 방법을 통한 개인정보의 보호와 처리의 방식에는 두 가지 장점이 있다. 첫째, 정보보호기술은 정보보호법과는 달리 표준화된 기술을 통해 전 세계적으로 통용이 가능하며, 해당 기술을 관장하는 기업체는 입법기관과는 달리 신속하고 지속적으로 자율적인 자기변화가 가능하다. 둘째, 기술을 이용한 보호는 상황에 따라 법적 보호보다 훨씬 효율적이다. 기술적으로 방지될 수 있는 사항은 법으로 금지시킬 필요가 없는 것은 물론이요 법적 행동규정은 어길 수 있으나 기술을 이용한 방지시스템은 그럴 수 없다는 장점도 가지고 있다. 이러한 정보보호기술은 불필요한 규제와 처벌을 필요로 하지 않는다. 덤으로 관련 법제의 홍수를 막을 수도 있다.

(5) 국제적인 연대강화

개별 국가만의 노력으로는 정보사회에 있어 발생하고 발생될 수 있는 문제의 해결에 한계가 뚜렷이 존재한다. 비효율적이기 때문이다. 개인정보 보호에 있어 국가간에 긍정적인 상호흐름을 형성하는 것이 한 국가의 실질적인 개인정보 보호의 수준을 결정한다고 보아야 한다(국제협력을 통한 보호의 필요성). 물론 국제적인 공조에 있어 '정책의 상호운영성'(Policy Interoperability)[108]은 보장되어야 한다. 현 시점에서 효율적인 국제적 보호는 EU의 관련 조약에 능동적으로 가입하는 것이다. 또한 민간부문에서의 국제적 협력도 긴밀하게 이루어져야 한다.

---

108) 정책이 추구해야 할 목적에 대해 동의하지만, 그 목적을 실현하기 위한 정책적 수단은 어느 정도 다를 수가 있음을 인정하는 것을 말한다. 이는 각 국가 고유의 사회적·경제적인 필요에 적합하도록 맞추어진 유연한 접근을 가능하게 하는 동시에 상호 일관성 없는 국가규제들이 관련 법제의 통합좌절을 피할 수 있도록 해준다. 이를 통해 각 국가는 자신들의 국가이익이 증대될 수 있다고 느낀다.

제3절

각국의 개인정보 보호정책

　　1970년대부터 시작된 각 나라의 개인정보 보호 관련 법률은 대부분 대형컴퓨터와의 관계에 있어 공공기관에 의한 개인정보 보호에 치중했다. 현재는 정보통신기술의 발달에 의한 네트워크화로 인해 보호정책은 민간부문에까지 확대적용되고 있다. 또한 각국의 개인정보 보호현황을 보면 대륙법 및 영미법의 엄격한 구별에 의한 상이한 대응정책은 사라지고 있다(영미법의 대륙법화). 즉 효율적인 보호정책으로 모아지고 있다.

　　개인정보의 보호 및 이용을 목적으로 하는 법률에는 두 가지의 방법이 있다고 할 수 있다. 보호영역의 확정에 있어 이른바 독일과 EU처럼 한 법률 내에서 '통합방식' 형태로 공공부문과 민간부문으로 나누어 보호할 수도 있다. 반면에 미국처럼 '분할방식' 형태로 대상분야를 서로 달리하는 별개의 다양한 관련 법률이 존재할 수도 있다.

Ⅰ. 국제협력

국가간 또는 지역간 경제활동의 증가와 인터넷을 이용한 전자상거래의 활성화로 인해 개인정보의 국가간 이동이 매우 자연스럽게 발생하고 있다. 동시에 개인정보 침해행위가 국경을 넘어 발생하게 되는 등 개별 국가의 독자적인 노력만으로 모든 이용자의 개인정보 피해를 구제하기 어려운 상황이 되었다. 때문에 개인정보 보호를 위한 국제적 차원의 협력 강화가 요구된다.

1. 관련 주요 국제기구

(1) APEC

APEC(Asia-Pacific Economic Cooperation : 아시아태평양경제협력체)은 아시아·태평양 지역의 경제협력 증대를 위한 역내 각료들의 협의기구이다. 전자상거래 분야의 특별그룹인 ECSG(Electronic Commerce Steering Group) 내에 개인정보 보호 및 프라이버시 모델 연구를 위해 프라이버시 소그룹을 두고 있다. APEC은 적절한 프라이버시 보호의 개선을 촉진하고 아시아·태평양 지역의 자유로운 정보 흐름을 제고하기 위해 APEC 프라이버시 보호원칙(APEC Privacy Principles, APP)[109]을 제정 및 시행하고 있다.

---

[109] APEC 프라이버시 보호원칙은 피해예방, 고지, 수집 제한, 개인정보의 이용, 동의 및 선택, 개인정보의 무결성, 보안 조치, 개인정보에의 접근 및 수정, 책임 등에 대한 9개의 원칙으로 이루어져 있다.

(2) OECD

OECD(Organization for Economic Cooperation and Development : 경제협력개발기구)는 선진국을 중심으로 구성된 경제에 관한 국제협력기구이며 파리에 본부를 두고 있다. 1980년에 국가간의 정보이전이 국제적인 관심사로 부상하고 이용자들이 공통적으로 개인정보의 노출을 우려하게 됨에 따라 국가적·지역적·국제적 개인정보 유통질서를 확립하고자 '프라이버시 보호 및 개인정보의 국제적 유통에 관한 지침'을 제정한 바 있다. 현재 OECD에서 개인정보및 프라이버시 보호를 담당하고 있는 곳은 DSTI(Directorate for Science, Technology and Industry) 산하 ICCP(Committee for Information, Computer and Communications Policy)의 정보보호 및 프라이버시 작업반(Working Party on Information Security and Privacy, WPISP)이다. 이 지침은 유럽과 미국의 정책방향에 큰 영향을 미치고 있다.

(3) ICDPC

ICDPC(International Conference of Data Protection and Privacy Commissioners : 국제개인정보보호기구회의)에서는 각국의 개인정보 보호기관을 심사해 인정된 기관에 한해 ICDPC의 회원자격을 부여하고 있다. 우리나라는 KISA가 2004년 회원으로 인정받았다.

2005년 스위스 몽트뢰회의에서는 1건의 선언문과 3건의 결의문을 채택했다. 채택된 주요 내용을 살펴보면, 개인정보 보호의 중요성에 대한 전 세계적인 인식제고를 위해 UN이 법적 구속력이 있는 지침을 마련하도록 하는 동시에 각국 정부가 개인정보 보호원칙에 입각해 자국민의 개인정보를 효과적으로 보호할 수 있는 법 및 제도를 마련할 것을 촉구하는 몽트뢰선언(Montreux Declaration)을 채택했다. 또한 정보주체에게 접근권 및 수신거부권 등을 부여하고 만약 정치관련 단체 및 후보자가 이러한 의무를 위반해 정보주체에게 손해가 발생할 경우 보상 등 적절한 구제책을 마련하도록 하는 '정치행위 목적의 개인정보이용에 대한 결의'(Resolution on the use of Personal Data for the Purpose of Political Communications)를 채택했다. 더불어 생체정보가 테러예방 등을 위한 목적으로 공공 및 민간분야에서 다양하게 이용되는 현실을 언급하면서 3대 원칙[110]을 제시한 '여권 등 신분증의 생체정보 이용에 대한 결의'도 채택했다.

(4) IWGDPT

IWGDPT(International Working Group on Data Protection in Telecommunication)는 각국의 개인정보 보호기구가 정보통신 및 미디어 분야에서의 개인정보 및 프라이버시 보호 증진을 목적으로 정보통신분야 프라이버시 이슈 관련 법제 현황 및 기술과제에 대해 논의하고 있는 연구그룹이다(1983년에 발족했으며 매년 2회 개최). 현재의 주된 논의 사항은 통화내역의 보관기간, G메일의 개인

---

110) 3대원칙을 살펴보면 다음과 같다. ① 생체인식에 내재된 위험을 최소화하기 위해 도입 초기단계부터 효율적인 보안장치 마련. ② 공공목적을 위해 수집된 생체정보와 민간분야에서 수집된 생체정보를 명확히 구분. ③ 수집된 생체정보가 정보주체가 제출한 서류상의 본인여부를 확인하기 위한 목적으로만 이용될 수 있도록 기술적인 보안장치 마련 등.

정보 침해여부, 후이즈(Whois) 데이터베이스의 개인정보 공개가 프라이버시 침해인지 여부, 스팸 규제 등이다.

(5) PANZA+

PANZA+(Privacy Agencies of New Zealand and Australia Plus Hongkong, Korea)는 원래 호주와 뉴질랜드의 개인정보보호 감독기구회의(PANZA)가 홍콩과 우리나라의 참여로 PANZA+로 확대된 회의를 말한다. 그러나 2005년 PANZA+ 제24차 회의에서는 "+"가 홍콩과 한국을 의미하기에는 적절치 않고 PANZA+ 회의를 아시아·태평양 지역회의로 확대하고자 아시아·태평양 프라이버시 감독기구 포럼(Asia Pacific Privacy Authorities Forum, APPA)으로 변경하는 것에 합의했다.

2. OECD, EU 및 APEC 프라이버시 보호원칙의 비교

	OECD 가이드라인	EU 준칙	APEC 프라이버시 보호원칙
주요원칙	• 정보수집 제한 • 정보의 질 • 목적명확화 • 사용제한 • 보안 • 투명성 • 개인참여 • 책임	• 정보의질 • 공정한 정보처리 • 고지 • 열람 • 의의제기 • 보안 • 통지	• Preventing harm(피해예방) • Notice(고지) • Collection limitation(수집제한) • uses of PI(개인정보 사용) • Choice(선택) • Integrity of PI(정보 무결성) • Security Safeguards(보안) • Access and Correction(열람 및 정정) • Accountability(책임)
주요특징	해당 회원국만을 상대로 제정되어 아시아·태평양 지역의 상황과 이해관계가 고려되어 있지 않음		• 전자상거래 촉진 및 활성화 추구 목적 • 회원국의 경제수준 및 상황에 맞추어 탄력적 적용 • 사전 피해방지 강조(교육, 홍보 등 강조) • 이행방안의 구체화 • 정보관리자의 책임강화
	구체적인 이행방안 제시 실패	EU 회원국의 개인정보법제 단일화를 목적	

Ⅱ. 미국

1. 프라이버시 보호의 발전과정과 관련 법률

미국에 있어서 프라이버시의 권리는 판례에 의해 수용되어 시대적 요구에 따라 변천하고 있다. 19세기 후반에는 '홀로 있을 수 있는 권리'(right to be let alone)라는 개념을 사용했다. 20세기에는 개인의 초상화 무단사용(초상권), 과거 전력의 당사자의 동의 없는 발표 등으로 그 보호범위는 확대되었다. 이의 보호는 미국헌법상의 자유의 개념에 내재되어 있거나 전통 속에 뿌리내린 것, 또는 자연법에서 유래된 권리, 행복추구권의 주요 내용이라고 주장했다. 1970년 이후 컴퓨터작업의 효율성을 높이기 위한 컴퓨터간의 네트워크화(연동화)가 진행됨에 따라 프라이버시에 관한 논쟁은 기존의 좁은 의미의 개념정의로는 새로운 기본권 침해에 대한 보호가 힘들었기 때문에 확장된 프라이버시 보호범위의 필요성이 생겼다. 1967년 앨런 웨스틴(Alan Westin)교수는 *Privacy and Freedom*이라는 책에서 현대적인 프라이버시라고 하는 것은 "개인 및 그룹 또는 조직이 자기에 관한 정보를 언제, 어떻게 또 어느 정도 타인에게 전할까 하는 것을 스스로 결정할 수 있는 권리이다"라고 주장했다.[111]

---

[111] 1973년 밀러(Arthur Miller)교수는 *The Assault on Privacy*라는 책에서 프라이버시 권리의 주체를 개인으로 한정하면서 새로운 개념설정의 필요성을 다음과 같이 말했다. "개인이 자기에 관한 정보의 흐름을 통제하는 마개의 통제권을 빼앗긴다면 그 사람은 어느 정도까지 마개의 통제가 가능한 사람들이나 기관에 굴종하지 않으면 안 되게 된다." 이는 인간의 자율성 상실을 말하고 있는 것이다. 말하자면 미국에서의 현대적 의미의 프라이버

현대적 프라이버시 권리에 대한 입법을 보면 1976년의 '공정신용보고법'(Fair Credit Reporting Act)을 들 수 있다. 이 법은 소비자에 대한 신용정보를 수집·축적해서 그 정보를 기업 등에 제공하고 있는 소비자신용기관에 대해서 소비자의 신용·인사·보험 기타 정보의 비밀보호, 정확성, 연관성 등에 관해 합리적인 조치를 취할 것을 의무화한 것으로 민간부문에 있어서의 프라이버시 보호에 중요한 의미를 가지고 있다. 다음으로 1974년의 '프라이버시법'(Privacy Act)을 들 수 있다. 프라이버시법은 공공부문에 있어서의 개인정보 보호를 다루고 있다. 이 법에 근거를 두고 설치된 '프라이버시보호위원회'(Privacy Protection Study Commission)의 '정보사회에서의 개인의 프라이버시'(*Personal Privacy in an Information Society*)라는 보고서에서 프라이버시의 보호원칙을 다음과 같이 여덟 개로 정리했다. ① 공개의 원칙, ② 개인접근권의 보장, ③ 개인참가의 원칙, ④ 채집제한의 원칙, ⑤ 사용제한의 원칙, ⑥ 제공제한의 원칙, ⑦ 정보관리의 원칙, ⑧ 책임의 원칙이다.

2. 세이프 하버(Safe-Harbor) 원칙

EU의 법률을 통한 개인정보의 보호와는 달리 민간부문에 있어 자율규제의 원칙하에 개인정보의 보호를 행하는 미국식의 개인정보 보호방식을 말한다. 대륙법과 영미법상의 차이로 인해 미국은 EU와

시 권리의 개념은 전통적인 개념을 포함해 '자기에 관한 정보의 흐름을 통제할 수 있는 개인의 권리'(individual's right to control the circulation of information relating to oneself) 라고 할 수가 있다.

같은 일반적인 개인정보보호법을 제정하지 않았다. 그 대신에 당사자의 자율규제의 일종인 세이프 하버(Safe-Harbor)와 정부규제의 혼합을 통해 이를 보호하고자 했다. 전자는 미국 외의 EU 회원국 국민의 개인정보처리의 경우 미국기업들이 자율적으로 만든 개인정보보호지침에 따라 이를 시행한다는 것이다.

가입은 개인정보 처리자의 자율적인 판단사항이다. 원칙은 7가지의 프라이버시 보호원칙, 사례문답집(FAQs), 적절한 보호기준에 관한 유럽위원회의 보고서, 미국 상무부와 유럽위원회 사이에 교환된 서신, 미국 교통부 및 연방거래위원회의 보고서로 구성되어 있다. 핵심적 보호기준은 정보처리자의 정보제공의무, 당사자 동의 선택의 가능성 인정, 제3자에게 정보전송의 제한가능성, 정보처리의 안전성과 개인의 권리인정 등이라고 할 수 있다.[112]

---

112) 이 원칙은 2001년 11월 1일부터 효력을 갖고 있다. 회원국들은 유럽위원회의 결정에 따라 이를 준수해야만 하기에 미국은 EU에서 개인정보 전송의 경우 불이익을 받는 제3국은 더 이상 아니다. 그러나 이 원칙에 대한 유럽위원회 결정에 의하면 언제라도 이 원칙에 대한 준수여부를 조사할 수 있는 가능성을 열어 놓았다. 따라서 협약위반시 재협상의 가능성은 열려 있다. 유럽의회와 'Gruppe 29'의 정치성을 띠었고 현실성이 없다는 비판적인 의견에도 불구하고, 유럽위원회는 준칙에 따라 미국의 세이프 하버를 EU와 비교해 적절한 개인정보 보호수준을 가진 것으로 결정했다.

Ⅲ. EU

1. EU 내에서의 개인정보 전송

EU 내에서의 경제력·기술력의 차이로 인한 그 보호수준이 다르기 때문에 EU의 개인정보 보호준칙은 EU 회원국 내에서의 개인정보 보호수준의 '동일함'이 아닌 '동등한 가치'를 추구하고 있다.

준칙은 명시적으로 '정주지원칙'을 규정했다. 이는 개인정보 발송자의 발송지가 정주하고 있는 회원국의 법률규정에 따라 또는 수신자의 정주지 법률규정에 따라 관련규정의 적용을 받는다는 의미이다. 또한 EU에 정주하지 않는 제3국의 개인정보 처리자가 EU의 개인정보 처리시설을 이용할 경우에는 이 시설이 존재하는 EU의 법률이 적용된다. 따라서 이는 상대적으로 경미한 개인정보보호법을 가지고 있는 회원국의 개인정보 처리자 및 기관대리자의 수요를 증가시킬 수 있다. 또한 이는 비EU에 정주하는 다국적 기업의 본사에서 EU에 정주하는 자회사로의 개인정보 전송시의 경우에도 현실성 있는 정보전송의 한 방법이 될 수 있다.

2. '적절한 보호수준'을 가진 제3국으로의 개인정보 전송

EU에서 EU 밖으로의 개인정보 전송의 경우 '보호수준의 적절성'을 준칙은 요구한다. 준칙 제25조에 의하면 '적절한 보장'이 있을 경우에만 제3국으로의 개인정보 전송은 허가되며, 제26조에 의하면 '적절한 보장'이 없을 경우의 예외적인 경우를 규정하고 있다. 적절성 여부에 대한 명시적인 판단기준은 없다. 다만 판단을 함에 있어 관련된 제3국의 모든 상황을 고려해야 한다고 했다. 즉 제3국에서의 개인정보 보호법률 및 보호정책의 존재유무, 개인정보 보호의 분류방법(일반적 및 개별적 보호), 정부 및 사기업의 보호의지, 법률의 집행력 등이 주요한 기준이 될 수 있다. 그러나 제25조는 현실적 의의를 상실했다. 제26조가 전면으로 대두되면서 예외가 원칙을 지배하는 현상이 나타나고 있다는 비판이 있다.

3. '부적절한 보호수준'을 가진 제3국으로의 개인정보 전송

준칙 제26조는 고전적 분쟁해결 방법 중의 하나인 개인의 동의, 개인 또는 개인정보 처리자의 계약에 따라 제3국으로의 개인정보 전송을 할 수 있다고 규정하고 있다.

동의는 '모든 의심 없이' 이루어져야 한다고만 규정되어 있다. 준칙에서는 더 이상의 언급이 없다. 이는 사실상 회원국의 상황에 따라 입법이 가능함을 의미한다. 그러나 이는 개인의 가능한 한 자율결정상황에서 자기 개인정보의 처리에 관한 동의가 이루어져야 함을 말하며, 이의 전제조건으로서 해당 개인의 적절한 동의가 이루어 질 수 있도록 목적·방법·기간·이용자 명시 등의 사전정보가 동의 전에 해당 개인에게 주어져야 한다. 동의하는 자와 동의를 받는 자의 관계에 있어 사회법 관계처럼 힘의 불균형이 명백한 경우에 해당 개인이 '모든 의심 없이' 자율결정을 내릴 수 있다고 가정한다는 것은 무리가 있다. 이는 하나의 허구이며, 동일한 힘의 전제를 조건으로 양자간의 관계를 논하면 동의제도의 내용을 유명무실하게 할 위험성이 있다.

　재산적 기능으로 인한 도구적 가치보다는 목적적 가치추구에서 동의제도를 이해해야 된다는 점에서 여기서의 '동의'는 원칙적으로 사전동의를 의미한다. 그리고 사상, 신념, 과거의 병력 등 민감한 개인정보들은 법률의 규정이나 서면에 의한 동의로 한정할 필요가 있다. 이 외에 공공이익과 관련성이 크거나 법정에서 권리주장이 필요할 경우, 해당 개인의 생명과 관련된 경우, 법률에 규정되어 있거나 정당한 알 권리를 위해서 필요하다면 회원국의 공적열람부로부터 제3국으로의 개인정보 전송은 허용된다.

　준칙은 당사자의 동의 외에 계약에 따라 제3국으로의 개인정보 전송을 인정한다. 그러나 근로자 개인정보라든가 고객의 개인정보의 전송은 고용계약이나 상품구입시의 계약관계 외의 또 다른 개인정보의 사용이기 때문에 원래의 계약목적에서 다른 계약목적에 따라 이용될 수는 없다. 때문에 개인정보 전송시의 보호로서 계약의 목적에 따른 개인정보 처리에 있어 '목적구속의 원칙'이 중요하게 대두된다. 이 원칙은 개인정보 수집기관 내부의 이용을 제한함과 동시에 수집기관 이외의 제3자 제공을 통제하기 위한 것이다.

　동의나 계약당사자의 계약에 의해서도 제3국으로의 개인정보 전송이 불가능할 경우 준칙은 제26조 제2항부터 제4항에서 마지막 길을 열어 놓고 있다. 부적절한 개인정보 보호수준을 가지고 있는 제3국으로의 개인정보 전송은 개인정보 처리자가 해당 개인의 사생활의 보호, 그 외의 일반적 인격권의 보호 및 신체의 자유보장과 이와 관련된 권리보장을 EU 회원국이 인정한 계약조항으로 '충분한 보장'이 이루어질 경우에는 제3국으로의 개인정보 전송은 가능할 수도 있다. 이러한 규정으로 인해 '동의' 제도가 회원국 간의 동의를 할 수 있는 사실상의 전제조건들을 어느 정도 일치시킬 필요성이 나타났다. 이는 회원국 공동의 계약에 있어서 공동적용 가능성이 있는 표준약관을 개발하는 데 있어 동기부여가 되었다. 그러나 이 또한 '적절한 보호수준'처럼 불명확한 개념이다.

개인정보 보호의 주방향은 정보주체를 단순히 개인정보의 수집 및 처리의 객체로 있게 해서는 안 된다는 것이다. 그 과정에 어떤 형식이라도 정보주체나 그 대리인의 관여는 필수적이다. 따라서 개인정보 처리기관은 개인정보의 수집 및 처리의 경우 정보주체에게 충분한 알 권리를 보장해야 하며, 정보주체는 자기의 개인정보에 대해 참여권을 가진다. 또한 개인정보의 안전성문제는 각 회원국마다 수준을 달리하지만 관련기술의 수준에 있어 보호수준의 최고 및 최신성을 유지해야 한다. 마지막으로 정보주체는 개인정보 처리기관에게 유효적절하게 주장을 할 수 있어야 한다.

제4절

정보공개제도

I. 중요성 및 사례

'정보공개제도'란 '공적 기록은 공공재산'(public records are public property)이라는 인식하에 중앙정부 및 지방자치단체를 포함한 공공기관이 보유한 문서 및 정보를 국민에게 공개하는 것을 법적으로 의무화한 제도이다. 즉, 공공기관이 직무상 작성 또는 취득하여 관리하고 있는 정보에 대해 청구권자의 청구에 의한 열람 및 교부를 통하여 청구인에게 공개하거나(청구공개), 공공기관이 자발적으로 또는 법령에 의해 보유하고 있는 정보를 배포 또는 공표 등의 형태로 제공하는 제도(정보공표)를 말한다. 공문서의 열람 및 복사청구 등은 청구공개의 예이고, 인터넷을 통한 정보제공, 간행물의 배포 및 시정자료관 운영 등은 정보공표의 대표적 예이다.[113] '공공기

---
113) 정보공개법의 정보공개를 일반적·객관적 정보공개제도라고 하고, 이를 공개정보가 특

관의 정보공개에 관한 법률'(이하 정보공개법) 제5조 및 제7조에서 두 제도를 동시에 인정하고 있다.

정보공개제도는 1998년 이후 시행되고 있다. 그러나 미비된 비공개사항의 추상성·포괄성의 제한, 해당 공공기관의 비공개사유 심사기준의 추상성·포괄성의 제한, 행정정보화에 따른 접근의 수월성 보장 등에 있어 관련 법 제정 이후 현재까지 지속적으로 비판적인 개선방안이 제기되고 있다.[114] 정보공개법 제정 이전에는 정부공문서규정(현 사무관리규정) 및 조례의 민원신청제도를 통해 실질적으로는 공공기관의 정보공개제도가 어느 정도 시행되고 있었다.[115]

정보공개제도의 운영원칙으로는 최대공개, 공표의무, 열린 정부의 촉진, 예외범주의 한정, 접근의 수월성 보장, 적정한 비용, 회의공개, 공개사례의 선례형성 존중, 내부고발자 보호 등이 언급되고 있다.[116] 마찬가지로 그 운영에 있어 예상되는 부작용으로는 프라이버시 및 개인정보와의 강한 충돌, 경쟁기업에 의한 영업비밀의 침해 가능성 증대, 비용 및 업무처리 인원의 증대,[117] 범죄 실행 및 수사방

정되어 있지 않은 개별적 정보공개제도나 공개청구의 주체가 당사자나 이해관계인 등에 한정되지 않는 주관적 정보공개제도와 구분하기도 한다. 김배원, 「미국·일본·한국의 정보공개법 비교고찰」, 『공법연구』 제28집 제2호, 1999, 1쪽.

114) 정보공개법의 제정경과에 대해서는 김기표, 「정보공개와 행정심판—정보공개법의 심사경과」, 『법제』 제511호, 2000. 7, 34쪽 이하; 총무처, 『정보공개법령의 제정과정과 내용』, 1997; 김중양, 「정보공개법 시안의 기본방향과 주요 내용」, 『정보공개법 제정을 위한 공개토론회 자료집』, 총무처, 1994. 12. 21, 1·11쪽; 『법률신문』, 1989. 6. 5, 10면 참조.
115) 관련 규정의 법규성 인정여부 논란에 대해서는 이병철, 『행정법강의』, 2005, 532쪽 참조.
116) 강경근, 『정보공개제도의 입법 및 사법적 실현』, 한국법제연구원, 2002, 14-21쪽 참조.
117) 업무추진비 관련 자료의 공개에 대해 판례는 "청구량이 과다하여 정상적인 업무수행에 현저한 지장을 초래할 우려에 해당하지 않는다" 하여 공개결정을 일관되게 하고 있다 (대판 2003. 5. 30 2002두10926; 2003. 4. 22 2002두8664; 1999. 3. 31 2001두6425).

해 목적의 정보청구, 정보접근 능력에 따른 형평성 문제 등이 언급되고 있다.[118]

그럼에도 불구하고 정보공개제도는 국민의 알 권리 충족을 위해 해당 공공기관의 정보공개를 활용한 국정통제를 통하여 실질적인 국민의 지배 실현에 우선권이 있음을 부인할 수는 없다. 확실하게 실보다는 득이 많은 제도이다. 미국 및 일본과 달리 우리나라는 정보공개법 제1조에서 명문으로 정보공개의 헌법상 근거로 알 권리[119]를 규정하고 있는 특이성도 이러한 우선권 인정과 무관하다고 볼 수는 없다.[120]

국민의 적극적인 국정참여를 보장하기 위해서도 정보공개는 필요하다. 그 적극성을 이끌어 내기 위해서는 시의성이 보장된 적절한

---

118) 정하중, 『행정법총론』, 법문사, 2004, 397쪽 참조.
119) 알 권리는 일반적으로 접근할 수 있는 정보원으로부터 방해받지 않는 권리 및 공공기관의 정보를 공개할 것을 국가에 대해 청구할 수 있는 권리를 주요 내용으로 하고 있다. 헌재 1989.9.4 88헌마22(정부공문서 규정에 따라 직접적인 이해관계가 있는 청구인에 대하여 의무적으로 공개하여야 한다); 알 권리와 정보공개제도의 밀접한 관계에 대해서는 김배원, 「주민의 알 권리와 정보공개제도」, 『자치연구』 제2권 1호, 1992. 4. 참조; 헌재 1991.5.13 90헌마133(검사가 청구인에게 형사확정 소송기록을 열람·복사할 수 있는 권리를 인정한 명문규정이 없다는 것만을 이유로 무조건 청구인의 복사신청을 거부한 것은 청구인의 알 권리를 침해한 것이다); 1994.8.31 93헌마174(국가 또는 지방자치단체의 기관이 보유하고 있는 문서 등에 관하여 이해관계에 있는 국민이 공개를 요구함에도 정당한 이유 없이 이에 응하지 아니하거나 거부하는 것은 당해 국민의 알 권리를 침해하는 것이다); 대판 1989.10.24 88누9312(일반적으로 국민은 국가기관에 대하여 기밀에 관한 사항 등 특별한 경우를 제외하고는 보관하고 있는 문서의 열람 및 복사를 청구할 수 있으며, 정부공문서규정 제36조 제2항(현 사무관리규정 제87조 제4항)의 규정도 행정기관으로 하여금 일반 국민의 문서열람 및 복사신청에 대하여 기밀 등의 특별한 사유가 없는 한 이에 응하도록 하고 있으므로 그 신청을 거부한 것은 위법하다).
120) 외국의 정보공개법제에 관한 일반적 흐름에 대해서는 총무처, 『외국의 정보공개제도』, 1996; 한국행정연구원, 『행정정보공개제도에 관한 연구』, 1992.

정보공개이어야 한다. 올바른 국정참여의 적극적인 기회를 가질 수 있기 때문이다. 이는 정보공개가 홍보성이 강한 정보만이 제공되어 국민에 의한 통제가 아닌 공공기관에 의한 국민의 '관리' 방향으로 기능하는 것을 막아야 한다는 것을 의미하기도 한다. 이를 통해 정책결정 최적화의 전제조건인 국정의 신뢰성도 국민으로부터 얻어낼 수 있다. "정보가 없으면 참여도 없고, 참여가 없으면 민주주의도 없다"와 "정보는 민주주의의 산소다" 및 "정보공개 없으면 공정선거 없다"라는 말은 이를 대신한다.

정보공개는 공공기관의 부정부패 및 비리방지 효과를 얻어 국정운영의 투명성을 확보하게 할 수 있으며, 또한 우리 주위에서 일어나고 있는 일들에 대한 정보공개 청구를 통해 시정과 해명 및 여러 가지 방지책을 요구할 수 있기에 국민의 권익을 보호하는 안전장치 역할도 하고 있는 것이다.[121] 이는 국민에 의한 사전 및 사후 감시의 시작이라고도 할 수 있다.

중요한 사례를 보면,

① 2006년 6월 12일 서울행정법원은 "군·경 및 소방관의 국가유공자 등록 여부 등을 결정하는 보훈심사위원회의 회의록 및 의결서에 대해 발언자 인적사항을 제외한 내용을 공개하라"는 판결을 내렸다. 또한 "보훈심사의 원활한 진행을 방해할 염려는 없으며, 국민의 알 권리 보장과 보훈행정의 투명성 확보차원에서 공개의 필요성이 있다"고 하였다. 이 판결은 지금까지 회의록 관련 정보공개 청구

---

121) 정보공개 청구대상의 압도적인 건수가 노동부, 병무청, 경찰청, 건설교통부와 국세청에 제기되고 있는 것으로 보아 개개인의 권리보호에 우선적으로 집중되고 있음을 알 수 있다. 행정자치부, 『2005년도 정보공개 연차보고서』(이하 보고서), 483쪽.

에 대해 정보공개법 제9조 제1항 제5호의 "공개될 경우 업무의 공정한 수행에 현저한 지장을 초래한다고 인정할 만한 상당한 정보"로 보아 비공개 정보로 간주되었던 소극적 해석을 적극적으로 해석한 판결이다.

② 2005년 참여연대는 보건복지부를 상대로 감기환자에게 항생제를 과다하게 처방한 병·의원에 대한 정보공개 청구를 했다. 건강보험심사평가원은 이후 2006년 항생제를 과다처방한 병·의원을 공개했다. 공개 후 보건복지부와 건강보험심사평가원의 처방률 변화추이에 대한 강화된 감독 결과 항생제 처방률이 감소되었다. 적극적인 정보공개 청구가 국가의 재정과 국민의 건강에까지 혜택을 준 판결이었다. 현재 건강보험심사평가원 홈페이지(hira.or.kr)를 통해 2005년과 2006년 의료기관별 항생제 처방률에 대한 평가 결과를 쉽게 찾아볼 수 있다. 의료기관의 위치까지 확인할 수 있어 항생제 처방비율에 따라 병원 및 의원을 선택할 수도 있다.

③ 1998년의 고건 서울시장에 대한 판공비(업무추진비)의 사용내역과 증빙자료 제출에 대한 정보공개 청구는 광범위한 사본요구, 업무추진비의 사용장소 및 사용업소 공개가 쟁점이었다. 2002년 대법원은 열람청구에 대해 사본제출 공개결정과 업무추진비의 사용장소 및 사용업소의 비공개결정을 내렸다. 이는 정보공개법 제13조 제2항의 열람 및 사본요구의 결정권은 정보공개 청구권자에게 있음을 선언한 판결이다. 그러나 임기만료 후의 공개결정이어서 공개의 시의성을 놓친 단점이 있었다.

④ 2007년 5월 한 신문사 기자가 청구한 각 정부부처의 '직급별 징계현황' 정보공개에 대해 경찰청의 대외비 결정, 교육부의 비공개

결정, 문화관광부·환경부·정보통신부의 공개결정 등 동일한 사항에 대한 공개여부와 기간, 형식 및 내용 등 결정형태의 상이함은 정보결정 찬부에 대하여 각 기관별 서로 다른 기준설정으로 인한 행정의 신뢰성을 확보하지 못한 사례이다.

II. 정보공개 청구절차와 대상

1. 정보공개 청구절차

(1) 정보공개 청구 및 접수

청구인은 청구하고자 하는 정보를 보유·관리하고 있는 공공기관에 '정보공개 청구서'[122]를 제출해야 한다. 다른 공공기관에 잘못 청구된 공개청구는 이를 접수한 공공기관이 이 청구서를 올바른 공공기관에 이첩시켜야 한다. 정보공개 청구서는 공공기관에 직접 방문하여 제출하거나 우편·모사통신(fax) 또는 인터넷으로 제출할 수 있다.[123] 단, 행정처분의 사실관계를 명확히 하기 위해 전화를 이용한 청구는 인정하지 않고 있다. 이는 정보공개법 제10조 제2항의 담

---

122) 정보공개 청구서에 기재해야 하는 사항은, ㉠ 청구인의 이름, 주민등록번호 및 주소(법인인 경우 당해 법인명 및 대표자의 이름, 외국인의 경우 여권·외국인 등록번호), ㉡ 청구하는 정보의 내용, ㉢ 공개형태, ㉣ 수령방법 등이다.
123) 2005년의 청구방법을 보면 직접출석 및 정보통신망 이용을 통한 청구가 각각 약 50%와 25% 차지하고 있다. 특히 통신망을 이용한 청구비율이 급속도로 증가하고 있다. 경기도와 서울특별시가 대표적인 예이다(보고서 482쪽 이하 참조).

당자의 면전에서 구술해야 한다는 규정 때문에 그러하지만, 알 권리의 실질적인 충족입장에서 문제가 될 수 있다. 제2항의 관련 규정을 삭제하여 전화를 이용한 정보공개 청구도 인정하는 것이 바람직하다고 본다. 또한 대리인을 통한 청구 및 공개가 가능하다. 대리인을 통해서 청구하는 경우에는 본인에 의한 공개와 동일한 방법으로 본인 및 대리인의 확인절차가 필요하다.

(2) 공개여부 결정

해당 공공기관은 청구를 받은 날부터 10일 이내에 공개여부를 결정해야 한다. 공공기관은 동법 시행령에서 정한 부득이한 사유로 10일 내에 공개여부를 결정할 수 없을 때는 그 기간의 만료일 다음 날부터 기산하여 10일의 범위 내에서 공개여부 결정기간을 연장할 수 있다. 정보공개를 청구한 날부터 20일 이내에 공공기관이 공개여부를 결정하지 않은 때에는 비공개의 결정(공개거부 결정)으로 간주한다. 정보공개법에서는 일괄적으로 10일을 규정하고 있지만 정보공개 청구자 입장에서는 그리 짧은 기간이 아니다. 반면에 주 담당자 입장에서는 정보공개의 전문가이기 때문에 공개청구를 접수받자마자 사안별로 실질적인 소요기간의 예측은 가능하다고 본다.[124] 이러한 상황과 통계를 통한 입증은 법에서 정한 10일 기간 전의 '자발적인 사전예고제' 도입의 필요성과 실현가능성을 말해준다.

공개대상 정보의 전부 또는 일부가 제3자와 관련이 있다고 인정되는 경우 공개청구된 사실을 제3자에게 지체 없이 통지해야 한다.

---

[124] 보고서(493쪽)에 의하면 당일(즉시)과 3일 및 5일 이내에 공개여부 가능 건수가 각각 약 25%, 20%, 15%라는 점은 '사전예고제' 도입의 적절성을 말해 주고 있다고 볼 수 있다.

필요시 제3자의 의견을 청취할 수 있다. 공개청구된 사실을 통지받은 제3자는 의견이 있을 경우 통지받은 날부터 3일 이내에 당해 공공기관에 공개하지 않을 것을 요청할 수 있다. 정보공개심의회[125]는 이의 요청에 구속되지 않는다(제21조 제2항).[126] 그러나 현실적으로 해당 공공기관은 제3자의 이견을 이유로 비공개결정을 할 수가 있다.[127] 청구권자와 제3자의 조화를 위해서는 공개청구 전부의 정보를 제3자에게 통지할 필요는 없으며 공개하고자 하는 정보에 한하여 제3자의 의견진술 기회만 주어진다고 보는 것이 타당하다고 본다.[128] 또한 실무적으로 청구권자에게 공개통지를 하기 전에 제3자

---

[125] 정보공개법 제12조에 따라 국가기관, 지방자치단체 및 정부투자기관은 정보공개 여부 등을 심의하기 위해 정보공개심의회를 설치·운영한다. 심의회는 다음의 사항을 심의한다(동법 시행령 제11조 제2항). 가. 공공기관의 장이 공개청구된 정보의 공개 여부를 결정하기 곤란한 사항, 나. 법 제16조 및 법 제19조 제2항의 규정에 의한 이의신청, 다. 기타 정보공개제도의 운영에 관한 사항. 청주시 행정정보공개조례에 대한 대법원의 판례에 따르면 "청주시 행정정보공개조례안은 정보공개심의위원회가 정보공개 결정을 하였을 경우 집행기관이 그 결정에 구속되는지 여부에 대한 규정이 없기 때문에······반드시 그 결정에 따라 정보공개를 하여야 한다고 볼 수가 없으며······이의신청 및 위원회의 결정제도는 행정소송 제기의 전치요건이 행정심판 청구 및 재결이 아니고······행정심판과는 별개로 부가적인 권리구제 수단으로 인정된 것에 불과하다"고 보고 있다. 이 입장은 집행기관이 자발적으로 존중하지 않는 한 구제수단으로 효용이 없다는 의미이다. 따라서 입법정책상으로 제12조의 정보공개심의회를 심의 및 의결기구로 격상시키는 것이 바람직하다고 본다. 현재의 심의회의 심의 및 의결은 구속력을 갖는다고 보아야 한다는 입장도 있다. 이에 대해서는 최송화, 「공공기관의 정보공개에 관한 법률의 내용과 특징」, 『고시계』, 1997. 2, 37쪽 참조.
[126] 정보공개의 결정 및 통지에 대해 행정행위의 처분성을 인정하여 제3자는 정보공개통보 행위에 대한 취소소송과 집행정지 신청을 제기할 수 있다. 그러나 예방적 금지소송은 현행법에서 이 영역에서는 인정하지 않고 있다.
[127] 최은순, 「현행 정보공개제도의 문제점 및 참여연대 개정안에 대하여」, 참여연대 정보공개법 개정공청회, 2000. 10. 31 참조.
[128] 동일한 의견으로서는 박균성, 「현행 정보공개법의 문제점과 개선방안」, 『단국대 법학논총』, 제24집, 2000, 53쪽.

에게 공개청구된 사실을 알려주도록 해야 한다(제21조 제1항).

(3) 정보공개 여부 결정의 통지

해당 공공기관이 공개청구된 정보의 공개여부를 결정한 때에는 이를 청구인에게 지체 없이 통지해야 한다. 즉, 공개청구를 인용한 경우에는 공개일시 및 공개장소, 공개방법, 수수료의 금액 및 납부방법 등을 명시하여 통지해야 하며, 정보의 비공개결정을 한 때에도 해당 공공기관은 그 내용을 청구인에게 지체 없이 서면으로 통지해야 한다. 이 경우에도 비공개사유·불복방법 및 불복절차 등을 명시해야 한다.

(4) 정보공개 방법 및 비용부담

해당 공공기관이 행정정보의 공개를 결정한 경우에는 청구인에게 통지한 일시 및 장소에서 공개한다. 다만 청구인 본인 또는 그 대리인을 직접 확인할 필요가 없는 경우에는 청구인의 요청에 의해 우편으로 송부할 수 있다.

공개방법에는 문서·대장·도면·카드류는 열람 또는 사본의 교부, 녹음테이프·녹화테이프·슬라이드는 시청 또는 복제물의 교부, 영화필름은 시청, 마이크로필름은 열람 또는 사본 복제물의 교부, 사진은 열람 또는 사본의 교부, 사진필름은 열람 또는 인화물 복제물의 교부, 컴퓨터 처리정보는 매체의 열람 시청 또는 사본(출력물) 복제물의 교부 등의 방법이 있다.[129]

---

[129] 공개형태별 현황을 보면 사본·출력물과 전자파일이 각각 약 70%와 20%를 차지하고 있다(보고서 485쪽).

대법원은 정보공개 청구권자의 정보공개 청구 방법에 있어 법에 해당하는 제한 사유가 없는 한 청구권자가 선택한 공개방법에 따라 정보를 공개해야 하므로 해당 공공기관은 공개방법을 선택할 재량권이 없다는 입장을 견지하고 있다.[130]

해당 공공기관은 전자적 형태로 보유·관리하는 정보에 대해 청구인이 전자적 형태로 공개할 것을 요청하는 경우에는 당해 정보의 성질상 현저히 곤란한 경우를 제외하고는 청구인의 요청에 응해야 한다. 또한 전자적 형태로 보유·관리하지 않는 정보에 대해 청구인이 전자적 형태로 공개할 것을 요청한 경우에는 정상적인 업무수행에 현저한 지장을 초래하거나 당해 정보의 성질이 훼손될 우려가 없는 한 그 정보를 전자적 형태로 변환하여 공개할 수 있다.

정보의 공개 및 우송 등에 소요되는 비용은 '실비'의 범위 안에서 수익자부담원칙에 따라 청구인이 부담한다(제17조). 다만 공개를 청구하는 정보의 사용목적이 공공복리의 유지·증진을 위해 필요하다고 인정되는 경우에는 제1항의 규정에 의한 비용을 감면할 수 있다. 수수료에 대한 구체적인 세부기준 설정은 해당 공공기관의 재량사항이다. 실비에는 원칙적으로 복사비만 포함시키고 인건비는 제외된다고 보아야 한다. 해당 공공기관의 업무이기 때문이다. 따라서 열람의 경우 장당 수수료 청구는 허용되기가 힘들다.[131] 다만 상업적 이용의 경우 논란의 여지가 있지만 인건비 포함이 가능하다고 본다.[132] 유료로 제공되는 해당 공공기관의 정보는 정보의 유료청구액

---

130) 대판 2003.3.11 2002두2918; 2003두8050.
131) 동일한 의견으로 최은순, 「현행 정보공개제도의 문제점 및 참여연대 개정안에 대하여」, 6쪽 참조.
132) 동일한 의견으로는 박균성, 앞의 논문, 41쪽 참조.

이 수수료 상한액이 될 수 있다고 본다.

2. 정보공개법의 적용범위

정보공개법의 적용범위는 정보공개법과 다른 법률과의 상관관계를 말한다.

(1) 제4조 제1항

정보공개법 제4조 제1항은 "정보의 공개에 관하여는 다른 법률에 특별한 규정이 있는 경우를 제외하고는 이 법이 정하는 바에 의한다"라고 규정하고 있다. 이는 이 법이 정보공개에 관한 일반법적인 성격을 가지고 있음을 말한다. 정보공개법에 따라 정보공개 결정을 하면서 공개되는 정보가 개인의 정보를 포함하고 있을 경우 '공공기관의 개인정보 보호에 관한 법률', '신용정보의 이용 및 보호에 관한 법률', '정보통신망 이용촉진 및 정보보호에 관한 법률' 등과 충돌할 수 있다고 생각할 수 있으나, 언급된 충돌가능하다고 생각되는 법들은 규율목적과 규율대상 있어 각각 규범영역이 서로 다르다. 따라서 정보공개 청구를 받은 해당 공공기관은 정보공개법에서 공개 및 비공개를 결정할 수 있도록 비교형량 기준으로 제시된 제9조 제1항 제6호 및 제7호에 따라 독자적으로 공개여부를 결정할 수 있다.

판례에 따르면 관련 규정의 "법률에 따른 명령"은 법률의 위임규정에 의해 제정된 대통령령, 총리령, 부령 전부를 의미한다기보다는 정보의 공개에 관하여 법률의 구체적인 위임 아래 제정된 법규명령(위임명령)을 의미한다.[133] 따라서 법무부령인 검찰보존사무규칙의 재판확정기록 등의 열람 및 등사에 대해 제한하고 있는 부분은 위임근거 없는 내부의 사무처리준칙이므로 비공개결정의 근거가 될 수 없다고 보고 있다.[134]

(2) 제4조 제2항

정보공개법 제4조 제2항은 "지방자치단체는 그 소관 사무에 관하여 법령의 범위 안에서 정보공개에 관한 조례를 정할 수 있다"라고 규정하고 있다. 따라서 지방자치단체는 정보공개법에 반하지 않는 한도 내에서 독자적으로 정보공개조례를 제정할 수 있다. 여기에 있어 중요한 것은 헌법재판소 및 대법원의 판례[135]에 따르면 이 규정은 확인적 규정에 불과하다는 것이다. 따라서 광역 및 기초 지방자치단체와 교육위원회의 정보공개조례는 권리를 제한하거나 의무를 부과하는 규범이 아니므로 법령의 위임이 없어도 제정될 수 있다.[136]

(3) 제4조 제3항

정보공개법 제4조 제3항은 "국가안전보장에 관련되는 정보 및 보안업무를 관장하는 기관에서 국가안전보장과 관련된 정보분석을 목적으로 수집되거나 작성된 정보에 대하여는 정보공개법을 적용하지 아니한다"라고 규정하고 있다. 다만 "정보목록의 작성·비치 및 공개에 대해서는 적용된다"라고 규정하고 있다.

---

133) 대판 2003.12.11 2003두8395.
134) 대판 2003.12.26 2002두1342.
135) 헌재 1991.5.13 90헌마133; 헌재 1989.9.4 88헌마22; 대판 1992.6.23 92추17; 1989.10.24 88누8312.
136) 동일한 의견으로는 박균성, 『행정법강의』, 박영사, 2006, 469쪽.

정보공개법은 비적용되는 기관을 "국가안전보장에 관련되는 정보 및 보안업무를 관장하는 기관"으로 한정하여 규정하고 있다. 이와 관련하여 해당되는 기관을 형식적으로 또는 실질적으로 판단할 것인가의 문제가 제기된다. 예를 들어 국가정보원은 이에 포함된다고 볼 수가 있겠지만 검찰청 및 경찰청, 청와대나 행정자치부, 외교통상부 등의 국가안전보장에 해당되는 기관의 하위 해당 업무부서에도 이 규정이 적용될 것인가의 문제점이 그것이다. 이견이 있을 수가 있지만 정보공개법의 비적용기관을 실질적으로 판단해야 한다고 본다. 해당 조항에서 비적용기관을 명시하지 않았고 국가안전보장 업무를 형식적 및 실질적으로 통괄하여 유일하게 특정기관에서 행하는 사례는 현실적으로 없을 것으로 보기 때문이다.

문제는 정보공개법 제4조 제3항에서 특정기관의 정보가 명백하게 국가안전보장에 위해(손해)를 가하게 되는지의 여부를 묻지 않고 관련 정보의 일체를 포괄적으로 배제한다는 것에 있다. 이는 밀실행정의 가능성에 대한 법적 보장과 해당 공공기관이 자의적으로 판단해 홍보성 정보만 공표할 가능성을 불러 일으킨다. 문맥상 "국가안전보장에 명백하게 손해를 끼칠 정보"로 한정하여 정보공개법의 적용대상여부를 판정하는 것이 올바른 해석이라고 본다. 또한 위에 언급한 헌법재판소 및 대법원의 판례에 따르면 정보공개법은 헌법상의 기본권인 알 권리를 구체화한 확인적 규범이기 때문에 정보공개법이 없어도 알 권리를 근거로 해당 공공기관에 정보공개 청구를 할 수 있다. 따라서 "국가안전보장에 관련되는 정보 및 보안업무를 관장하는 기관에서 국가안전보장과 관련된 정보분석을 목적으로 수집되거나 작성된 정보"는 명백하게 위해성이 있는 정보에 한해서 정보공개법의 적용이 배제될 뿐이며 그 자체로서 자동적으로 비밀정보가 되는 것은 아니므로 알 권리에 직접 근거해 정보공개 청구가 가능하다고 볼 수 있다. 제3항의 단서조항으로 "정보목록의 작성·비치 및 공개에 대해서는 적용된다"라고 규정하고 있는 의미도 이러한 해석의 타당성을 뒷받침해주고 있다고 본다.

제3항에서 국가안전보장에 관련된 정보이기 때문에 정보공개법의 적용이 배제된다 하더라도 예를 들어 정권의 정책성 홍보 등을 위해 스스로 공개할 수도 있다. 이는 진실하고 왜곡 없이 공개하는 조건이라면 정보공개법이 추구하고 있는 국민의 알 권리에 부합할 수가 있다. 현실에서 충분히 가능한 일이라고 본다. 예를 들어 과거의 '평화의 댐' 관련 정보는 국가안전보장과 관련된 사안이었지만 도리어 정보공개를 통해 진실에 근거한 국민의 합의점을 모을 수도 있었다. 그렇다면 국가안전보장 정보라고 판단되는 그 기준점이 합리성을 가지고 법령을 통해 명문으로 구체성을 띠며 규정되어야 하며 그것은 공개되어야 한다. 이것에 대한 위헌여부 판단을 헌법재판소 및 법원이 할 수 있다. 사법부는 국민이 알 권리 차원에서 청구한 정보공개법의 비적용 영역에서 무조건적인 각하 및 기각 결정이 아닌 추상적인 문구로 표현될 수 있는 그러한 문구들의 구체성을 판례축적을 통해 알 권리라는 기본권 보호에 충실하여야 한다.

3. 정보공개 청구권자와 대상

정보공개법 제5조 제1항은 "모든 국민은 정보를 청구할 권리를 갖는다", 제2항은 "외국인의 청구에 대해서는 대통령령으로 정한다"

라고 규정하고 있다. 제9조는 정보공개의 대상이 되는 정보를 "공공기관이 보유·관리하는 정보"라고 규정하고 있다. 반면에 제6조 제1항은 "공공기관은 정보의 공개를 청구하는 국민의 권리가 존중될 수 있도록 이 법을 운영하고 소관 관련 법령을 정비하여야 한다", 제2항은 "공공기관은 정보의 적절한 보전과 신속한 검색이 이루어지도록 정보관리체계를 정비하고 정보공개 업무를 주관하는 부서 및 담당하는 인력을 적정하게 두어야 하며 정보통신망을 활용한 정보공개시스템을 구축하도록 노력하여야 한다"라고 공공기관의 적극적인 의무사항을 규정하고 있다.

이 관련 조항의 해석에 있어 정보공개 청구권자인 "모든 국민"은 정보공개 청구이익을 가져야만 청구를 할 수 있는가 및 해당 지방자치단체를 포함한 공공단체의 공무원 및 직원도 청구적격이 가능한가의 문제가 발생할 수 있다. 또한 지방자치단체를 포함한 공공기관의 정보공개조례의 제·개정을 통하여 해당 지역 주민들로 청구권자의 범위를 한정할 수 있는가의 문제와 외국인의 청구적격을 내국인과 달리 해도 차별문제가 발생하지 않는가 하는 문제도 발생할 수 있다. 정보를 가지고 있지 않을 때의 결정형태 등의 문제도 있다.

(1) 정보공개 청구권자

제5조 제1항은 "모든 국민은 정보를 청구할 권리를 갖는다", 제2항은 "외국인의 청구에 대해서는 대통령령으로 정한다"라고 규정하고 있다.

1) 모든 국민

정보공개 청구권자를 누구로 할 것인가는 정보공개제도의 목적과 밀접한 관련이 있다. 정보공개제도가 알 권리의 실질적 충족을 위한 제도라면 정보공개청구권이 인정되는 "모든 국민"에는 자기 자신을 기준으로 정보공개 이익(관련)유무를 떠나 대한민국 국적을 소유한 자연인뿐만 아니라 법인 및 법인격 없는 단체(대표자의 명의)도 포함되어야 한다.[137] 따라서 과거와 달리 현 정보공개법의 청구인의 청구적격 심사에 있어 '법률상 이익'이나 '이해관계' 유무를 따지지 않는 것은 올바른 입법방향이라고 본다.[138] 미국도 동일하다. 따라서 청구인의 정보공개 청구는 이해관계가 없는 공익을 위한 경우, 예를 들어 시민단체의 공익과 관련된 정보공개 청구도 가능하다.[139] 그러나 지방자치단체를 포함한 해당 공공기관 스스로는 제5조에서 정한 정보공개 청구권자인 "국민"에 해당되지 않는다.[140] 반면에 해당 지방자치단체를 포함한 공공기관에서 근무하는 공무원 및 다른 지방자치단체에서 근무하는 공무원과 직원은 지방자치단체를 포함한 공공기관 소속이지만 국민으로서의 기본권 침해의 경우 주체가 될 수 있기 때문에 정보공개 청구는 가능하다고 보아야 한다.

---

137) 대판 2003.12.12 2003두8050(자연인은 물론 법인, 권리능력 없는 사단 및 재단도 포함되고, 법인 그리고 권리능력 없는 사단 및 재단 등의 경우에는 설립목적을 불문한다고 적극적으로 해석을 하고 있다).
138) 이해관계 유무를 따지지 않기 때문에 정보공개 청구소송이 민중소송이라는 견해도 있지만 정보공개법에서 인정한 청구권이 침해되었다는 것에 근거하여 원고적격이 인정된다고 보는 것이 합리적이라고 본다. 따라서 항고소송으로 보는 것이 옳다고 본다. 동일한 의견으로는 박균성, 앞의 책, 477쪽 참조.
139) 대판 2003.12.12 2003두8050; 2003.3.11 2001두6425.
140) 서울행법 2005.10.2 2005구합10484(서울특별시 송파구가 서울특별시 선거관리위원회를 상대로 제기한 정보비공개처분 취소청구소송).

정보공개법 제5조 제1항의 "모든 국민"이라는 청구적격에 대해 광역 및 기초자치단체와 교육위원회 등은 자치입법인 조례의 제·개정을 통하여 청구범위를 해당 시민 및 주민으로 한정하는 것의 가능여부는 지방입법 재량일 수도 있다는 주장에는 선뜻 동의하기가 힘들다. 정보공개법 제5조 제1항에서 명문으로 알 권리 충족을 위한 "모든 국민"으로 규정하고 있기 때문이다.[141] 즉 제9조에 의해 비공개의 세부기준을 법령에 걸맞게 해당 공공기관별로 어느 정도 구체화시킬 수는 있을지언정 청구적격 그 자체를 근거 없이 임의적으로 한정하는 규범제정은 법률위반일 가능성이 크다. 따라서 정보공개청구를 주민등록법상의 주거지와 상관없이 "모든 국민"이 청구할 수 있으며 정보공개법에 따라 주어진 절차가 진행되어야 한다. 청구양식란에 청구이유를 적을 필요도 없다. 담당 공무원 및 이의신청을 담당하는 정보공개심의회도 공개이익과 비밀유지이익을 비교형량할 수가 없다. 만일 한다면 이는 위법한 행위이다. 오직 정보공개법 제9조 이하의 8개의 사유에 한해서 적용배제 사유의 긍정 및 부정을 심사해야 한다. 우리나라에 영향을 강하게 미친 미국의 정보자유법 (The Federal Freedom of Information Act; FOIA)[142]의 9개의 비

---

141) 그러나 정보공개제도의 목적을 알 권리가 아닌 자치행정의 공정한 집행 또는 주민의 행정참가 등을 목적으로 하는 경우에는 해당 지역 주민 내로 제한할 수도 있을 것이다. 이러한 입장은 알 권리 보장보다 인적 구성요소로서의 주민과 지역적 구성요소인 구역을 중시하고 있다고 볼 수 있다. 일본의 사이타마현(제5조) 및 도야마현(제6조) 정보공개조례가 그러하다.

142) 미국의 정보자유법은 원래 1946년의 연방행정절차법(Federal Administrative Procedure Act of 1946: FAPA) 제3조의 개정법률로서 1966년 제정되어 1967년 미연방법전 제5편 제552조(5 U.S.C. 제552조)로 법전화되고 동년 7월 4일에 시행되었다. 동법은 연방행정절차법에서 규정하고 있었던 "정당하고 직접적인 이해관계를 가진 자"를 청구권자로 한정하였던 것과, "공익상 비밀을 요하는 연방의 모든 작용"을 비공개사항으로 규정하고 있

결정사유[143)]에 대한 판례경향도 동일한 해석을 하고 있다.[144)]

2) 외국인

외국인의 정보공개 청구에 관해서는 대통령령으로 정하도록 하고 있다. 동법 시행령 제3조는 정보공개를 청구할 수 있는 외국인을 "국내에 일정한 주소를 두고 거주하거나 학술연구를 위하여 일시적으로 체류하는 자" 및 "국내에 사무소를 두고 있는 법인 또는 단체"로 한정하고 있다. 내국인과 달리 대우해야 될 합리적인 근거 없이 단순히 국적기준으로 또는 정보노출이라는 보안피해의식으로 이를 정했다면 개선시켜야 될 문제점이다.[145)] 기본권 주체를 국적유무로

없던 것을 폐지시켰다.

143) ① Properly classified in the interests of national defense or foreign policy(국방 또는 외교정책상 법령에 의해 비밀로 분류된 것), ② That are internal guides discussing enforcement strategies, the release of which would risk evasion of the law(공공기관의 진행 중인 내부자료), ③ The disclosure of which is specifically prohibited by other laws(다른 법률에 의해 공개 금지된 사항), ④ Containing confidential or privileged commercial or financial information(기업비밀 및 상업과 금융정보), ⑤ Protected by litigation privileges, including the attorney-client, work product and deliberative process privileges(소송당사자 이외의 자에게 열람이 금지된 사항), ⑥ The release of which would constitute a clearly unwarranted invasion of personal privacy(개인 프라이버시를 명백하고 부당하게 침해하는 사항), ⑦ Compiled for law-enforcement purpose, the release of which would, or in some instances could reasonably be expected to, create the risk of certain harms(법집행의 목적을 위한 조서), ⑧ Contained in or related to oversight of financial institutions by an agency charged with regulation or supervision of such institutions(금융기관의 규제 및 감독기관의 권한행사를 위한 관계서류 등등), ⑨ Containing geophysical and geological information regarding oil wells(지질학 및 지구물리학상의 정보 및 통계자료).

144) Soucie v. David, 448 F. 2d 1067, 1077(D.C. Cir. 1971) 참조.

145) 더 자세한 것은 경건, 「정보공개 청구제도에 관한 연구—일반 행정법 이론체계와의 관련에서」, 서울대학교 박사학위논문, 1998, 61쪽 참조.

획일적으로 판단하는 시대는 이미 지났기 때문이다. 이러한 문제에 있어 특이사항은 2007년 7월 현재 비준 예정인 한·미 FTA 협정의 경우 ISD제도[146]를 통해 미국투자자는 제한 없이 내국인과 동일하게 정보공개를 청구할 수 있다는 것이다.

3) 정보공개의 대상

정보공개법 제9조에 따라 정보공개의 대상이 되는 정보는 "공공기관이 보유·관리하는 정보"이다.

가. 공개의 주체(공공기관)

"공공기관"이라 함은 국가 및 지방자치단체,[147] 정부투자기관 관

---

[146] ISD(Investor-State Dispute Settlement : 투자자·국가간 분쟁해결 절차)란 FTA 협정을 체결한 투자대상 국가가 협정을 위반하는 경우 외국투자자가 대상 국가를 세계은행 산하의 국제투자분쟁중재센터(ICSID)에 제소할 수 있는 제도를 말한다. 즉, 미국투자자가 우리 정부의 조치로 자신의 투자가 손해를 보게 될 경우 그 투자자는 국제투자분쟁중재센터에 우리나라를 제소하여 보상을 청구할 수 있게 된다. 그 반대도 가능하다. 그 특징을 보면, ISD는 주권국가간의 공식적인 재판절차와는 다른 민간인들(기업 포함)간의 중재제도이다. 판단기준이 재판처럼 실체적인 진실이나 공익적 목적 등을 고려하는 것이 아니라 단순히 투자자의 기대이익을 침해했느냐의 여부이고 침해했다면 공공적 목적은 고려의 대상이 아닌 점이다. 적용분야를 아무리 제한해봐야 실제 사건의 발생은 국가의 공익적 목적이 원인이 될 것이고, 개별사건을 판단할 때에는 이런 국가의 공익적 목적이나 판단이 고려의 대상이 되지 않으므로 적용분야를 제외하는 것을 통해 얻을 수 있는 효과는 아주 제한적이고, 부동산이나 조세분야를 제외한 모든 분야에서는 국가의 공익적 정책을 사용할 수 없게 된다. 중재의 기준이 되는 법률도 양당사자가 합의로 하고, 중재자도 합의로 선출할 수 있는 rule-shopping이 가능하다. 협정문 주요내용 중 ㉠ 외국인투자자에게 국제관습법상 인정되는 공정하고 공평한 대우 및 보호와 안전을 보장, ㉡ 내국민대우, 최혜국대우, 이행의무 부과금지, 고위경영자의 국적요건 부과금지의 의무로부터 면제되는 조치(불합치조치)시행 규정으로 인하여 내국인과 동일하게 정보공개를 청구할 수 있다.

[147] 지방자치단체의 종류는 보통지방자치단체와 특별지방자치단체(예)지방공공조합)로 대

리기본법 제2조의 규정에 의한 정부투자기관 기타 대통령령이 정하는 기관[148]을 말한다(제2조 제3호). 집행기관인 행정기관뿐만 아니라 의결기관(지방의회), 위원회(중앙인사위원회, 국가청렴위원회, 국민고충처리위원회 등)와 각종 자문회의(국가안전보장자문회의, 민주평화통일자문회의 등)를 포함해서 국회·법원·헌법재판소·유치원·사립학교도 여기에 있어서는 공공기관에 포함된다. 다만 국가안정보장에 관련되는 정보 및 보안업무를 관장하는 기관에서 국가안전보장과 관련된 정보분석을 목적으로 수집되거나 작성된 정보에 대해서는 이 법을 적용하지 않는다. 그러나 정보목록의 작성·비치 및 공개에 대해서는 그렇지 않다(제4조 제3항). 이에 대한 문제점은 위에서 이미 살펴보았다.

나. 공개대상(정보)

"정보"라 함은 공공기관이 직무상 작성 또는 취득해 관리하고 있는 문서(전자문서 포함), 도면, 사진, 필름, 테이프, 슬라이드 및 그

별 될 수 있고, 보통지방자치단체는 다시 상급지방자치단체(특별시·광역시·도·제주특별자치도)와 하급지방자치단체(시·군·자치구)로 나뉜다. 지방자치단체의 기관에는 의결기관인 지방의회가 있고, 집행기관으로 지방자치단체의 장, 보조기관(부지사·부시장·부군수·부구청장·행정기구), 소속행정기관(직속기관·사업소·출장소·합의제 행정기관을 설치할 수 있다), 하부행정기관(구청장·읍장·면장·동장·하부행정기구)이 있다.

[148] ㉠ ㉠ 정부투자기관(정부투자기관 관리기본법 제2조): 한국조폐공사, 대한석탄공사, 한국전력공사, 대한무역투자진흥공사, 대한광업진흥공사, 농어촌진흥공사, 농수산물유통공사, 대한주택공사, 한국수자원공사, 한국도로공사, 한국관광공사, 한국토지공사 등, ㉡ 교육법 기타 다른 법률에 의하여 설치된 각급 학교: 유치원, 초등학교, 중학교, 고등학교, 대학, 특수학교, 각종 학교 등, ㉢ 특별법에 의하여 설립된 특수법인: 한국은행, 한국산업은행, 중소기업은행, 금융감독원, 한국교육방송공사 등, ㉣ 국가 또는 지방자치단체로부터 보조금을 받는 사회복지법인과 사회복지사업을 하는 비영리법인 등.

밖에 컴퓨터에 의하여 처리되는 매체 등에 기록된 사항을 말한다(제2조 제1호). 쪽지 및 요약보고서도 포함이 된다. 공개청구의 대상이 되는 문서가 반드시 원본일 필요는 없다.[149] 원칙적으로 청구권자가 원하는 형식과 방법으로 공개해야 한다. 미국도 동일하다.[150] 또한 제13조에서는 청구량의 방대함으로 업무수행이 현저히 곤란한 경우 분할공개도 가능함을 규정하고 있다.[151]

청구내용의 불분명 문제는 상당한 구체성이 아닌 제3자인 일반 국민을 기준으로 청구하고자 하는 것이 무엇인지를 알면 충분하기 때문에[152] 청구내용의 불분명으로 인한 비공개결정의 합법성 입증책임은 해당 공공기관이 져야만 하는 것이 타당하다고 본다. 또한 공개청구의 제목과 해당 내용의 불일치시 우선권은 해당 내용으로 판단하는 것이 국민의 알 권리의 실질적 충족을 위해 바람직하다고 본다.

공개청구의 대상이 되는 정보는 공공기관이 "보유·관리하는 정보"로 한정된다. 즉 해당 공공기관이 보유·관리하지 않는 정보는 공개대상이 아니다.[153] 이러한 경우에는 비공개결정을 한다. 그러나

---

149) 대판 2006.5.26 2006두3046.
150) FOIA의 5 U.S.C. 제552조(a)(3)(B).
151) 이 규정의 전개과정에 대해서는 최은순, 「현행 정보공개제도의 문제점 및 참여연대 개정안에 대하여」, 3쪽.
152) 사회일반인의 관점에서 청구대상 정보의 내용과 범위를 확정할 수 있을 정도로 특정되어 있으면 족하다고 보면서 "신고에 대한 조치내용 통지의 근거서류 일체"도 무방하다고 보고 있다. 이는 일반적으로 입수하기 어려운 공공기관의 정보접근에 대한 수월권을 적극적으로 보장하려고 하는 것에 그 중요성이 있다고 볼 수 있다(대판 2003.3.28 2000두9212).
153) 판례는 정보공개 청구를 거부한 처분이 있은 후 청구정보가 폐기되었다든가 하여 공공기관이 보유 및 관리하고 있지 않은 경우 그 과실의 문제는 차치하고 특별한 상황이 없는 한 정보공개 거부처분의 취소를 구할 법률상의 이익이 없다고 보고 있다(대판 2003.4.25 2000두7087).

행정기관이 정보를 만들어 제공할 의무는 없지만 간단한 전산 및 정보처리를 통해 쉽게 분리시켜 따로 관리할 수 있는 정보라면 만들어 공개하는 것이 타당하다고 본다.[154] 또한 해당 공공기관의 보유여부에 대한 입증에 있어 청구권자가 직접적인 증거를 통한 입증을 할 의무는 없지만 당해 정보의 실체존재 및 해당 공공기관의 관리여부에 대해 간접적으로라도 어느 정도의 개연성을 입증할 의무는 있다고 본다.[155]

정보공개법은 결정형식을 "공공기관의 기록물 관리에 관한 법률" 시행규칙 제18조 제1항에 따라 "공개, 부분공개, 비공개"로 하고 있다. 미국 판례법 및 일본 정보공개법 제8조에서 인정하는 "존부응답거부" 제도(Glomar Denial)[156]를 규정하고 있지 않다. 여기에 있어 '정보비존재' 시는 현실적으로 비공개결정 형식을 취한다. 2005년 약 35%가 자료비존재로 인한 비공개결정이 있었다. '정보비존재' 시 비공개결정 형식보다는 '존재없음' 결정(또는 '보유하고 있지 않음') 신설이 바람직하다고 본다. 정보가 없기 때문에 비공개결정 한다고 한다고 하지만, 비공개는 정보가 있음을 전제로 한 결정형식이라고 보는 것이 올바른 문언해석이라고 보기 때문이다. 따라서 보유·관리의 정보가 없어서 공개결정할 수 없는 것은 정보의 '존재없음' 형식이 올바르다고 본다.

---

154) 국무총리행정심판위원회 의결, 1999. 2. 12. 99-0097 정보공개이행청구.
155) 서울행법 1999. 6. 22 99구4272.
156) 보유여부 그 자체를 비공개규정 보호하고자 하는 규정을 말한다. 정보공개제도의 뿌리가 튼튼하지 못한 곳에서는 남용의 가능성이 크기에 한정적으로 타당한 입법기술이라고 본다. 국가안전정보나 프라이버시의 보호를 위해 미국 판례는 이를 인정하는 반면, 일본에서는 법규해석상 모든 정보형태에 대해 가능하기 때문에 남용의 가능성이 있다. 이에 대해서는 경건, 앞의 논문, 201쪽 이하 참조.

여기서의 공개청구되는 "정보"는 생산이 완료(종료)된 자료만을 의미하지 않는다. 예를 들어 의사결정 과정 또는 내부검토 과정 중에 작성된 자료도 공개대상에 당연히 포함된다. 이는 정보공개법 제9조 제1항 제5호의 반대해석으로 가능하다. 따라서 의사결정 과정 또는 내부검토 과정에 있는 사항으로서 공개될 경우 업무의 공정한 수행이나 연구·개발에 현저한 지장을 초래한다고 인정할 만한 상당한 이유가 있는 정보 외에는 해당 공공기관은 정보청구의 경우 정보공개를 해야 한다. 비공개 결정에 대한 입증책임은 해당 공공기관이 진다.

"⋯⋯진행 중의 자료"(행정결정과정 중의 정보)의 대표적인 것들이 주요 정책 및 사업 등을 추진할 때 생산되는 조사서·보고서·검토서·회의록·녹음기록 등이다. 이러한 자료들은 '공공기록물 관리에 관한 법률'(이하 공공기록물법) 제17조 제2항에 의해 대통령령이 정하는 바에 따라 기록물을 작성해야 한다. 해당 공공기관은 이러한 자료에 대해 통상적으로 비공개로 일관하고 있다. 자유로운 의견교환을 위한 순수한 내부적인 정보는 비공개의 타당성이 있지만 의사결정의 주 기초를 이루는 정보는 공개되어야 한다. 2006년 6월 12일의 서울행정법원의 "사례 1" 판결은 그래서 그 중요성이 피부에 와 닿는다.[157] 회의록 및 의결서의 일괄적인 비공개는 사실상 해당 공공기관의 자유로운 의사결정을 위한 수단으로서의 기능보다는 정책입안과 결정과정의 책임을 피하기 위한 면피수단으로서 지금까지 기능한 측면을 무시할 수 없다. 이는 투명성과 공정성 확보를 통한

---

[157] 국무총리 행정심판위원회와 법원은 사안에 따라 각각 비공개(국무총리행정심판위원회, 1999.7.9 99-3662 정보공개 청구, 1999.9.6 99-4609 정보공개 이행청구) 및 공개(서울행법 1999.1.20 98구18731) 결정을 하고 있다.

책임행정을 구현하기 위한 국민의 알 권리와 정면으로 충돌되는 관행이라고 볼 수 있다. 따라서 투명성 및 공정성 확보가 큰 정보는 공개하는 것이 바람직하다고 본다.[158] 그러한 관행을 지속적으로 유지시킬 수 있는 공공기록물법 제17조 제2항의 단서 내용인 "대통령령이 정하는 기간 동안 공개하지 않을 수 있다"라는 내용을 기존 규정인 "당해 기록물의 원활한 생산 및 보호를 위해……"라는 규정에 '비밀을 요하는' 등의 내용을 첨가하여 구체성을 띠면서 제한적으로 정하는 것이 국민의 알 권리를 실질적으로 충분히 보장하는 것이라고 본다.

4) 공공기관의 의무
가. 정보제공 노력의무

법에 따라 공공기관은 정보공개와 관련해 먼저 정보의 공개를 청구하는 국민의 권리가 존중될 수 있도록 정보공개 법령을 운영하고 소관 관련법령을 정비해야 한다. 또한 공공기관은 정보의 적절한 보존과 신속한 검색이 이루어지도록 정보관리체계를 정비해야 한다. 그리고 공개청구되지 않은 정보로서 국민이 알아야 할 필요가 있다고 인정되는 정보에 대해서는 이를 국민에게 제공하도록 공공기관은 적극적으로 노력하여야 한다. 정보제공의 방법으로 공공기관은 컴퓨터통신 기타 새로운 정보통신기술을 이용한 방법, 정부간행물의 발간·판매 등 다양한 방법으로 국민에게 정보를 제공해야 하며, 일반국민이 공개대상 정보를 쉽게 이용할 수 있도록 주요문서 목

---

[158] 동일한 의견으로는 박균성, 앞의 논문, 46쪽.

록과 정보공개편람 등도 작성 및 비치해야 한다.

나. 사전정보 공표제도

이는 정보공개법 제7조에 규정되어 있다. 공표대상 정보로는 국민생활에 중대한 영향을 미치는 정책에 관한 정보, 국책공사 등 대규모 예산이 투입되는 사업에 관한 정보, 주요 정책의 추진과정에서 생산되는 연구보고서 · 회의록 또는 시청각 자료 등의 정보, 업무추진비 집행 내역, 국민의 행정감시를 위해 필요한 각종 평가결과 · 통계자료 등의 정보, 그 밖에 공공기관의 장이 공개하기로 결정한 정보이다. 여기에서 비공개대상 정보는 제외한다. 공표대상은 불가피한 경우를 제외하고는 정보의 원본을 공표한다. 국민이 실질적으로 관심을 가질 사항을 위주로 선정하고 기관 내부의 참고사항, 경미한 사항은 제외한다. 지나치게 많은 양을 선정하는 것을 지양하고 기관의 핵심 업무와 관련된 양질의 정보 위주로 선정하는 것이 바람직하다.

정보의 생산주기가 일정한 경우 또는 예측가능한 경우 미리 시기를 정할 수도 있다. 생산주기 · 일정치 않고 생산시점의 예측이 불가능한 경우 정보 생산시점으로부터 최대한 빠른 시일 내 공개하도록 정한다. 공표방법으로는 각 해당 공공기관의 인터넷 홈페이지에 전자파일로 공개한다. 위 · 변조 우려가 있는 경우 관인 · 서명을 제외하고 원본대로 공개하는 것이 원칙이다. 전자파일 형태로 공개하기 곤란한 경우 출력물을 자료관, 민원실 등의 정보공개 창구에 비치해야 한다. 공표기준의 사전고시를 정해, 즉 공표대상 정보의 범위, 공개주기 · 시기, 공개방법 등을 사전에 정하여 지침 등에 수록하고 이를 홈페이지 등을 통해 고시해야 하며, 고시된 내용에 따라 사전정보공표를 실시한다. 공표하기로 미리 고시하지 않은 사항이라도 국민에게 미리 공개할 필요가 있는 사항은 적극적으로 공개해야 하는 것이 입법취지에 맞는다고 본다.

다. 통합정보공개시스템

현 정보공개법 제6조 제2항과 비교해서 과거의 정보공개법에는 정보의 검색제공에 관한 규정이 없었다.[159] 공공기관이 보유하는 정보 그 자체를 정보공개 청구에 의해 공개하는 이외에 행정기관에게 정보검색의 수월성을 적극적으로 보장하여 제공하도록 하는 것은 행정기관의 업무에 지나친 부담이 되기 때문이다. 그러나 이러한 수월성 보장은 실보다는 득이 많은 것이다. 현 법제에서는 제8조에 따라 작성된 정보목록이 제6조의 "정보공개시스템"을 통해, 2007년 4월 이후 현재는 "통합정보공개시스템"(www.open.go.kr)을 통하여 공개 및 운영되고 있기 때문에 검색기능의 존재의 여부보다는 실질적인 검색기능의 확보가 중요하다.

정보공개 청구인은 "통합정보공개시스템" 사이트를 통하여 원스톱 서비스정신으로 청구기관 여러 개를 동시에 지정할 수 있다. 이 사이트를 통해 '이의신청'까지도 가능하다. 그러나 공공기관 한 곳에 정보공개를 청구했지만 내용상 정보를 공개해야 하는 실국이 복수일 때 정보공개 접수자가 여러 실국에 청구내용을 자동적으로 이송할 수가 없다. 오직 청구인만이 이를 할 수 있다. 이것은 정보공개법 제4조 제4항에 따른 공공기관의 의무의 실행을 소극적으로 방해

---

[159] 이에 대한 비판적인 의견으로는 박균성, 앞의 논문, 12쪽 참조.

하고 있다고 볼 수 있다. 현실에서는 정보공개 청구인이 해당 부서 각각에 다시 공개청구를 할 것을 요구받는 사례가 발생할 수도 있다. 정확하게 해당 공공기관을 알 수 없을 때 종종 발생할 수 있는 문제이다.

또한 시스템에 문제가 발견되는 경우 문의 및 시정 등을 할 수 있는 방법으로 전자메일만 공개되어 있어 불편을 가중시킨다. 공공부문에서 전화번호 등 편리한 의사소통 방법이 공개되어 있지 않는 것은 민간부문에서 영리목적으로만 영업을 하던 초기에 많이 발생했던 불만사항 중 하나이다. 민간부문에서 지금은 서비스도 경쟁력이라는 차원에서 불만제기 방법이 과거에 비해 소비자방향으로 진행되고 있다. 하물며 공공부문에서 문제가 되었던 과거 민간부문의 방법을 답습하고 있음은 담당 공무원에 대한 충분한 사전교육 및 시범시행의 미실시와 더불어 공공기관 특유의 '관' 우위사상에 여전히 머물고 있기 때문이라는 비판을 면하기가 어렵다. 또한 주로 반복적인 내용 및 과거의 문서를 재활용하는 경우에 사용하는 정보공개 청구인의 마우스 오른쪽 버튼 사용금지를 풀어주어야 한다.

통합정보공개시스템은 과거의 정보공개시스템과 비교해서 큰 장점분야가 다양한 검색기능 강화에 있다고 볼 수 있다. 정보공개 통합검색의 명칭하에 정보목록, 사전공표 정보 및 이미 이루어진 공개청구 자료를 모아서 검색기능을 제공하고 있다. 정보목록은 각각의 공공기관이 보유하고 있는 정보, 예를 들어 기관명 · 담당부서명 · 담당자명 · 등록일자 · 문서번호 · 생산일자 · 단위업무 · 보존기간 · 공개여부 · 등록구분을 정보공개 청구인에게 제공한다. 검색을 통해 청구인은 이를 쉽게 확인할 수 있다. 문제는 이미 생성된 정보목록

제시 및 축적기능으로만 구성되어 있어 정보의 이관 및 폐기 등 정보의 흐름을 전체적으로 총괄할 수 없다는 것이다. 당장은 문제가 적다고 볼 수 있지만 시간이 흐름과 정보의 시의성 및 효용성 저하는 정비례 관계를 유지할 것이다. 민간부문에서도 정보의 변화를 자동으로 잡아서 현재의 상황을 정확하게 검색사용자에게 보여주고 있는데 공공기관이 이를 못할 리가 없다. 마찬가지로 정보목록의 검색에 있어 정확도를 높이기 위해서는 문서명의 세부적인 분류를 입력 당시부터 담당자가 해주어야 하며, 청구인이 요구하는 정보는 구체적이고 복합적이며 통계적인 성향을 가지고 있기 때문에 현재의 검색시스템에서 정보의 조합이나 추출이 가능하도록 해주어야 한다. 공인중개사 시험탈락자들이 한국산업인력관리공단에 응시자들의 평균점수 공개에 대한 정보공개 청구시 보관하고 있지 않은 자료라 하여 비공개결정을 내렸지만, 법원에서는 "몇 가지를 설정해 컴퓨터로 검색 및 편집을 하면 쉽게 만들어 낼 수가 있기 때문에 사실상 공공기관이 보유하고 있는 자료"라고 판단한 것을 보면 법원이 정보공개에 있어서는 국민의 기본권 보호에 더 충실하고 있음을 알 수 있다.[160]

또한 정보공개 목록의 공개대상은 전 공공기관이어야 하는 것이 당연하다. 그러나 현재 중앙행정기관·지방자치단체 의회·정부투자기관 및 산하기관의 정보목록은 제공되지 않고 일부 지방자치단체 및 산하 교육청은 목록만 제공하고 있어 원스톱 서비스라는 원래의 목적과는 거리가 멀다.

---

[160] 『동아일보』 2007년 7월 6일 http://www.donga.com/fbin/output?n=200707060135참조.

4. 비공개대상 정보

(1) 8조 법금

"정보공개법상의 비공개대상 정보"(이하 비공개대상 정보)는 "정보공개법의 적용을 받는 공공기관이 공개하지 않을 수 있는 정보"를 말한다. 비밀정보와는 구분되어야 한다.[161] 판례에 따르면 공개 및 비공개 결정의 여부는 당해 정보의 공개로 달성될 수 있는 공익 및 사익 증진과 비공개로 해야 할 공익 및 사익 보호를 상호 이익형량하여 공개 여부를 결정해야 한다.[162] 비공개대상 정보의 확정은 법률유보에 속한다.

정보공개법은 제9조 이하 규정에 8개의 비공개사유를 명문으로 규정하고 있다. 좀 더 구체적으로 유형화하여 규정되어야 할 필요성이 강한 부분이다. 비공개 사유에 대한 구체적인 입증책임은 해당 공공기관이 전적으로 진다.[163] 그에 이르지 아니한 채 공개청구 된 정보 전부에 대해 개괄적인 사유만을 들어 공개를 거부하는 것은 허용되지 않는다.[164] 입증에 있어 단순하게 8가지의 범주에 들어간다고 비공개해서는 안 되고, 공개하면 실질적으로 해가 될 것이라는 것과 비공개가 더 큰 공익의 보장을 위해 필요하다는 것을 동시에 입증해

---

161) 비밀정보는 특별법의 예외가 아닌 한 공개가 금지되는 정보이지만, 비공개대상 정보는 공개가 금지되는 정보는 아니다. 또한 비공개대상 정보에 해당한다고 하여 자동적으로 정보공개가 거부될 수 있는 것으로 보아서는 안 된다. 동일한 의견으로서는 박균성, 앞의 책, 471쪽
162) 대판 2006.5.25 2006두3049; 2003.12.12 2003두8050; 2003.3.11 2001두6425; 서울행법 2004.2.13 2002구합33943.
163) 미국의 FOIA의 5 U.S.C. §552(a)(3)도 동일한 입장이다.
164) 대판 2004.9.23 2003두1370; 2003.12.11 2001두8827.

야만 비공개가 되는 것이다. 따라서 현재의 거부 근거조항의 개괄적인 통지를 통해 비공개결정을 일삼는 관행은 없어져야 한다. 또한 공개여부결정에 있어 책임문제를 보면 미국 FOIA의 5 U.S.C. §552(a)(4)(F)5는 공개청구에 대한 거부처분을 법원이 심사한 결과 당해 공공기관의 처분이 자의적 또는 변칙적으로 행해졌다고 판단되면 해당 공공기관은 그 처분책임자에 대한 징계절차를 의무적으로 밟아야 한다.

현 정보공개법 제9조 제1항은 다음의 정보를 비공개대상 정보로 규정하고 있다. 이는 예시가 아닌 한정적으로 해석하는 것이 바람직하다.[165] 알 권리의 충분한 보장 및 정보공개법의 목적과 부합되어야 하기 때문이다. 또한 정보공개법은 공개가 원칙인 법이기 때문이다. 제9조 제2항에 따라 공공기관은 제9조 제1항 각 호의 1에 해당하는 정보가 기간의 경과 등으로 인하여 비공개의 필요성이 없어진 경우에는 당해 정보를 공개청구의 공개대상으로 해야 한다.

1) 제1호에 따라 다른 법률 또는 법률이 위임한 명령에 의해 비밀로 유지되거나 비공개사항으로 규정된 정보는 비공개대상 정보에 속한다. 예를 들면 재산등록의무자의 재산등록사항, 공판개정 전 소송에 관한 서류 등이 그것이다. 그러나 이러한 재산등록사항이나 공판개정 전 소송서류 등은 공익 및 재판당사자들의 이익형량에 따라 공개도 가능하다.

법률위임명령의 범위는 과거에는 논란이 있었으나 입법적으로 국회규칙·대법원규칙·헌법재판소규칙·중앙선거관리위원회규

---

[165] 서울행법 1999.2.25 98구36292. 이는 기존 대법원의 판례(대판 2003.8.22 2002두12946)와 어긋난다.

칙 · 대통령령 및 조례로 명확하게 한정을 하였다. "다른 법률"에 대해 논란이 있지만 비공개대상 정보를 일반적 · 추상적으로 규정할 경우에는 비공개로의 도피조장을 할 우려가 크고 권력의 민주적 통제의 실효성을 확보하기 위해서는 비공개대상 정보의 내용 및 범위와 그 구별기준이 구체적으로 특정된 경우에만 비공개로 하는 것이 옳다고 본다.[166]

2) 제2호의 규정에 의해 국가안전보장 · 국방 · 통일 · 외교관계 등 국가의 중대한 이익을 해할 우려가 있다고 인정되는 정보도 비공개대상 정보에 속한다. 예를 들면 대북한 관련 정보수집 · 분석자료, 전군 주요 지휘관회의 회의록, 통일 관련 장관회의 회의록, 비밀외교협정 관계문서, 기타 조세정책의 기획 입안서류 등이 이에 속한다. 이 또한 상호 비교형량에 따라 공개가 가능하다.

3) 제3호는 공개될 경우 국민의 생명 · 신체 및 재산의 보호에 현저한 지장을 초래할 우려가 있다고 인정되는 정보 또한 비공개대상 정보에 속한다고 규정하고 있다. 예를 들어 범죄의 피의자, 참고인 또는 통보자 명단, 개인의 납세실적, 전염병예방, 식품 · 환경 · 약사 등의 위생감사 및 보호관찰법 소정의 보호관찰 관련 통계자료[167] 등이 이에 속한다. 이 또한 공개를 위한 비교형량 대상이 된다.

4) 제4호에 따라 진행 중인 재판에 관련된 정보와 범죄의 예방, 수사,[168] 공소의 제기 및 유지, 형의 집행, 교정, 보안처분에 관한 사

---

166) 이에 대해서는 박해식, 「정보공개 청구사건에 대한 대법원 판례의 개관」, 『법률신문』, 2004. 1. 12; 변현철, 「정보공개법의 실무적 연구」, 『재판자료』 제89집, 622쪽 이하; 김용찬, 「정보공개 청구사건에서의 몇 가지 쟁점」, 『법조』, 2003. 9, 243쪽 이하 참조.
167) 대판 2004.3.18 2001두8254.
168) 법원은 수사기록 중의 의견서, 보고문서(수사보고서, 첩보보고서), 메모, 법률검토, 내사

항으로서 직무수행을 현저히 곤란하게 하거나 형사 피고인의 공정한 재판을 받을 권리를 침해한다고 인정할 만한 상당한 이유가 있는 정보도 비공개대상 정보에 속한다. 예를 들면 무기 · 화약 · 마약 · 독극물 등의 제조 · 운반 · 처리에 관한 정보, 수형자의 신분기록에 관한 정보가 이에 속한다. 동일하게 비교형량 대상이 된다.

5) 제5호에 따라 감사 · 감독 · 검사 · 시험 · 규제 · 입찰계약 · 기술개발 · 인사관리 · 의사결정과정 또는 내부 검토과정에 있는 사항으로서 업무의 공정한 수행이나 연구 개발에 현저한 지장을 초래한다고 인정할 만한 상당한 이유가 있는 정보 또한 이에 속한다. 공개될 경우 업무의 공정한 수행이 객관적으로 현저하게 지장을 받을 것이라는 고도의 개연성이 존재해야 한다.[169] 예를 들어 감사의 범위 · 방법 · 시기 · 장소[170] 등, 국가고시 및 자격시험의 채점,[171] 입찰예정가격, 직원의 인사기록 등이 이에 속한다. 마찬가지로 공개를 위한 비교형량 대상이 된다.

학교환경위생구역내 금지행위(숙박행위) 해제결정에 관한 관련 위원회의 회의자료 및 회의록 공개여부에 관한 대법원 판례[172]에서는 위 규정을 예시적으로 보아 "의사결정과정에 제공된 회의자료 또

자료 등이 이에 해당된다고 보고 있다. 개인식별정보(이름, 주소, 연락처, 직업, 나이 등)는 구체적 사안에 따라 개인의 권리구제의 필요성과 비교 및 형량하여 개별적으로 공개 여부를 판단해야 한다고 보고 있다(대판 2003.12.26 2002두1342).
169) 대판 2003.8.22 2002두12946.
170) 판례는 공정거래위원회 제143회 심사조정회의에 상정된 서류 등은 비공개대상 정보에 해당하지 않으며, 공정거래법 제62조의 사업자의 비밀로서 보호할 가치가 있는 것은 아니라고 판단하고 있다(대판 2003. 6.12 2000두9212).
171) 사법시험 2차시험 답안지는 사법시험업무의 수행에 현저한 지장을 초래한다고 볼 수 없으며 비공개대상 정보에 해당하지 않는다고 보았다(대판 2003.3.14 2000두6114).
172) 대판 2003.8.22 2002두12946.

는 기록된 회의록 등"은 준의사결정과정이라고 판단하면서 회의에서 발언자의 인적사항에 관한 것도 비공개대상 정보에 해당한다고 보았다. 이는 문제가 있는 판결이다. 발언자의 인적사항만 삭제하고도 공개가 충분하기 때문이다. 정보공개 청구자가 알고 싶었던 것은 발언자의 인적사항이 아니라 회의내용이 주요 청구사항이기에 위의 판단은 법치주의에 어긋난 재량일탈의 문제는 논외로 하더라도 정보공개에 소극적인 공공기관의 입장을 공고히 다져놓았다는 비판을 면할 수가 없다. 전체적으로 보면 기존의 정보공개와 관련하여 행정부에 비해 적극적이던 판례의 흐름을 막았다는 비판도 면할 수가 없다. 반면에 도시공원위원회의 회의자료 및 회의록은 공개대상이 된다고 판단하고 있다.[173]

6) 제6호에 따라 당해 정보에 포함되어 있는 이름·주민등록번호 등에 의해 특정인을 식별할 수 있는 개인에 관한 정보로 공개될 경우 개인의 사생활의 비밀 또는 자유를 침해할 우려가 있다고 인정되는 정보도 비공개대상 정보에 속한다. 따라서 사자(死者)에 관한 개인정보가 공개됨으로 유족들의 권리이익을 침해하거나 감정을 해할 우려가 있는 때에는 개인에 관한 정보에 준하여 비공개대상 정보로 한다. 예를 들어 학력, 성명, 직업, 납세증명서, 군 복무 등 특정인을 식별할 수 있는 정보가 이에 속한다. 그러나 특별법, 예를 들어 인사청문회법 등에 따라 비교형량 대상이 되는 부분은 일정부분 공개가 가능하다. 청문회와 관련이 없는 정보는 당연히 비공개이다. 또한 특정인 식별을 불가능하게 하고 공개할 수 있는 정보라면 해당 정

---

[173] 대판 2000.5.30 99추85.

보의 공개는 이루어져야 한다. 판례도 동일한 입장이다.[174]

단, 다음에 열거한 개인정보는 공개한다. 즉, ① 법령이 정하는 바에 따라 열람할 수 있는 정보(예 부동산 등기부등본 등), ② 공공기관이 공표를 목적으로 작성하거나 취득한 정보로서 개인의 사생활 비밀과 자유를 부당하게 침해하지 않는 정보(예 정부의 수상자명단 등),[175] ③ 공공기관이 작성하거나 취득한 정보로서 공개하는 것이 공익 또는 개인의 권리구제를 위하여 필요하다고 인정되는 정보(성범죄자의 신상공개제도나 지방검찰청검사장이 보유 및 관리하고 있는 동향파악관리카드),[176] ④ 직무를 수행한 공무원의 성명·직위, ⑤ 공개하는 것이 공익을 위하여 필요한 경우로서 법령에 의해 국가 또는 지방자치단체가 업무의 일부를 위탁 또는 위촉한 개인의 성명·직업은 공개가능하다(예 신체장애인 상담원 명부 등).

이 규정의 개정 과정을 통해 공개정보를 지속적으로 확장하고 있다는 것을 알 수 있으며, 마찬가지로 이익의 비교형량을 통해 공개도 가능함을 알 수가 있다.[177] 즉, 비공개대상 정보를 특정인의 식별가능성에서 개인의 사생활 비밀 및 자유의 침해로 축소하였고, 공개

---

174) 서울행법 1999. 2. 25 98구3692.
175) 업무추진비 지출 관련 서류에 포함된 개인식별정보에 관하여 공무원이 아닌 개인에 관한 정보의 경우 "공개하는 것이 공익을 위해 필요하다고 인정되는 정보"에 해당되지 않는 비공개정보라고 보고 있다(대판 2003. 3. 11 2001두6425).
176) 업무추진비 지출 관련 서류에 포함된 개인식별정보에 대하여 공무원의 행사참석정보에 관하여 직무와 관련이 있을 경우는 공개대상 정보이지만 공무가 아닌 개인자격 등으로 참석한 경우는 비공개대상 정보로 판례는 보고 있다(대판 2003. 3. 11 2001두724). 금품수수와 관련된 공무원의 정보에 대해서는 직무관련성이 있을 경우에는 공개정보이고, 직무관련성이 없는 개인적인 자격 등으로 수수했을 경우에는 비공개정보로 해석하고 있다(대판 2003. 12. 12 2003두8050).; 대판 2003. 4. 11 2000두7087(동향파악관리카드 사건).
177) 대판 2003. 12. 26 2002두1342.

사항으로 ④의 직무를 수행한 공무원의 성명 및 직위, ⑤의 공익을 위하여 법령 또는 국가 및 지방자치단체가 업무의 일부를 위탁 또는 위촉한 개인의 성명 및 직업을 설정하였다는 것을 유념할 필요가 있다.

7) 제7호에 따라 법인, 단체 또는 개인의 경영·영업상의 비밀에 관한 사항으로서 공개될 경우 법인 등의 정당한 이익을 현저히 해할 우려가 있다고 인정되는 정보 또한 비공개대상 정보에 속한다. 예를 들어 생산기술 또는 영업상의 정보, 경영방침, 경리 및 인사 등 내부 관리사항, 법인 등이 거래하는 금융기관의 계좌번호에 관한 정보 등이 이에 속한다.[178] 이 또한 공개청구에 있어 이익의 비교형량 대상이 된다.

다만, 다음에 열거하는 정보는 제외한다. 사업활동에 의하여 발생하는 위해로부터 사람의 생명·신체 또는 건강을 보호하기 위해 공개할 필요가 있는 정보(예 약물중독, 식중독 등에 의한 위해발생을 미리 방지하거나 위해가 확대되는 것을 방지하기 위해 관련 정보 공개), 위법·부당한 사업활동으로부터 국민의 재산 또는 생활을 보호하기 위해 공개할 필요가 있는 정보는 공개된다(예 사업자의 위법 및 부당한 행위에 대한 각종 행정처분통지서 등의 공개).

8) 제8호에 따라 공개될 경우 부동산 투기 및 매점매석 등으로 특정인에게 이익 또는 불이익을 줄 우려가 있다고 인정되는 정보는 비공개대상 정보에 속한다.

---

[178] 판례는 지방자치단체의 업무추진비 지출관계서류 등에 포함된 법인·단체 또는 영업소를 경영하는 개인의 상호, 단체명, 영업소명, 사업자 등록번호 등에 관한 정보는 공개정보에 해당한다고 보고 있다(대판 2003.4.22 2002두9391).

(2) 문화관광부 행정정보 비공개 세부기준

정보공개법 제9조 제3항에 따르면 "해당 공공기관은 비공개대상 정보의 범위에 관한 세부기준을 수립하고 이를 공개하여야 한다"고 규정되어 있다. 재량이 아닌 의무규정이다. 실질적으로 해당 공공기관에 정보공개 청구시 자체 내에 수립된 세부기준을 중심으로 공개여부 결정을 많이 하고 있다. 2005년도 행정자치부의 정보공개 평가에 있어 우수평가를 받은 '문화관광부의 세부기준'(문화관광부 행정정보 비공개 세부기준)을 중심으로 문제될 수 있는 것을 알아보기로 한다. 이러한 세부기준에 따른 공공기관의 비공개 결정에 대해 청구인은 이의신청 및 행정심판과 행정소송을 선택적으로 제기할 수 있다.

공공기관의 세부적인 비공개 결정 기준은 독자적으로 제정 및 개정되고, 해당 공공기관의 특성이 반영되기 때문에 기준설정에 있어 어느 정도의 상이한 점은 존재한다. 대체로 목적, 청구권자, 공개기관, 공개대상 정보, 적용배제사항, 청구절차 및 공개방법, 구제제도 및 비용부담 등을 규정하고 있다. 그러나 공공기관마다 상이한 비공개 세부기준에 따라 동일한 정보공개 청구에 대해 각 해당 공공기관의 결정양식이 크게 다르다면 행정의 신뢰성 및 설득력을 얻기가 힘들 것이다. 조례의 상이함을 극소화하기 위해 시·도지사의 상례적인 정기모임을 통해 그 부작용 감소를 위해 노력하고 있듯이 격차 해소를 위한 주 담당자의 정례적인 모임을 통해 이를 해소하기 위한 노력을 보여주어야 한다.

1) 제9조 제1항 제1호

다른 법률 또는 법률이 위임한 명령에 의해 비밀 또는 비공개사항으로 규정된 정보로서, ① 비밀 또는 대외비 문서(각 실·국별 비밀 또는 대외비로 분류·비치된 문서, 을지연습 관련 문서, 민방위 대원 편성 및 이동 관련 문서, 행사종료 전 대통령 세부일정 관련 문서), ② 법률규정으로 인한 예외를 제외한 공직자윤리법 제14조 및 제14조의 3의 규정에 의한 재산등록사항, 금융거래자료, ③ 형사소송법 제47조의 규정에 의한 공판 전 소송에 관한 제반 서류, ④ 통계법 제13조의 규정에 의한 통계작성을 위해 수집된 개인 또는 법인이나 단체의 비밀에 속하는 기초자료, ⑤ 제안규정 제46조에 의한 공무원 제안의 내용, ⑥ 법률규정에 의한 예외적 공개사항을 제외한 공무원평정규칙 제9조 및 교육공무원 승진규정 제27조에 의한 5급 이하 공무원 및 교육공무원의 근무성적평정 결과, ⑦ 공무원 징계령 제20조 및 제21조와 교육공무원 징계령 제18조, 제19조의 규정에 의한 징계위원회 회의내용을 명문으로 비공개대상 정보로 규정하고 있다.

이 규정의 문제점을 본다면 먼저, 기본적으로 문서의 분류등급 설정에 있어 원칙 없는 무분별한 대외비의 생산은 자제되어야 한다. 이미 사회적으로 유통되어 대외비 가치가 상실되었음에도 불구하고 대외비라는 형식 때문에 현실적으로 비공개 결정이 이루어지고 있다. 현실에 맞는 문서분류가 이루어져야 한다. 또한 공무원의 제안은 행정의 효율성 강화 및 정책성 제안 방향으로 구성된다고 볼 때 일괄적으로 보안을 요하지 않는 제안사항까지 비공개대상 정보로 규정하고 있음은 과잉이라는 비판을 면하기가 힘들다. 마찬가지로 공무원의 징계사항은 특별한 상황이 존재하지 않는 한 비공개대상

정보가 되어서는 안 된다. 국민의 통제를 강화하기 위해서라면 사후 결과가 어찌 되었는지를 국민이 안다고 해서 예외적 상황이 아니라면 큰 문제가 있다고는 보지 않는다. 행정의 비밀 및 관료주의의 대표적 사례 중의 하나가 징계결과 및 회의록 비공개이기에 이러한 규정은 정보공개 청구의 본질을 흐릴 수가 있다.

2) 제9조 제1항 제2호

국가안전보장 · 국방 · 통일 · 외교관계 등에 관한 사항으로서 공개될 경우 국가의 중대한 이익을 현저히 해할 우려가 있다고 인정되는 정보로서 ① 보안 및 경비에 관한 사항(순찰코스와 순찰시간 및 경비사항, 비밀취급 인가, 전산시스템 담당자에 관한 사항, 타 부처에서 비공개를 요청한 문서회신), ② 국가간의 회의 · 회담 · 협의 · 협정 및 협약의 체결에 관한 계획 · 전략수립 · 협상대책 · 의제 검토 및 이와 관련된 주요 정보나 지침, 훈령, 지시, 연구보고 등 주요사항, ③ 남북간 문화 · 관광 · 체육 등 협력에 관한 주요사항 · 검토사항과 주요정보 · 지침 · 지시, ④ 검토단계의 대외협력사업 추진에 관한 사항을 규정하고 있다.

여기에 있어 문제점은 타 부처에서 비공개를 요청했다면 일괄적으로 비공개결정을 해야 한다는 것이다. 이는 행정의 독자성 및 자주성을 무시한 것이다. 따라서 독자적인 판단하에 공개여부를 결정할 수 있어야 한다.

3) 제9조 제1항 제3호

공개될 경우 국민의 생명 · 신체 및 재산의 보호에 현저한 지장을 초래할 우려가 있다고 인정되는 정보로서, ① 공공의 이익에 위해가 되는 사항(국제경쟁관계가 진행 중인 사항으로 고위 공직자의 국외 출장 세부일정과 전략 및 계획 그리고 각종 전문 발송, 국가간 또는 국제단체 간 협상 중인 사항으로 협상전략 및 계획과 각종 전문 발송), ② 수사관계 조회사항, ③ 위법·부정행위 등의 통보자, 피의자, 참고인의 신상사항, ④ 국민의 생명·신체 및 재산의 보호에 관한 사항(방재 및 방범에 중대한 방해가 되는 정보, 사람의 생명, 생활, 지위 등이 위협받는 정보), ⑤ 중요 건축물 등의 경비위탁내용, ⑥ 위험물의 저장위치, ⑦ 범죄목표가 되는 시설 등의 설계도·구조·경비에 관한 정보를 비공개대상 정보로 규정하고 있다.

4) 제9조 제1항 제4호

진행 중인 재판에 관련된 정보와 범죄의 예방, 수사, 공소의 제기 및 유지, 형의 집행, 교정, 보안처분에 관한 사항으로서 공개될 경우 그 직무수행을 현저히 곤란하게 하거나 형사피고인의 공정한 재판을 받을 권리를 침해한다고 인정할 만한 상당한 이유가 있는 정보로서, ① 재판 등이 진행 중인 사항(행정심판청구 및 답변서, 소송의 진행상황, 행정처분 등 공개시 이중처벌에 해당되는 내용), ② 수사 등의 지휘, 방법, 사실, 내용이 기록된 조서 등의 정보, ③ 공소의 제기 및 유지에 관한 사항으로 피의자가 관련 내용을 알게 될 경우 법정에서 자신의 범죄를 부인하기 위한 방어자료로 활용 또는 증거인멸 가능성이 있는 사항, ④ 수형자의 신분기록, 교도 및 교화작업 관련자료, 심사자료 등에 관한 사항을 비공개대상 정보로 규정하고 있다.

5) 제9조 제1항 제5호

감사·감독·검사·시험·규제·입찰계약·기술개발·인사관리·의사결정과정 또는 내부검토과정에 있는 사항 등으로서 공개될 경우 업무의 공정한 수행이나 연구·개발에 현저한 지장을 초래한다고 인정할 만한 상당한 이유가 있는 정보로서, ① 내부적으로 검토 중인 사항(인사와 관련된 의사결정 진행 중인 사항, 기관의 직제개정 검토 중인 사항), ② 불시감사·조사·단속·직무감찰 계획 등에 관한 사항으로서 공개될 경우 증거인멸 등 감사 등의 목적이 실현될 수 없다고 인정되는 정보, ③ 공개함으로 심사업무의 적정한 수행에 지장을 주는 규제관련 정보, ④ 입찰예정가격을 예측할 수 있는 단가, 계약완료 전에 입찰자를 식별할 수 있는 정보 등 공정한 계약을 저해할 수 있는 정보, ⑤ 연구의 자유나 지적소유권을 저해하는 사항, 연구의 중간단계에 있는 사항 중 국민에게 오해를 줄 우려가 있는 정보, ⑥ 공무원 인사에 관한 사항으로서 공개될 경우 내부인사 기밀이 노출되거나 외부의 부당한 개입으로 인한 인사의 공정성을 저해할 수 있는 정보, ⑦ 공직자윤리위원회·고충심사위원회·소청심사위원회·규제완화위원회·법제심의위원회 회의에 관한 사항으로서, 회의의 내용이 대부분 개인의 신상·재산 등 사생활의 비밀과 관련되어 있는 정보, 회의의 내용공개로 인하여 외부의 부당한 압력 등 업무의 공정성을 저해할 우려가 있는 정보, 참석자의 심리적 부담으로 인하여 솔직하고 자유로운 의사교환이 이루어질 수 없다고 인정되는 정보는 비공개대상 정보로 규정하고 있다. 그러나 회의내용의 공개로 인해 부당한 압력 가능성이 증가하여 원활한 회의진행이 어렵고 자유로운 의사교환이 힘들다는 것은 행정편의적인 면을 너무 강조하고 있는 것이다. 공정성과 의사교환을 해하지 않는 부분공개제도[179]를 이용해 정보공개 청구의 본질에 부합된 결정을 하는 것이 옳다고 본다. ⑧ 행정내부의 심의·협의·조사 등의 자료(내부에서 심의 중인 안건 또는 미확인자료, 공공기관 내부의 회의 및 의견교환의 기록 등)로 공개될 경우 국민의 오해나 혼란을 초래할 수 있는 정보 또한 비공개 결정을 하도록 규정하고 있다.

6) 제9조 제1항 제6호

당해 정보에 포함되어 있는 이름·주민등록번호 등 개인에 관한 사항으로서 공개될 경우 개인의 사생활의 비밀 또는 자유를 침해할 우려가 있다고 인정되는 정보로서, ① 개인신상정보 및 영업에 관한 사항(이름·주민등록번호·계좌번호·개인급여 등, 개인명예를 손상시킬 수 있는 사항, 신원조회 의뢰사항, 범죄사실 조회 및 그 결과, 개인 신상정보를 삭제해도 해당 개인을 인식 할 수 있는 사항, 개인 영업상의 비밀, 공개시 저작권 도용 또는 분쟁 야기 가능성이 높은 사항), ② 민원제기사항(개인 및 단체 신상에 관한 민원, 민원인이 비공개를 요청한 민원), ③ 특정 공무원의 집주소·집전화번호·학력·주민등록번호·사회경력 등 공적업무 수행과 관련이 없는 정보로서 다만, 특정 공무원을 식별할 수 없도록 통계목적 등으로 활용되

---

[179] 판례는 공개청구의 취지에 어긋나지 않는 범위 내에서 비공개대상 정보에 해당하는 부분과 공개가 가능한 부분을 분리할 수 있다고 함은 이 두 부분이 물리적으로 분리가능한 경우를 의미하는 것이 아니고 당해 정보의 공개방법 및 절차에 비추어 당해 정보에서 비공개대상 정보에 관련된 기술 등을 제외 내지 삭제하고 그 나머지 정보만을 공개하는 것이 가능하고 나머지 부분의 정보만으로도 공개의 가치가 있는 경우를 의미한다고 상당히 적극적인 해석을 하고 있다(대판 2003.10.10 2003두7767).

는 경우는 제외한다. ④ 인사기록카드, 인사교류신청, 전보내신서, 채용후보자 명부, 교육훈련 등 교육훈련관리, 신원조사, 퇴직사실 확인 등 인사관리과정에서 생산·취득한 공무원의 개인에 관한 사항으로서 공개될 경우 공무원의 명예·신용·경제적 이익 등 사생활을 침해할 수 있는 정보로서 다만, 특정 공무원을 식별할 수 없도록 통계목적 등으로 활용되는 경우는 제외한다. ⑤ 유공자 포상, 대부, 기여금, 보상금, 공무원증 발급 등 각종 업무수행과 관련해 취득한 개인의 인적사항 또는 재산상황 등의 정보, ⑥ 시험원서·답안지 등에 포함되어 있는 수험생의 성적·학력·주소 등 개인정보, ⑦ 그 밖에 공공기관의 개인정보 보호에 관한 법령 등 다른 법령에 개인정보의 비공개여부에 대해 규정된 경우 등은 비공개대상 정보로 규정하고 있다.

7) 제9조 제1항 제7호

법인, 단체 또는 개인의 경영·영업상 비밀에 관한 사항으로 공개될 경우 법인 등의 정당한 이익을 현저히 해할 우려가 있다고 인정되는 정보로서, ① 단체 신상정보(은행 계좌번호 등, 범죄사실 조회 및 결과, 단체 신상정보를 삭제해도 해당 단체를 인식할 수 있는 사항, 영업상의 비밀, 공개시 저작권 도용 또는 분쟁발생 가능성이 높은 사항), ② 각종 용역수행 민간업체가 제출한 사항으로서 당해 업체의 기존기술·신공법·시공실적·내부관리에 관한 정보, ③ 각종 용역수행과 관련한 제안업체(개인·법인·단체 등)에 대한 기술평가 결과 등 특정업체의 정당한 이익을 침해할 수 있는 정보는 비공개대상 정보이다.

8) 제9조 제1항 제8호

　공개될 경우 부동산 투기·매점매석 등으로 특정인에게 이익 또는 불이익을 줄 우려가 있다고 인정되는 정보로서, ① 공유재산 매각 공고 전의 관련 정보로서 공개될 경우 특정인에게 이익, 불이익을 줄 우려가 있는 정보, ② 대규모 관광단지·문화산업단지 개발 등 확정 전 검토 중인 사항으로 공개될 경우 부동산 투기·매점매석 등의 우려가 있는 정보는 비공개대상 정보로 비공개결정을 한다.

9) 소결론

　정보공개는 주로 국민이 자신의 재산권 보호 및 공익 등을 위해 주도권을 가지면서 정보공개 청구를 하도록 법으로 보장을 하고 있으나, 기본적으로는 해당 공공기관이 국민에게 필요한 정보를 제공하고 문제발생 가능성을 스스로 제기해 사회통합적 노력을 해야 한다. 이러한 노력은 명문으로 규정된 것과 상관 없이 어찌 보면 해당 공공기관의 본질 및 의무라고 볼 수 있다. 이를 단순하게 행정재량으로만 볼 수는 없다.

　위에서 살펴본 문화관광부의 비공개 결정을 위한 명문의 세부기준을 통해 일반 국민들이 적법한 절차에 의한 정보공개 청구를 하면 해당 공공기관이 비공개로 결정하는 사항 중 많은 사항들이 적시성을 갖춰 자발적으로 행정홍보로 공개될 수가 있다. 예를 들면 을지훈련 연습 예정지 및 시간, 공무원의 행정개선을 위한 제안사항, 공무원 징계사항, 국가간의 회의·회담·체결계획 등, 남·북한 문화·관광·체육 등의 진행사항 등, 국민의 생명·신체 및 재산보호사항 등 그 예는 무수히 많다. 그렇다면 세부적 비공개 사항들을 좀 더 세분화하여 정보공개법 제7조 제1항 및 제2항에 규정되어 있는 '행정정보 공표제도'를 통해 실행할 수도 있다. 공표제도와 행정홍보정보와의 명확한 구분은 힘들다. 그러나 그 만큼의 밀접한 관련성이 있음을 또한 부정하기 힘들다. 어찌 보면 이는 국민의 알 권리의 실질적인 보장을 위한 동전의 양면에 해당한다고 볼 수 있다.[180]

5. 정보공개쟁송

정보공개 청구에 대한 공공기관의 비공개결정에 대한 불복절차로 이의신청, 행정심판, 행정소송이 있다. 그런데 정보가 공개됨으로 인해 제3자의 권익이 침해되는 경우가 있다. 개인정보 또는 기업비밀정보 등의 공개의 경우가 그 예이다. 이 경우에는 제3자에게 정보의 공개를 저지할 수 있는 법적 수단이 마련되어야 한다.

비공개결정으로 인한 불복절차, 즉 이의신청과 행정심판 및 행정소송이 보장되어 있다고 하지만 현실적으로 불복절차 기간이 무한정 길어지면, 예를 들어 담당 공무원의 정기적인 인사이동으로 인하여 면피용으로 무조건 정보공개 청구를 거부할 수도 있다. 또한 대법원 판결까지 평균 3~5년 정도 걸리기 때문에 시의성이 필요한 정보는 사장되는 단점이 있다. 예를 들어 댐건설의 부당함을 알리기 위해 정보공개 청구를 했는데, 댐이 건설된 후에 대법원에서 승소판결을 해도 무슨 소용이 있겠는가? "사례 3"이 그 예라 볼 수 있다. 따라서 신속한 재판진행을 위한 제도적인 방책이 강구되어야 한다. 이는

---

180) 육종수, 「주민참가의 활성화를 위한 정보공개제도」, 『한국공법학회』 제26집 제3호, 1998. 6, 89쪽 이하 참조.

정보공개에 대한 불복절차에 있어 결과에 따른 시의성 및 적절성을 보장하기 위해서 행정심판법 및 행정소송법에 분쟁해결의 시도보다는 정보공개의 특수성을 고려한 특별규정을 신설·적용하고 행정소송법은 보충적 성격을 가지게 만들어야 한다는 것을 의미한다. 대법원 정보공개 거부처분 취소소송이 2003년 43건, 2004년 57건, 2005년 79건, 2006년 99건, 2007년 73건(5월 기준)으로 증가되고 있음은 주장의 타당성을 입증하고 있다고 볼 수 있다.[181]

(1) 이의신청

청구인이 정보공개와 관련한 공공기관의 비공개 또는 부분공개의 결정에 대하여 불복이 있는 때에는 공공기관으로부터 정보공개 여부의 결정통지를 받은 날 또는 제11조 제5항의 규정에 의한 비공개의 결정이 있는 것으로 보는 날부터 30일 이내에 당해 공공기관에 문서로 이의신청을 할 수 있다. 이의신청은 임의절차이다.

공공기관은 이의신청을 받은 날부터 7일 이내에 그 이의신청에 대해 결정하고 그 결과를 청구인에게 지체 없이 서면으로 통지해야 한다. 공공기관은 이의신청을 각하 또는 기각하는 결정을 한 때에는 청구인에게 행정심판 또는 행정소송을 제기할 수 있다는 취지를 결과통지와 함께 통지하여야 한다. 현재 이의신청은 인터넷 정보공개 시스템으로도 가능하다.[182]

---

181) 『동아일보』, 2007년 7월 6일 http://www.donga.com/fbin/output?n=200707060135 참조.
182) 이의신청서 기재사항은 다음과 같다. ① 신청인의 이름·주민등록번호 및 주소(법인·단체의 경우에는 그 명칭 및 사무소 또는 사업소의 소재지와 대표자의 이름), ② 이의신청의 대상이 되는 정보의 공개여부에 대한 결정통지의 내용, ③ 이의신청의 취지 및 이유, ④ 정보공개여부의 결정통지를 받은 날 또는 비공개 결정이 있는 것으로 보는 날.

(2) 행정심판

청구인이 정보공개와 관련한 공공기관의 결정에 대하여 불복이 있는 때에는 행정심판법이 정하는 바에 따라 행정심판을 청구할 수 있다. 이 경우 국가기관 및 지방자치단체 외의 공공기관의 결정에 대한 재결청은 관계 중앙행정기관의 장 또는 지방자치단체의 장으로 한다. 청구인은 제18조의 규정에 의한 이의신청 절차를 거치지 아니하고 행정심판을 청구할 수 있다. 즉 행정심판 또한 임의절차이다.

심판청구서는 재결청 또는 피청구인인 행정청에 제출한다. 행정청은 10일 이내에 심판청구서를 재결청에 송부해야 한다. 재결청은 원칙적으로 당해 행정청의 '직근상급행정기관'이다. 예외적으로 당해 행정청이 되는 경우와 소관 감독행정기관이 되는 경우가 있다. 심판청구기간은 행정심판의 청구는 처분이 있음을 안 날부터 90일 이내에 청구해야 한다. 정당한 사유가 없는 한 처분이 있는 날부터 '180일'을 경과하면 청구할 수 없다. 재결은 재결청 또는 피청구인인 행정청이 심판청구서를 받은 날부터 60일 이내에 해야 한다. 부득이한 사정이 있는 때에는 1차에 한하여 30일의 범위 내에서 기간을 연장할 수 있다. 재결은 서면(재결서)으로 하되 재결서에는 주문·청구의 취지·이유 등을 기재하고 재결청이 기명날인한다.

(3) 행정소송

청구인이 정보공개와 관련한 공공기관의 결정에 대하여 불복이 있는 때에는 행정소송법이 정하는 바에 따라 행정소송을 제기할 수 있다. 행정소송 제기권자는 정보공개와 관련하여 공공기관의 비공개 또는 부분공개의 결정에 대해 불복이 있는 자로 행정소송법이 정하는 바에 따라 행정소송을 제기할 수 있다. 행정심판을 거치지 않고도 행정소송을 제기할 수 있다. 행정소송은 처분 등이 있음을 안 날부터 90일 이내에 제기해야 한다. 행정소송은 정당한 사유가 없는 한 처분 등이 있은 날부터 1년을 경과하면 제기할 수 없다. 행정소송(정보공개 청구소송)은 일반 항고소송(취소소송, 무효확인소송)의 형식으로 제기된다. 정보공개 청구소송에서 이해관계를 묻지 않고 원고적격을 인정하는 점에 근거하여 정보공개 청구소송이 민중소송이라는 견해도 있으나 법상 인정된 정보공개청구권이 침해되었다는 것에 근거하여 원고적격이 인정되는 것이므로 항고소송으로 보는 것이 타당하다. 재판장은 필요하다고 인정되는 때에는 당사자를 참여시키지 않고 제출된 공개청구정보를 비공개로 열람·심사할 수 있다. 그러나 재판장은 행정소송의 대상이 제9조 제1항 제2호의 규정에 의한 정보 중 국가안전보장·국방 또는 외교에 관한 정보의 비공개 또는 부분공개 결정처분인 경우에 공공기관이 그 정보에 대한 비밀지정의 절차, 비밀의 등급·종류 및 성질과 이를 비밀로 취급하게 된 실질적인 이유 및 공개를 하지 않는 사유 등을 입증하는 때에는 당해 정보를 제출하지 않게 할 수 있다. 공개정보와 비공개정보를 분리할 수 있는 경우에는 분리되는 공개정보에 대응하여 일부취소판결을 내려야 한다.[183]

(4) 정보공개에 대하여 이해관계 있는 제3자의 보호수단

비공개정보 중 기업비밀과 개인정보와 같이 공개되는 경우에 제

---

183) 대판 2003.3.11 2001두6425.

3자의 권익이 침해되는 경우가 있다. 기업비밀과 개인정보 등은 비공개정보이지만 공개될 가능성이 전혀 없는 것이 아니다. 만일 공개된다면 제3자의 권익이 침해되게 된다. 따라서 정보공개에 대하여 이해관계에 있는 제3자가 정보의 공개를 막을 수 있는 수단을 갖도록 하는 것이 형평의 원칙에 맞는다. 그러나 공익의 가치가 월등한 상황에서 제3자의 직접적 침해가 아니라면 관행처럼 제3자와의 관련성을 근거로 비공개결정을 하여서는 안 된다.

1) 정보공개법상 보호수단
가. 공개청구된 사실의 통보 및 정보공개요청권

공공기관은 공개청구된 공개대상 정보의 전부 또는 일부가 제3자와 관련이 있다고 인정되는 때에는 그 사실을 제3자에게 지체 없이 통지해야 하며, 필요한 경우에는 그의 의견을 청취할 수 있다. 공개청구 된 사실을 통지받은 제3자는 통지받은 날부터 3일 이내에 당해 공공기관에 공개하지 않을 것을 요청할 수 있다.

나. 공개통지 및 행정쟁송 제기권

제1항의 규정에 의한 비공개요청에도 불구하고 공공기관이 공개결정을 하는 때에는 공개결정이유와 공개실시일을 명시하여 지체 없이 문서로 통지해야 하며, 제3자는 당해 공공기관에 문서로 이의신청을 하거나 행정심판 또는 행성소송을 제기할 수 있다. 이 경우 이의신청은 통지받은 날부터 7일 이내에 하여야 한다.

Ⅲ. 개선안

　정보공개제도는 중앙정부 및 지방자치단체를 포함한 공공기관이 보유한 문서 및 정보를 국민에게 공개하는 것을 법적으로 의무화한 제도로서 국민의 알 권리의 실질적인 보장, 국정참여의 실효성 증대 및 개인의 권리보장과 국정의 투명성 보장 등을 위해 프라이버시의 침해 및 부당한 정보공개 청구로 인한 불필요한 사회적 비용 증가 등의 부작용에도 불구하고 현대국가가 대부분 인정하는 제도이다. 이는 기본적으로 공공기관이 알리고 싶지 않은 것을 강제적으로 알리게 하는 것으로서 상황에 따른 실패의 가능성은 언제든지 상존한다. 아마도 실패한다면 실패의 주요 요인은 행정의 효율성을 최고의 가치에 두면서 공공기관의 정보를 독점적으로 지배하고자 하는 전근대적 행정의식 및 정보공개 청구의 남용일 것이다. 실패가 그렇다면 성공의 주요 요인은 행정의 독점을 배제하여 공적기록은 공공재산이라는 원칙을 충실히 반영하는 제도의 마련과 운영 그리고 국민 각자가 자기 자신의 이해관계를 포함한 공공기록을 가지고 있는 공공기관에 대한 정보공개 청구의 올바른 방향으로의 적극적 참여가 담당할 수 있을 것으로 본다.
　정보공개 청구권자는 일정한 자격을 가진 외국인 및 국민을 포함한 법인, 권리능력 없는 사단 및 재단까지 포함하고 있기 때문에 시민단체 등의 행정감시 목적의 공개청구가 가능하다고 판례는 적극적인 해석을 하고 있다. 또한 해당 공공기관은 예외적인 사항이 아닌 한 정보공개 방법에 대한 선택권이 없고 그 방법을 임의적으로 변경할 수 없다고 판례는 보고 있다.

　정보공개법은 결정형식을 '공개, 부분공개, 비공개'로 하고 있다. 여기에 있어 '정보비존재' 시는 비공개결정을 한다. 미국 및 일본과는 달리 '존부응답거부'(Glomar Denial) 제도는 규정이 없다. '정보비존재' 시 비공개결정 형식보다는 '존재없음 결정' 신설이 바람직하다고 본다. 정보가 없기 때문에 비공개결정한다고 하지만, 비공개는 정보가 있음을 전제로 한 결정형식이라고 보는 것이 올바른 문언해석이라고 보기 때문이다.

　정보공개법에 있어 공개대상 정보의 엄격한 구체성 요구는 지양되어야 하며 판례도 동일하다. 요구결격 사유에 대한 입증책임은 해당 공공기관이 진다. 또한 공개청구권자의 공개청구하고자 하는 해당 정보와의 관련성 및 이익유무는 공개여부결정에 있어 고려대상이 아니며 해당 공공기관에서 그 청구적격의 엄격성을 법률보다 엄격히 한다면 이는 법률위반일 가능성이 크다. 비공개 결정의 근거가 되는 8개의 비공개 사유는 가능한 한 구체적으로 유형화하여 엄격하고 좁게 해석을 요구하는 것이 한국과 미국의 현재의 흐름이라고 볼 수 있다. 비공개 요건인 "공개될 경우 업무의 공정한 수행에 현저한 지장을 초래한다고 인정할 만한 상당한 이유가 있는 경우"라는 의미를 "공개될 경우 업무의 공정한 수행이 객관적으로 현저하게 지장을 받을 것이라는 고도의 개연성이 존재하는 경우"라고 해석하는 것이 그 대표적인 경우이다. 그리고 외국인 정보공개 청구에 있어 특이한 점은 한 · 미 FTA 협정이 국회의 비준동의를 받으면 미국의 투자자는 내국인과 동일하게 정보공개 청구를 할 수 있다는 것이다.

　원스톱 서비스하에 마련된 2007년 통합정보시스템에 있어 청구

담당자의 관리기능이 취약한 구조적인 문제점 개선과 검색기능의 강화 및 시스템에 포함되는 정보목록 대상의 확대는 빠른 시일 내에 이루어져야 한다. 또한 정보공개쟁송에 있어 권리보장의 특수성으로 인한 실효성을 보장하기 위해서 이의신청을 접수하는 정보공개심의회를 심의 및 의결기구로 법제화 하는 것도 바람직하다고 본다.

제5장
생명과학기술법제

제1절 생명과학기술과 생명안전 및 생명윤리
제2절 생명과학기술과 법
제3절 유전자변형생물체

제1절

생명과학기술과 생명안전 및 생명윤리

I. 법과의 만남

    생명과학기술(Biotechnology)이란 '인간과 동·식물의 배아, 세포, 유전자 등을 대상으로 생명현상을 규명 및 활용하는 과학기술'을 말한다. 생명과학기술에 대한 평가는 극과 극을 달린다. 생명윤리 문제에 대한 시각이 상반되기 때문이다. 또한 과학기술의 지나친 상업화로 연구에 동기를 부여하는 요인이 동료들에게서 받는 인정에서 경제적 보상으로 바뀜에 따라 부작용의 증대가능성이 높다. 이의 해결책으로 과학기술자 개인차원의 직업윤리와 직업집단의 공동체 윤리확립과 공공성 있는 연구증대 및 민주적 의사소통 구조형성의 필요성은 커지고 있다. 이러한 기술은 오늘날 정보통신기술과 함께 미래산업으로 등장했다. 생명과학기술은 자연적인 진화과정에서는 당연히 발생하지 않는 결과를 인위적으로 가져올 수 있다는 인식을 전제로 한다. 이러한 기술은 막대한 개발비용이 투자되어야 하기 때문에 개발자의 권리를 법으로 보호할 필요성이 대두된다. 따라서 특허[184]를 비롯한 지적재산권 제도[185]와 불가피하게 만나게 된다. 마찬가지로 의학분야에서도 생명안전 및 윤리와 관련해서 무한정으로 관련 당사자들만의 논의대상으로 머무르게 할 수는 없다. 생명과학의 발전은 유전병의 극복이나 암 또는 에이즈 등 불치병을 퇴치할 수 있다는 의학적 효용성 측면에서 긍정적이나, 연구과정에서 나타나는 돌연변이의 발생이나 독성 및 알레르기 반응 등 안전성 및 윤리성에 대한 문제가 제기되고 있다. 예를 들어 배아복제 실험으로 인한 인체의 존엄성 훼손, 유전정보의 남용으로 인한 인권과 프라이버시의 침해, 유전정보의 상업화, 우생학적 차별로 인한 유전적 계급의 형성 가능성 등 윤리적 측면의 논란이 많이 나타나고 있다.

---

[184] 원래 생명체는 자연 또는 신의 창조물이며 인간의 창작물이 아니기 때문에 발명이 될 수 없고 생명체는 개체마다 서로 달라서 반복가능성이 없으므로 발명의 완성이 확인되지 않는다고 주장되었다. 그러나 미국 연방대법원은 1980년 Diamond v. Chakrabarty사건(유전공학을 이용해 석유 분해능력이 있는 박테리아를 생성함)에서 유전공학을 이용해 제조된 미생물에 관해 세계 최초의 생물특허를 인정함으로써 생명공학분야에서 생물에 관한 특허의 폭을 과감히 넓히는 기틀을 마련하게 되었다. 대법원은 판결문에서 "하늘 아래 인간이 만든 모든 것"(Anything under the sun that is made by man)은 특허의 대상이 될 수 있다(생물체도 포함한다는 판결)는 판시를 해 특허대상의 범위를 확대했다. 식물의 유전공학 결과물 또한 보호받고 있다. 한국도 지적재산권법에서 미생물 및 동식물의 특허도 법으로 보호하고 있다.

[185] UPOV조약(International Convention for the Protection of New Varieties of Plants)은 "① 발명자의 권리가 특허로 보호되는 것과 마찬가지로 식물신품종 육성자의 권리는 법률로 보호되어야 한다. ② 권리는 그 보호기간이 한정되어야 한다. ③ 신품종이란 구별성, 균일성, 안정성 등의 요건을 충족하는 것이어야 한다. ④ 권리의 효력은 육성자의 허락 하에 신품종의 종묘가 유통되는 것으로 해야 한다. ⑤ 신품종을 별도 품종의 육성소재로 사용하는 경우에는 육성자의 허락을 요하지 않는다고 해야 한다"라고 규정해 보호하고 있다.

우리나라에서는 1980~1990년대의 지넨테크(Genentech)사의 인슐린 개발[186]과 복제양 돌리[187] 및 복제소 영롱이의 탄생과 인간게놈프로젝트[188]의 완성이 국내 산업계에 그 산업적 가치를 인식시켜 주었다. 1990년대 이후 정부와 민간기업은 산업화 차원에서 연구개발 및 상품화를 동시에 진행하고 있다.

이 영역에는 대표적으로 농업 및 축산분야(Green Bio), 환경(White Bio) 및 의약분야(Red Bio)가 있다. 소금기가 많은 간척지에서도 재배할 수 있는 내염성작물, 스스로 병충해를 물리치는 내병성 작물 등의 농업분야와 축산분야의 교배에 의한 우수한 품종개발, 냉동수정란 및 성장호르몬 개발 등이 있다. 환경분야에는 미생물을 이용한 항생물질인 페니실린 개발, 의학분야에는 인슐린 대량생산 및 혈액응고를 막아주는 단백질 개발, 인터페론 개발, 출산과 관련한 인공수정 및 체외수정, AIDS 바이러스의 유전자 수준에서의 진단 등이 있다.

이러한 생명과학기술의 특징을 보면, ① 양면성 즉, 선의로 혹은

---

[186] 인간유전자를 박테리아에 삽입해 인간단백질(인슐린)을 생산하는 기술 개발.
[187] 동물복제기술은 생식세포가 아닌 성장 및 분화가 끝난 체세포를 다시 분열시켜 유전적으로 동일한 개체를 생산하는 기술을 말한다. 영국의 윌머트 박사팀은 1997년 양양의 체세포를 이용해 유전적으로 동일한 돌리를 생산함으로써 최초의 체세포 동물복제에 성공했다. 1999년 서울대 황우석 교수팀이 복제소 영롱이를 탄생시켜 체세포 복제에 성공했다.
[188] 게놈(Genome)은 유전자(Gene)와 염색체(Chromosome)의 합성어로 한 생물체가 지닌 모든 유전정보(DNA)의 집합체를 뜻한다. 한 개체에 있는 모든 세포는 동일한 수의 염색체와 유전정보를 가지고 있으므로 하나의 세포만을 분석해도 전체 게놈정보를 알 수 있다. 인간게놈프로젝트의 중요성은 인간 유전자에 존재하는 30억 개에 달하는 염기서열을 밝히는 작업으로서, 여기서 얻은 유전자지도에 기초해 약 10만 개로 추정되는 인간 유전자의 구조와 기능을 밝히게 되면 그 결과를 바탕으로 해서 생로병사의 여러 문제점에 대한 해결시도가 가능하다는 점이다.

합법적인 목적으로 가공된 힘이 위협적인 위력을 동시에 갖는다는 점(예 유전자 변형농산물), ② 적용의 불가피성(작은 영역에서 가능한 일은 큰 영역으로 불가피하게 확대되어 그 적용은 곧 생활에서의 지속적인 필요를 가져온다), ③ 적용의 광범위성 및 예측의 불확실성 증대(공간적으로는 지구촌 전체, 시간적으로는 무수한 미래의 인류에 미칠 정도의 인과관계를 가져온다. 예 이식된 유전자의 장래예측 불가능성), ④ 기초연구분야(생물학, 화학, 수의학)와 응용분야(의학)의 협동연구(융합과학) 필요성 증대 등으로 정리할 수 있다.

Ⅱ. 생명안전 및 생명윤리

1. 안전 및 윤리확보의 필요성

생명과학기술은 식량자원의 우수품종 개량을 통한 식량증산이나, 암 등과 같은 질병의 치료, 인간의 노화방지 등 삶의 질을 향상시킨다는 측면에서 그 유용성을 긍정적으로 평가할 수 있다. 다른 한편으로는 새로운 유전공학 생산물의 출현으로 인해 기존의 생태질서 파괴 및 인간 존엄성의 위해가능성 증대 등 부정적 요소도 동시에 존재한다. 예를 들어 연구과정에서 나타나는 돌연변이의 발생이나, 독성 및 알레르기 반응 등 안전성에 대한 문제가 있다. 또한 배아복제 실험으로 인한 인체의 존엄성 훼손, 유전정보의 남용으로 인한 인권과 프라이버시의 침해, 유전정보의 상업화, 우생학적 차별에 의한 유전적 계급의 형성 등 윤리적 측면의 쟁점도 발생하고 있다.

이렇듯 생명과학의 급격한 발전과 이에 따른 인간생활 및 사회 인식의 변화양상은 오히려 과학적 진보보다는 과학이 가져올 수 있는 위험에 대한 논의를 활발하게 만들어주고 있다. 과학이 주는 편리함과 유용성보다는 이에 수반되는 부작용을 감소시킬 수 있는 과학연구윤리와 안정성 확보가 강화되는 경향을 보이고 있는 것이다. 이제 생명과학은 실험실 및 연구실이라는 밀실에 국한된 논의가 아니다. 인간의 가치와 존엄 그리고 이에 따른 윤리와 의무라고 하는 새로운 인권의 논의로서 그 중요성이 부각되고 있다.

(1) 안전성 측면에서의 쟁점

크게 보면 유전자치료 및 유전자검사와 인간의 배아를 이용한 연구에 있어 안전성 논란이 일고 있다. 먼저 유전자치료는 원래 세포생물학과 분자생물학이 발전하고 유전자이입(Gene Transfection) 기술이 가능해짐에 따라 암 및 유전성 질환 등의 질병치료를 목적으로 연구가 시작되었다. 여기에는 동시에 많은 잠재적 위험요소가 존재한다. 예를 들어 유전자를 세포 내로 전이시키는 데 사용되는 벡터 바이러스가 환자를 위험에 빠지게 할 수 있다. 또한 전이된 유전물질의 배치와 발현이 완전히 조절될 수 없기 때문에 유전자전이는 예상 외로 환자에게 건강상의 위험을 초래할 수도 있다. 더불어 유전자를 세포 내로 삽입시키는 과정에서 유전자가 우연히 생식세포(정자 및 난자)로 전이되어 유전자변형이 자손에게 전달될 수 있는 위험성도 있다. 따라서 유전자치료 임상실험에 대한 감독과 모니터링 등 안전관리 체계를 구축함으로서 환자를 보호하기 위한 방안이 강구되어야 한다. 한편 유전자검사는 질병의 조기진단이나 친자확인 등의 목적으로 활용되고 있다. 미래에는 개인별 약물감수성 차이를 고려한 맞춤치료도 가능하리라고 본다. 그러나 현재 유전자검사로 진단할 수 있는 질병의 범위는 제한적이며, 현 지식으로는 특정 질병의 발현 여부를 정확히 예측하기가 어렵다. 또한 질병발생에는 유전적 요인 및 환경적 요인, 생활 습관적 요인 등이 함께 관여하므로 유전적 요인만으로는 질병여부를 단언할 수 없다. 이러한 제한에도 불구하고 유전자검사는 개인에 미치는 심리적 영향이나 출산 등의 삶의 선택, 건강행위 등에 미치는 영향이 크다. 또한 검사결과 잘못된 판단으로 인해 불필요하거나 부적절한 검사와 치료를 받을 수도 있다. 따라서 유전자검사가 보다 효율적·효과적으로 활용되기 위해서는 검사의 정확도와 임상적 타당도를 보장하기 위한 관리체계의 마련이 필요하다. 최근에 들어서는 인간의 배아를 이용한 줄기세포 연구를 통해 파킨슨병, 알츠하이머 등 난치병에 대한 세포치료연구가 활성화되고 있다. 세포원으로서 인간배아를 이용할 경우에는 세포, 조직 및 장기 등을 인공적으로 배양할 수 있다. 그러나 '미끄러운 경사길 이론'(Slippery Slope)에서 제시하는 것처럼 개체복제를 위해 무제한으로 배아 이용을 허용하는 것은 쉽게 인간개체의 복제로 이어질 수 있으므로 이에 대한 허용범위의 한계설정과 관리체계 구축의 필요성이 강하게 대두된다.

(2) 윤리적 측면에서의 쟁점

생명윤리의 쟁점은 매우 다양하다. 통상 인간에 대한 생명윤리의 논의는 생명의 시작, 생명의 조작 및 생명의 종료와 관련된 윤리로 구분할 수 있다. 배아연구 및 그를 통한 인간복제 등은 생명의 시작과 관련되어 있다. 반면에 유전자검사 및 유전자치료 등과 관련된 임상실험, 인간게놈프로젝트 등은 생명의 조작과 관련이 깊다.

오늘날 인간배아가 질병연구 목적으로 이용되고 그 활용가치의 극대화 가능성이 높아지면서 인간배아의 도덕적 지위에 대한 논의는 윤리적 쟁점의 핵심을 이루고 있다. 인간배아연구가 질병치료의 절박함에 의해 정당화되는 측면이 있으나, 과연 배아가 연구실험의 대상이 될 수 있는 존재인가의 물음이 논의의 쟁점이 되고 있는 것이다. 배아의 이용이 치료적 목적에 국한된다고 해도 인간을 수단으로 사용할 수 있는지, 인간이 도구적으로 이용 가능한 대상인지에 대한 논의이다. 현재 배아에 대한 논의는 수정 순간부터 인간의 지위를 부여해 생명에 대한 절대적 존중을 주장하는 입장과, 배아를 단순한 세포덩어리로 보고 개인적 선택을 중시하는 입장 등 양극단론이 동시에 존재한다. 제3의 안으로서 척추 등 신체기관이 형성되는 14일 이전까지는 배아를 잠재적 인간으로 인식하고 사회적 효용성 측면에서 배아의 이용이 가능하다는 중도적인 입장도 제시되어 있다.

또 유전자검사는 질병의 진단이나 예측뿐만 아니라, 개인적 소질을 확인하거나 성감별의 목적으로 이용될 수 있어 윤리적 문제를 야기할 수 있다. 특히 유전자치료 기술은 질병의 치료보다는 키나 머리색깔 등과 같은 기본적인 사람의 특성을 변형시키는 우생학적 목적으로 사용될 수 있으며, 더욱이 경제력이 있는 사람들만이 유전자치료를 받아 더 우수한 자질을 갖고 태어남으로써 새로운 인간차별의 요인이 될 수도 있다. 이에 따라 유전적으로 낮은 계급이 생겨나 결국 별도의 열등한 종이 생길 우려도 있다.

한편 인간게놈지도가 완성됨에 따라 일반대중 사이에서 점차 확산되고 있는 환원주의 또는 유전자결정론에 대해서도 충분한 논의가 필요하다. 유전자결정론이 윤리적 쟁점이 되는 것은 이에 따라 인간의 가치판단이 왜곡될 수 있고 인간차별을 초래할 가능성이 있기 때문이다. 환원주의는 인체를 유전적 서열 이상으로 보지 않을 뿐 아니라 물리적 환경이나 사회의 영향을 고려하지 않는다. 사실상 인간게놈프로젝트가 환원주의를 향해 한 걸음 가까이 가게 한 것도 사실이며 과학연구의 목표로서 생명현상을 물리·화학으로 환원할 수 있다는 환원주의는 분명 그 의의가 있다. 그러나 현 단계에서는 환원주의가 옳다는 것이 입증된 것이 아니다. 과학자 내부에서도 유전자의 행동은 변형되며 다른 유전자들의 영향을 받는다는 주장이 있다. 생명활동은 여러 유전자들이 서로 연합하고 상호작용하는 과정에서 이루어지며 동시에 주변 환경의 요인에 의해 끊임없이 변화한다는 주장 또한 설득력을 지니고 있다는 것이다. 인간게놈이 밝혀졌다 해서 인체의 신비가 완전히 드러난 것은 아니며, 인간게놈지도의 완성은 시작에 지나지 않는다는 주장이다.

한편 유전정보에 대한 비밀보장의 논의 또한 윤리적 측면에서 쟁점화되어 있다. 유전정보는 미래의 건강상태, 개인의 소질 및 특성에 대한 정보를 포함하고 있으므로 유전자검사과정에서 발생된 개인의 유전정보가 오·남용될 경우 의료보험 가입거부, 실업, 승진 실패 등 차별을 당할 우려가 있다. 유전정보는 개인 이외에 그 개인의 가족, 혈족, 민족이 공유하고 있는 정보이므로 다른 어떤 정보보다도 철저히 비밀이 보장되어야 하며, 이로 인한 차별은 인권에 대한 침해로 심각한 윤리적 문제를 야기할 것이다. 따라서 유전자검사 의뢰과정에서 채취한 시료가 피검자의 동의 없이 본래 목적 이외의 용도로 사용되지 않도록 유전자 검사의 목적, 검체 및 검사결과의 보관 및 폐기 등에 대해 피검자의 동의를 구하는 절차를 마련하는 등 개인의 사적 재산인 유전정보의 보호방안이 마련되어야 한다.

(3) 유네스코의 '인간게놈과 인권에 관한 보편선언'

1997년 유네스코가 채택한 '인간게놈과 인권에 관한 보편선언'은 인간게놈의 연구를 통해 존엄과 자유가 지켜지는 한도 내에서 인간 및 생물의 게놈연구가 가져다주는 이익과 편의를 추구할 수 있다는 것이다. 즉 어떠한 과학적 진보나 의료적 효용성도 인간의 존엄과 자유보다 더 중요할 수는 없으며 유전적 특성으로 인해 차별받아서도 안 되며 본인의 동의 없이는 연구, 진단 및 치료를 통한 조작을 해서는 안 된다고 전제조건을 선언하고 있다. 구체적으로 보면, ㉠ 인간의 존엄성 보장을 위해 인간을 위한다는 선의의 목적을 위해 인간을 수단으로 이용하고자 할 때 그 한계가 명확해야 하며 사회적 합의가 필요하다는 것이다. ㉡ 환자를 보호하기 위해 자유스러운 사전동의가 선행되어야 하고 어린이나 재소자 등 취약자에 대해 차별적 이용이나 남용이 금지되어야 한다. ㉢ 연구과정 등에서 발생한 개인정보에 대한 접근 및 전파과정에서 사생활이 보호되고 개인의 비밀이 보장되어야 한다. ㉣ 정의와 형평의 관점에서 연구과정에서 발생하는 각종 위해와 부담은 물론 연구에 의한 혜택이 대상 국민에 골고루 전달되어야 한다. 위해요소를 최소화하기 위해 과학적으로 신뢰할 만한 자료를 생산하기 위한 최소한의 대상에 대해 최소한의 시험을 실시하되 연구로 인한 혜택은 극대화해야 한다. ㉤ 생명과학기술자들의 학문과 연구의 자유가 헌법상 보장을 받고 있지만, 공공의 안녕질서 및 공공복리를 위해 연구가 일반인에게 끼칠 위해의 가능성이 명백하다고 판명될 경우에는 법적 규제가 필요하며 연구자는 이에 책임을 져야 한다는 것이다.

2. 국가생명안전윤리위원회

생명안전 및 윤리에 대한 쟁점은 국가나 사회의 생명윤리적 경향에 따라 접근방법이 상이하다. 유럽대륙은 윤리근본주의적인 전통을 고수하는 전체적 흐름을 유지하는 반면, 영국과 미국은 공리주의·결과주의적 접근방법을 선호한다. 그러나 점차 산업화 흐름으로 변화되고 있는 듯하다. 당연히 생명안전 및 윤리에 관한 쟁점은 국가간의 차이 이외에 동일한 국가 내에서도 다양한 견해와 관점이 공존하고 있다. 이러한 점에 착안해 유네스코에서는 '인간게놈과 인권에 관한 보편선언'(1997년)에서 사회적 합의를 높이기 위해 생명과학분야에서 야기될 수 있는 윤리적·사회적·법적 문제에 대해, 각 국가에서는 국가차원의 생명윤리위원회를 구성하도록 권고하고 있다. 권고안에서 유네스코는 국가생명윤리위원회의 조건으로서 자유로운 토론을 충분히 할 수 있는 독립성과 함께, 다양한 사상과 의견을 대표할 수 있는 다학문주의 및 다원주의를 제안했다. 또한 국가생명윤리위원회의 3가지 기능으로서 자연과학분야에서 이루어지는 진보에 대한 윤리적 고찰 기능을 가지고, 인권과 자유를 지키기 위한 지침을 제정하고 연구자들이 연구활동에서 지켜야 할 규범을 제시하는 자문기능을 가지며, 생명윤리에 대해 일반 대중 외에 전문가들에게도 교육훈련 및 정보를 제공해야 하며 과학자들이 참여하는 폭넓은 대중토론을 촉진하는 기능을 구비할 것을 제안했다.

(1) 미국의 국가생명윤리위원회

국가생명윤리자문위원회(National Bioethics Advisory Commission, NBAC)는 대통령 직속기구로서 인간대상 연구에서 파생되는 생명윤리 관련 정책·지침·법안 등의 적절성 평가, 임상 등을 포함한 연구의 적용범위에 대한 자문을 담당하고 있다. 생명윤리 관련 의제는 국민건강에 미치는 영향 외에 생명윤리 쟁점사항의 정치적 시급성 및 정부의 관심도, 연방정부의 과학기술 목적과의 관계 등에 따라 우선순위가 결정된다.

위원회의 위원은 대통령이 임명하는 위원장을 포함해 최소 18명으로 구성되는데, 위원들은 관련 사항에 식견이 풍부한 비정부 전문가, 지역사회 대표 등으로 구성됨을 원칙으로 한다. 위원 중 철학 또는 신학, 사회과학 또는 행동과학, 법학, 의학 또는 생물학 연구자는 각각 최소 1명씩 포함되어야 하며, 적어도 3명의 일반시민이 포함되어야 한다. 이 외에도 과학자와 비과학자 비율은 비슷해야 하며 지역, 인종, 성비에 있어서도 균형을 이루어야 한다는 주의규정을 명시하고 있다.

(2) 캐나다의 인간연구에 대한 국가윤리자문위원회

보건부(Health Canada)와 의료연구위원회(Medical Research Council of Canada, MRC)가 공동으로 인간연구에 대한 국가윤리자문위원회(National Council on Ethics in Human Research,

NCEHR)를 설립해 자문제공 기능을 수행하고 있다. 위원회에서는 각 연구기관의 연구윤리위원회(Research Ethics Board, REB)가 임상연구의 윤리기준을 마련하고 이를 적용하는 단계에서 제기되는 문제를 자문하며, 이 밖에 연구윤리위원회의 기능을 평가하기 위한 체계를 마련하고 있다. 또한 연구기관, 연구윤리위원회, 연구자, 전문가, 연구비 지원기관, 일반시민들을 대상으로 인간대상 연구에 대한 이해를 증진하기 위해 교육자료와 지침을 작성한다.

(3) 영국의 인간유전체위원회 등

영국에서는 인간유전체에 대한 자문기구로서 인간유전체위원회(Human Genetics Committee), 유전자치료에 대한 자문위원회(Gene Therapy Advisory Committee), 유전체와 보험위원회(Genetics and Insurance Committee), 유전자변형 자문위원회(Advisory Committee on Genetic Modification) 등이 설치되어 있다.

인간유전체위원회는 생명과학 관련 분야의 지속적인 발전에 따라 연구의 투명성을 확보하고 광범위한 사회적·윤리적 쟁점들을 고려해 정부의 의사결정에 도움을 줄 수 있는 자문기구이다. 그 기능은 첫째, 인간유전체와 관련된 최신의 개발현황과 개발가능성에 대한 분석 및 그 사회적 영향에 대한 자문을 담당한다. 둘째, 국가보건서비스 내에서 유전자 관련 서비스 제공의 정책적 우선순위에 대한 자문을 제공한다. 셋째, 연구의 정책적 우선순위에 대한 자문을 제공한다. 넷째, 시민 및 이해당사자들이 인간유전체 기술의 사용 및 개발에 대한 관련 논의에 활발히 참여할 수 있는 방안 및 시민들에게 관련 정보를 제공하는 방법을 개발하고 그 자문을 행한다. 다섯째, 관련 기구와의 정보교환 및 업무협조를 통해 법규 마련 및 자문조직의 효과성에 대한 자문을 제공한다. 특히 유전자검사에 대한 자문위원회(The Advisory Genetic Testing)는 보건부장관에게 유전자검사 분야의 여러 문제들에 대해 보고하는 자문기구로서 자문위원회의 구성은 소비자 집단, 산업계, 임상의사, 철학자, 학계와 과학자들로부터 선출된다.

유전자치료에 대하여 자문위원회는 인간의 유전자치료 연구에 과학적 편익과 가능한 위험을 고려해 윤리적 적합성에 대한 조언을 제공한다. 치료 또는 비치료 연구에 대해 각 연구제안서가 인간을 대상으로 한 연구에 적용되는 기존의 윤리적 기준들을 만족시키는가를 주요한 기준으로 삼는다. 인간을 대상으로 한 체세포 유전자치료 또는 유전자변형 연구를 수행하고자 하는 경우 이 위원회의 승인을 얻어야 하며 위원회는 인간을 대상으로 한 생식세포 유전자치료에 대한 연구제안서는 승인하지 않고 있다.

3. 유전자변형생물체

유전자변형생물체(Living Modified Organism, LMO)가 인체 및 생태계 나아가 사회문화적 측면에 미칠 잠재적인 위해성을 인지하고 1999년 콜롬비아의 카르타헤나에서 '생명공학안정성 의정서'를 채택했다. 이 의정서는 생명공학을 국제법적으로 규제하기 위한 최초의 규범이다. LMO가 우수한 생산력을 가지고 있어도 인간과 환경에 친화적이고 안전하다는 것을 과학적으로 입증하지 않고서는

'사전예방원칙'에 근거해 국가간 거래를 할 수 없게 함으로서 국가간 이동시 안전을 확보할 수 있는 절차를 규정하고 있다. 한국에서는 LMO 일반법으로 '변형생물체 국가간 이동 등에 관한 법률'을 입법예고 중이다.

현 '식품위생법'에서는 유전자재조합 식품에 대한 안정성 평가를 임의규정으로 하고 있으나, 잠재적 위험성에 대한 인체위해성을 보다 철저히 관리하도록 위해성 평가에 근거한 안전성 평가기준, 생산 및 수입자의 준수사항, 표시 등 유전자재조합 안전관리를 위해 필요한 세부사항에 대해 법령의 제정 및 개정의 근거를 마련하고 있다. 카르타헤나 의정서의 사전예방원칙에 따라 국가는 유전자재조합 식품에 의한 인체유해의 우려에 대비해 예방대책을 강구하도록 근거조항을 설정함으로 새롭게 발생되는 식품 관련 국내외의 정보를 검토해 필요한 예방조치를 취할 수 있도록 했다. 또한 유전자재조합 식품과 의약품에 대해 폭넓은 정보교류의 과정을 통해 소비자들의 우려를 반영하고 동시에 산업계의 애로사항 및 학계의 전문적인 의견을 반영 및 조화함으로서 보다 안전하고 효율적인 관리정책을 수립할 수 있는 근거규정을 마련했다.

Ⅲ. 생명윤리 및 안전에 관한 법률

1. 생명법의 특성

헌법에서 보장하고 있는 학문의 자유를 적절히 보장하면서, 동시에 인간의 존엄성을 보장할 수 있도록 상호 대립되는 가치관을 조정할 필요가 있다. 또한 생명과학기술의 발전에 따른 안전성을 확보하고 나아가 윤리적 측면에서 사회적 합의를 도출할 수 있도록 법을 통한 보호와 규제가 이루어져야 한다. 이 법이 '생명윤리 및 안전에 관한 법률'(이하 생명법)이다.

현재 동법에 대해 생명윤리학계의 의견을 배제하고 생명공학계의 입장을 반영한 힘의 논리에 따라 규정되었다는 강한 비판에 직면하고 있다. 구체적으로 ① 완화된 유전자검사 및 치료규정, ② 난자기증 허용(난자 및 정자 관리소홀), ③ 이식되고 남은 수정란 및 배아의 처리문제(느슨한 체세포 핵이식방식의 배아연구규정), ④ 생명복제기술의 방법, ⑤ 국가생명윤리위원회의 구성 및 운영(배아전문위원회의 구성 및 운영 포함)이 그렇다.

생명법은 다양한 분야를 적용대상으로 하고 있다. 생명법은 일반법으로서 생명과학 관련 대상에 공통적으로 적용이 가능한 기본원칙을 제시하고 있다. 생명법은 생명과학기술의 발전이 인간의 존엄성을 보장하고 인체의 안전성을 침해하지 않는 범위에서 이루어질 수 있도록 국가가 부담해야 할 책무와 함께 연구관련 종사자가 준수해야할 사항 등을 명시했다. 또한 국민이 요구할 수 있는 권리로서 사전동의 등 자기결정권이나 알 권리, 의사결정 및 참여권 등을 제시하고 있다. 기본원칙 외에 처벌규정도 명시함으로 인간복제, 인간과 동물의 상호융합행위, 개인유전정보의 사적 이용 및 누설 등 법에서 금지 내지는 규제하고 있는 내용을 실효성 있게 관리할 수 있도록 구속력을 부여했다. 생명과학과 관련된 윤리 및 안전에 대한 사안은 범국가차원에서 단일체계로 정리하고, 각 분야에 대한 실제적 집행은 각 부처별 관장 업무의 범위에 따라 담당하도록 했다. 그리고 국가생명윤리위원회에 범 부처간 조정기능을 부여해 행정기관간 업무의 지원 및 조정이 원활히 이루어지도록 명시했다.

2. 주요 내용

(1) 총칙

생명과학기술이 국민의 안전향상에 이바지할 수 있도록 제도와 여건을 조성한다는 법 제정의 목적과 함께 이와 밀접한 관련이 있는 분야에 대한 법 적용의 범위를 구체적으로 명시하고 있다. 또한 국가는 안전 및 윤리확보에 필요한 시책을 마련하고, 생명과학기술이 인간차별을 야기할 수 있는 우생학적 목적으로 이용되지 않도록 관리해야 한다고 명시했다. 관련 종사자에 대해서는 질병치료 등 이외의 목적으로 유전자변형에 대한 연구를 수행할 수 없도록 제한했으며, 국민에 대해서는 자기결정권과 함께 안전 및 윤리와 관련된 기술 및 정책에 대한 알 권리, 정책결정에 참여할 수 있는 권리도 함께 보장하고 있다.

(2) 국가생명윤리심의위원회

생명과학과 관련된 안전 및 윤리문제는 과학기술부, 교육인적자원부 등 여러 부처와 관련되어 있어 부처간 조정기능이 필요하므로 국가생명윤리위원회를 대통령 소속하에 두고, 실질적인 기능을 수행할 수 있도록 심의 및 의결기능을 부여한 상설기구로 설치하도록 했다. 위원회는 다학문적 접근이 가능하고 다양한 계층이 참여할 수 있도록 철학자, 종교인, 법조인, 시민단체 및 여성계 대표, 생명과학기술 안전분야의 전문지식을 가지고 있는 자, 관련 업계 대표자, 공무원 등으로 구성하고 있다. 또한 전문기관을 설립해 생명과학기술에 의해 야기될 수 있는 윤리성 및 안전성 문제를 조사 및 연구하고 국제정보를 교류하며, 교육훈련 업무를 수행함으로서 위원회가 원활히 기능할 수 있도록 지원할 것을 명시했다.

(3) 생명복제 및 인공수정

다음의 행위는 금지되며 위반에 대해서는 신체형과 벌금형의 벌칙을 부과하고 있다.
① 생식세포나 체세포를 이용한 인간개체의 복제
② 인간과 동물의 상호융합 및 이의 이식행위
③ 임신 이외의 목적으로 배아를 인위적으로 만드는 행위
④ 배아의 유전정보를 인위적으로 변경 및 조작하는 행위
⑤ 유전정보가 인위적으로 변경 및 조작된 배아를 복제하는 행위
⑥ 피시술자의 사전 동의 없는 인공수정
⑦ 인공수정시 성 선택의 목적으로 선별된 정자를 사용하거나 사망한 자 또는 미성년자의 생식세포를 이용하는 행위

⑧ 상업적 목적으로 인간의 배아, 정자 및 난자, 대리모 등을 이용하는 행위

그러나 생명과학기술의 연구 및 인공수정 시술의 의료적 유용성을 고려해 국가생명윤리심의위원회가 인정하는 경우에 한해 제한적으로 연구 및 시술을 허용하고 있다. 그 예외는 임신을 목적으로 생산된 인간배아의 잉여분을 이용한 연구로서 동 위원회가 필요하다고 인정한 경우 및 배우자가 아닌 사람 사이의 인공수정행위로서 동 위원회가 인정하는 경우이다.

(4) 유전자검사

유전자검사는 검사결과가 개인의 건강과 심리적 및 사회적 안녕에 미치는 영향이 크다. 따라서 안전성과 윤리성 측면에서 엄격한 관리가 필요하다. 검사기관은 법령으로 정해진 시설과 인력 등을 갖추고 국립보건원에 등록하게 함으로써 관리하도록 하고 있다. 국민의 자기결정권의 정신에 따라 유전자검사를 실시할 때는 반드시 사전에 피검사자의 동의를 구하도록 규정하고 있다. 단 사법절차상 수사와 증거조사를 위해 불가피한 경우는 제외한다. 또한 유전자검사 결과 얻어진 유전정보는 수집된 목적 외의 다른 용도로 이용할 수 없으며, 본인의 동의 없이 이용하거나 누설되지 않도록 규정하고 있다.

(5) 세포치료 및 유전자치료

세포치료 및 유전자치료는 현재도 안전성이 확실히 검증되지 않은 실험단계이다. 따라서 환자의 인권과 안전을 보호하기 위해 시술기관 및 치료기술에 대한 관리절차를 규정했다. 시술기관은 보건복

지부령에 따라 국립보건원장으로부터 세포치료기관 또는 유전자치료기관으로 지정을 받아야 하며, 새로운 치료기술이나 유전자치료기술에 대해서는 시술하기 전 국립보건원장의 승인을 받아야 한다. 또한 승인받은 기술에 대해서는 유용성이 입증될 때까지 시술결과 등을 보고해야 하며, 세포 및 유전자치료과정에서 사용되는 유전자치료제 등은 식품의약품안정청에서 약사법령에 따라 관리하도록 하고 있다.

또한 세포치료 및 유전자치료를 시술할 때에는 환자의 동의가 선행되어야 하며, 유전적 향상 목적의 시술은 제한하는 등 안전 및 윤리적인 측면의 고려가 선행되어야 하며 이는 보건복지부령으로 정하도록 하고 있다. 생식세포에 대한 유전자치료는 전면적으로 금지하고 있다. 이는 생식세포에 대한 변형은 그 영향을 확인하는 데 오랜 시간이 걸리므로 단기간의 임상자료만으로는 그 안전성을 확신할 수 없기 때문이다. 또한 유전자의 다양성을 저해하고 미래세대의 형질에 대한 결정권을 현 세대가 침해할 수 있느냐 하는 윤리적인 물음과 우생학적 목적으로 남용될 소지가 많기 때문이다.

(6) 생명공학 실험

생명공학 실험의 안정성 확보는 실험자의 건강뿐 아니라 방출로 인한 국민보건의 위해방지 측면에서도 매우 중요하다. 따라서 실험을 실시하는 각 연구기관의 자율적 이행조직을 확보하고 연구자의 생명공학 실험에 대한 위해도 평가 등 생물안전 이행능력의 확보를 위한 법적 근거를 두었다. 실질적으로 실험기관 기관장에게 안전이행 책임을 부여했다.

제2절

생명과학기술과 법

의료기술의 진보는 진행 중이다. 특히 출산과 관련된 기술의 진보는 자연적 한계의 극복방법을 보여주고 있다. 그러나 특히 의료 및 생명분야에서의 법은 관련 기술의 발전과 속도를 동일하게 유지하기가 힘들다. 실제로 세상에 태어나는 무수한 자녀들이 '덜 점잖은 상황에서 미흡한 사랑의 결과'로 나온다는 것을 생각하면 윤리학자들이 얘기하는 것처럼 배우자의 성을 통한 자연적 수태방식에 의하지 않는다는 것을 이유로 인공수정을 더 이상 금할 수는 없다. 덧붙여 생명복제기술을 포함해 출산을 하는 데 이용될 수 있는 수단 및 방법을 국가가 무제한으로 제한할 수 있다는 발상은 일반적인 법 감정에 비추어 낯설다. 따라서 과잉규제 내용을 담고 있는 법률을 통한 비합리적인 제한 가능성의 증대는 위헌성(연구의 자유 및 자기결정권의 침해유무 등)을 불러일으킬 수 있다.

I. 인공생식의 종류

새로운 생식의료기술을 통해 다양한 형태의 인공생식아의 탄생을 가능케 하는 인공생식은 크게 '인공수정' 및 '체외수정', '대리모(Surrogate Mother)계약에 의한 출산', '생명복제기술에 의한 출산' 등으로 분류할 수 있다.

이러한 인공생식기술의 발전은 기본적으로 난자기증을 통한 연구 활성화의 결과물이다. 난자기증이 적을 때는 기증된 난자를 냉동수정란 형태로 보관해서 사용했었다. 여기에 기존의 냉동수정란은 인간에 버금가는 생명체로서 보호되어야 하는가의 문제 및 재산으로 간주되어 실험, 소유, 이전, 폐기, 판매가 가능한가의 논쟁이 있다. 난자기증의 장점은 냉동수정란이 안고 있는 이러한 문제점을 상대적으로 해소할 수 있다. 난자는 상대적으로 이러한 논의에 있어 자유롭다. 평생에 무수히 배출되기에 수정란만큼 존경의 느낌이 덜하기 때문이다. 그러나 난자는 정자에 비해 적출의 기술적 어려움이 있다.[189] 또한 수정되지 않은 난자의 유지비용은 냉동보관보다 상대적으로 비싸다.[190]

---

[189] 수술요법에 의해야 하고, 시술 전에는 호르몬 조절약 복용, 시술 후에는 월경 원상주기 회복약을 복용해야 하며, 출혈이 따르므로 후에 아이를 잉태하는 데 부정적인 영향을 미칠 수가 있다.
[190] 임신연기를 목적으로 난자냉동을 사용하는 것에 대해 찬성론자는 그 덕분에 직장여성들이 출산 및 양육으로 인한 손실회피가 가능하다고 본다. 반대론자들은 냉동기법이 충분히 검증되지 않았고, 가족친화적인 근무환경 변화를 통해 개선할 수 있는 가족 및 사회문제를 여성 개인이 첨단기술을 통해 풀려는 비이성적 행동이라고 본다. 난자냉동은 한 번 시도에 약 9,000~15,000달러, 냉동보관료는 연 350~500달러가 든다고 한다. 예) 희귀 발육부전(터너 증후군) 현상으로 선천적 불임증이 나타난 자신의 딸(7살)에게 난자를

이러한 장단점이 혼재하는 난자기증은 수정란에 비해 중요성이 떨어질 수는 있어도 생명체의 모태이며 적출시 여성의 몸에 부정적 영향을 미칠 수가 있기에 난자기증은 원칙적으로 허용되지 않아야 하며, 예외적으로 엄격한 조건(예) 사전동의 및 경제적 이해득실 배제 등)에서만 가능해야 한다. 특히 사실상 임신이 불가능한 노령자의 임신을 돕기 위한 난자 기증은 엄격하게 금할 필요가 있다고 본다. 아이들은 그들을 양육할 수 있는 만큼 생존할 수 있는 부모를 가질 권리가 있기 때문이다. 관련법에서도 예외적인 경우만 허용하고 있다.

1. 인공수정 및 체외수정

'수정'(受精, Fertilization)은 정자와 난자가 하나로 합쳐지는 것을 말한다. 그러나 여기서의 '수정'(授精, Insemination)은 단지 정자를 난자가 있는 장소로 들여보낸다는 의미로 사용된다. 그렇기 때문에 반드시 수정(受精)이 일어날 것이라고 장담할 수는 없다. '인공수정'(人工授精, Artificial Insemination)은 '자연적인 방법이 아닌 인공적인 방법을 통해 정자를 암컷의 생식기로 들여보내는 것'을 말한다. 각각 동물과 인간의 불임시술 및 생식능력 강화영역에서 주로 이용된다.

기증한 여성(캐나다의 35세의 여성 변호사 멜라니 보이빈이 자신의 딸에게 난자를 냉동기증)의 난자 냉동보관(2007. 7).

(1) 인공수정

1) 동물의 인공수정

동물을 통한 인공수정의 방법에 대해서는 상대적으로 논의의 무풍지대이다. 그러나 인간의 인공수정은 대부분 동물에 대한 실험이 성공한 후에 시행되기 때문에 언제까지나 논의의 사각지대에 머무를 수는 없다.

동물의 인공수정에서 가장 일반적인 방법은 수컷에게서 얻은 정자를 암컷의 생식기에 넣는 것이다. 인공수정은 최초 소에서 시도되었으며 이후 말이나 개, 꿀벌 등에서 이용되고 있다. 수컷에게서 정액을 얻은 다음에는 냉동을 해서 보관할 수도 있다. 소나 말 같은 경우에는 사람이 직접 손을 쓰거나 기계를 이용해 정자를 집어넣는 방식으로 진행한다. 농업에서 인공수정은 매우 일반적으로 사용되는 방법이다. 미국에서 기르는 소의 70%를 넘는 수가 인공수정으로 태어나고 있다.[191]

체세포 핵치환법은 채취한 난자에서 유전형질이 들어 있는 핵을 제거한 뒤 어른 동물의 체세포와 융합해 복제수정란을 만든다. 수정란은 대리모의 자궁에서 자라 복제동물로 태어난다. 태어날 복제동

---

[191] 가축에 인공수정을 하는 경우의 장점은 수컷 1마리의 정액으로 많은 암컷들을 수태시킬 수가 있으므로 우량종축(優良種畜)을 유효하게 이용함으로서 불필요한 수컷을 도태시킬 수 있다. 또한 우량종축과의 교배를 위해 가축을 수송할 필요가 없고, 노력과 비용이 절약될 뿐만 아니라 먼 곳에 있는 개체간의 교배도 가능하며, 전염성의 생식기병을 예방할 수도 있다. 한편, 단점으로는 어느 정도의 설비나 기술이 필요하며, 부주의로 인한 혈통상의 과오가 증가한다. 또한 기술의 미숙이나 설비의 미비로 인한 병해의 발생을 들 수 있다. 동물의 인공수정방법은 현재 세계 각국에 널리 보급되어 있으며, 특히 젖소의 경우 많은 수가 번식하고 있다. 그러나 돼지나 양은 소에 비해서 매우 적다.

물은 체세포 제공 동물과 유전적으로 동일하다. 성공적인 예로 복제 수캐 스너피가 있다.[192] 복제성공률은 스너피의 경우 123마리의 대리모에서 두 마리가 태어났고 이 중 스너피만 생존했다(0.8%). 복제 암캐는 12마리의 대리모에 각각 수정란을 이식해 3마리가 태어났다(25%). 또한 암컷 복제늑대 두 마리도 탄생시켰다. 이러한 방법을 통한다면 애완견 복제도 가능하다.

2) 인간의 인공수정

인간의 인공수정은 불임시술 중 한 가지로 사용된다. 남성의 정자에 문제가 있을 때 주로 사용한다. 정자에 문제가 있을 경우에는 남성에게서 정액을 얻은 후(수정 전) 보관하고 있다가 수정이 필요한 여성의 생식주기에 맞추어 자궁을 열고 정액을 넣는 방식으로 진행한다.

이때 사용되는 정자에 따라 두 가지 경우로 나뉜다. 즉 남편의 정액을 사용하는 경우를 배우자간 인공수정(Homologous Artificial Insemination 또는 Artificial Insemination by Husband, AIH)이라 하고, 남편 이외의 남자의 정액을 사용하는 경우를 비배우자간 인공수정(Heterologous Artificial Insemination 또는 Artificial Insemination by Donor, AID)이라고 한다. AID는 남편이 무정자증(無精子症)으로 남편의 정액으로는 임신을 할 수 없는 경우에 행한

---

[192] 다른 동물과 달리 개는 배란촉진 호르몬제가 듣지 않는데다 발정기가 됐다 해도 난자가 미성숙한 상태로 생산돼 복제에 사용하기가 힘들다. 따라서 미성숙 난자를 꺼내 실험실에서 배양하는 대신 난자가 성숙될 때까지 기다렸다가 정확한 시점에 꺼내는 방법을 사용한다.

다.[193] AID의 경우 호적상으로는 부부의 자식이지만, 의학적으로 어머니는 생모이지만 호적부와 혈연의 아버지는 다르다.

(2) 체외수정

난관통과시 장애가 있을 경우 앞에서 말한 인공수정은 적용되지 않는다. 그래서 난자를 몸 밖으로 꺼내어 시험관에서 수정시키는 방법을 이용하는데, 이를 체외수정(In Vitro Fertilization, IVF)이라 한다.[194] 체외수정은 몸 밖에서 수정(受精)을 마친 후 수정된 난자를 여성의 몸 속으로 집어넣는다는 점에서 큰 차이가 있다. 아내쪽에 불임원인이 있는 경우 정자와 난자를 체외에서 수정시켜 배양하고 자궁에 이식하는 방법이다. 체외수정의 개념에는 수정란이식(受精卵移殖, Embryo Transfer)[195]도 포함하고 있다. 이와 같은 방법으로

---

193) 실시방법은 AIH나 AID가 같다. 즉 배란시기를 목표로 해 자위행위(Masturbation)로 채취한 정액을 2시간 이내에 자궁강(子宮腔) 안에 주입한다. 그 사이의 조작은 모두 무균적으로 행한다. 또한 냉동보존정액을 사용한 예도 있다.
194) 내시경(內視鏡)을 이용해 복강 안에서 배란된 난자를 채취해 시험관 안에서 정자를 넣어 수정시키는데, 상실기까지 수일간 배양한 다음, 다시 자궁강에 돌려보내어 착상시킨다. 체내수정에 대응해 쓰는 말이다. 일반적으로 육상생활을 하는 고등한 동물은 수컷이 정자를 암컷의 체내로 들여보내는 체내수정을 하지만, 수중생활을 하는 동물은 수중에 정자와 난자를 방출해 수정이 이루어진다. 이 경우 정자에는 운동성이 있으므로 난자를 향해 이동하게 된다. 이와 같은 수정을 확실하게 하기 위해 정자와 난자의 방출시기를 동시에 하거나, 난자가 정자를 유인하는 물질을 내는 등의 방법을 쓰는 것도 있다. 사람의 체외수정(Fertilization of Egg in Vitro)은 시험관수태라고도 한다. 이 시험관수태는 난관이 폐쇄되었거나 소멸된 여성을 위해 실시되었다. 현재는 불임병을 가진 여성이나 성불능의 남자를 위해서도 이용되고 있다. 최근 이 기술은 점차 발달되어 냉동저장된 정자를 이용할 수 있게 되었다. 이 기술의 이점은 난자의 통로가 되고, 또 정상적인 수태장소가 되는 나팔관을 거치지 않는 점이다.
195) 생체나 시험관 내에서 정자와 결합되어 분열 중인 수정란을 착상 전 단계에서 회수해 같은 종에 속하는 다른 개체의 생식기에 이식해 착상과 임신을 유도하는 일련의 기술적 과정.

탄생한 아기를 체외수정아(시험관아기)라고 한다. 시험관아기는 의학적으로도 부부의 자식이라 할 수 있다. 우리나라에서도 실례가 있다.[196]

2. 대리모

불임여성을 위해 아이를 낳아주는 대리모(代理母)제도는 여성불임의 대안으로 사용할 수 있다. 현재는 인공수정이나 체외수정을 응용하여 독신여성일지라도 성행위(例) 씨받이, 씨내리)를 수반하지 않고 아이를 가질 수 있게 되었다. 미국에서는 아내의 난자 및 자궁에 불임원인이 있는 경우 남편의 정자를 제3의 여성에게 인공수정해 아이를 출산해 받는 즉, 그 아이를 의뢰한 부부가 받아들이는 대리모가 사업으로서 행해지고 있다.[197] 우리나라와 일본의 상황도 어느 정도 동일하다고 볼 수 있다.

대리모 행위는 심각한 윤리적인 문제를 안고 있다. 생명을 거래

---

[196] 1978년 7월 25일 영국의 올드햄에서 세계 최초의 시험관아기인 브라운양이 탄생해 화제가 되었고, 우리나라에서도 1985년 최초의 시험관아기를 탄생시켰다. 최근에는 현미경을 이용해 운동능력이 부족한 정자를 스포이트로 흡입한 후에 난자와 수정시키는 현미수정(顯微授精)도 행해지고 있다.

[197] 영국에서는 1985년 '대리모계약법'을 제정했다. 일본 등 외국에서는 거의 불가능하거나 까다로운 대리모 행위가 우리나라에서 공공연하게 벌어지는 근본이유는 무엇인가? 첫째, 우리 의식에 면면히 흐르고 있는 가부장주의의 영향으로 여성이 불임인 경우 난자기증을 받고 대리모를 고용해서라도 남편의 혈통을 잇는 아이를 낳아야 한다는 사고방식이다. 둘째, 대리모에 관한 법규가 없으므로 대리모 행위가 불법이 아니며 금지된 사항도 아니라는 점이다. 셋째, 난자를 제공하거나 대리모가 되어줄 취약계층 여성들이 존재한다. 넷째, 대리모와 대리모를 구하는 불임부부를 이어주고 시장이 형성될 수 있도록 중개하는 브로커 및 대리모 시술을 해주는 의사와 병원이 있기 때문이다.

하는 일일 뿐 아니라, 둘 이상의 부모를 인정하지 않는 각국 대부분의 법제에서의 갈등, 대리모와 태어나는 아이의 인권침해 문제도 심각하다. 즉, 아이의 정체성 문제 및 대리모의 신체적, 정신적 건강에 대해서도 문제가 심각하다.

현재 대리모 및 아이의 건강과 이익 등 이들의 인권을 보호할 아무런 법적 장치가 없다. 즉 대리모와 대리출산을 규정하는 법이 없기 때문에 금전적 거래를 목적으로 하는 대리모 출산이라도 그 자체를 불법으로 보아 처벌할 수가 없다. 생명법에 난자 및 정자의 매매는 금지하고 있으나 대리모에 관한 규정은 없고, 단지 대한의사협회의 의사윤리지침에만 "금전적 거래관계에 있는 대리모에게 인공수정이나 수정란착상 등의 시술을 행해서는 안 된다"라는 규정만 있다. 따라서 대리모계약을 하더라도 법적 유효성이 지속적으로 보장될 수 없다. 더욱이 처음부터 대리모를 고용한 여성이 보험적용 및 대리출산 은폐를 위해 자신이 임신해서 아이를 출산하는 것처럼 각본을 짜기 때문에 출산한 후 즉시 대리모를 아이와 떨어뜨려 퇴원시킨다. 또한 친족간의 난자제공과 대리출산처럼, 누가 대리모가 되느냐에 따라 가족관계에 혼란이 올 수도 있다. 또한 대리모를 하면서 난자기증을 함께 하는 경우도 있다. 이는 거래를 통해 자신의 생물학적 아이를 낳아 타인에게 양도하는 것이다. 이러한 난자공여 및 출산행위는 자신의 아이를 파는 부도덕한 생명거래행위이다. 생명윤리법은 난자매매와 알선을 금지하고 있다. 난자공여에 금전이 오가는 것은 불법행위다.

이처럼 대리모시술은 태어나는 아이와 대리모의 인권침해, 여성의 도구화, 생명거래, 가족관계의 혼란 등 많은 사회적 문제를 야기한다. 이러한 현실을 반영해 법제화 및 원칙적으로 양성화하자는 주장이 있다. 그러나 중요한 윤리적 문제를 양산할 수 있는 부도덕한 방법을 통해 불임부부가 아이를 가질 수 있도록 허용해서는 안 된다는 원칙론은 지켜져야 한다. 예외가 원칙을 지배해서는 안 된다.

3. 생명복제기술

생명복제의 문제는 윤리적인 면에서 또한 중요하다. 생물학적인 의미로서의 생물복제는 한 개체와 유전정보가 동일한 또 다른 개체를 만드는 것이기 때문에 일란성 쌍둥이 형제를 만드는 것이나 마찬가지이다. 이러한 기술은 DNA 이중나선구조 발견 및 인간게놈프로젝트 연구증대의 결과 1997년 복제양 돌리의 탄생으로 결정적인 발전을 보았다.

Ⅱ. 법률문제

인공출산기술의 발달로 인해 인공수정아 및 체외수정아 그리고 대리모에 의한 출산이 가능하고 생명복제기술의 성공가능성이 어느 정도 현실화되면서 이 영역은 각국에서 큰 사회적 관심사 및 새로운 법률문제로 등장했다. 기술적인 차원에서 보면 정자와 난자의 취득은 상대적으로 그리 어렵지 않다. 그러나 그 외의 종교적·윤리적·도덕적 및 법률적 측면에서는, 예를 들어 남편이 아닌 다른 출처에서 나온 정자를 사용하고 제3의 배(腹)를 빌리기 때문에 문제가 된다. 또한 동일한 생명체의 인위적인 창조는 기존의 생명윤리를 뒤엎기 때문에 사회적 논란을 발생시킨다.

이러한 문제의 해결은 단순하게 개인의 가치관이나 개인의 윤리판단에 따를 성격은 아니다. 따라서 사회적 용인이 존재하는 범위 내에서 법의 개입이 필요하다.

법 내용에 있어 공통적으로 동의조건이나 위험예방에 관한 사항은 필히 법제화되어야 한다. 먼저 환자, 가족, 피실험자 등에게 충분한 정보를 준 다음에 사전동의를 할 권리는 최대한으로 보장되어야 한다. 위의 동의원칙은 전문가적 기준보다는 비전문가적 기준에 의해 검토되어야 한다. 종국에 가서는 설득력이 사회적 합의의 기초를 이루기 때문이다. 또한 정보는 최신의학의 성과에 대한 정보를 의미한다. 그러나 현실에서는 의료수급체계에서 공급이 달리면서 동의 및 환자의 자율권과 충분한 정보공유는 본래적인 당사자의 의사존중의 의미와는 달리 실용주의 모델이나 경제적 모델에 기울어져 판단되고 있는 상황이다. 또한 입법 및 법 운영에서 인공수정자의 복지를 위한 관점이 큰 비중을 차지해야 한다. 따라서 기본적으로 미래에 아이와의 대면을 꺼릴 사람은 정자든 난자든 기증을 하지 말아야 한다고 본다. 아이들은 그들의 유전적 원천을 알 권리가 있다. 인공수정에 의해 태어난 아이에게 후일 어떤 질병치료와 관련해서도 그의 유전적 원천을 아는 것은 필수적이기 때문이다.

1. 인공수정

예를 들어 배우자 없는 여성이 정자를 기증받아 아이를 낳으려 할 때 현재로서는 그런 선택을 막을 법적 규정은 없다. 하지만 시술 병원에 따라 자체적인 내부 가이드라인을 만들어 놓은 경우는 있다. 차병원과 제일병원에는 "법적인 부부에 한해서" 시술이 가능하다는 규정이 있다. 대한산부인과학회에서도 유사한 기준을 제시한다. 1999년 만들어진 학회 지침에는 "비(非)배우자 인공수정시술은 법률적 결혼관계에 있는 부부만을 대상으로 시행한다"고 명시돼 있다. 그러나 병원과 학회의 가이드라인의 법률적 구속력은 없다. 2007년 현재 입법 예고된 '생식세포 관리 및 보호에 관한 법률제정안' (이하 생식세포관리법)에는 "본인의 불임치료를 목적으로 타인의 생식세포를 수증(受贈)하고자 하는 자는, 다른 치료방법이 없는 경우에 한하여 배우자의 동의를 얻어 수증자가 될 수 있다"라는 규정이 있다. 문제는 '배우자의 동의를 얻어' 라는 부분이다. 배우자 없이 정자를 받기 원하는 경우, 당사자가 법적으로 합당한 자격을 갖췄는가에 대한 다툼이 생길 수 있다. 배우자가 있으면 동의를 얻어야 하지만, 배우자가 없는 경우에 대해서는 규정이 명확하지 않다.

전통적으로 동서양 구분 없이 부모는 자녀에 대해 그 누구와도 공유하지 않는 자율적, 포괄적 권리 및 의무를 행사해 왔다. 그래서 입양자의 친부모는 그들의 자녀에 대한 친권을 포기하는 것을 당연시했다. 정자 등을 제공한 사람이 그 후 출생한 아이에 대해 알지 못해야 한다는 것도 당연시되었다. 그러나 인공수정으로 인한 2쌍 이상의 부모들이 실제 가족관계 및 친족관계에 걸리게 되면서 과연 여기에 현재의 법률상 부모에 의한 자녀의 배타적 통제가 미래에도 타당한 모습일지는 의심이 간다. 출산보조기술, 이혼, 입양 등의 확대로 미래의 자녀를 폐쇄된 친자관계나 양자관계보다는 더 넓은 법적 보호를 하도록 유지하는 것이 자녀의 이익에 더 부합할 수도 있다. 사실 입양아들은 양부모 및 친부모의 생물학적 부모를 다 원할 수도 있으며, 그 속에서 더 안정을 누릴 수도 있을 것이다. 그들은 양부모를 대체하고자 하는 것이 아닌 그들의 정체성을 찾기 위한 것이라고 보기 때문이다.

    비배우자간이나 대리모에서 비롯되는 사회적으로 복잡한 문제들 때문에 이에 대한 해결방법으로서 이것을 일방적으로 법으로 금해야 한다고 보기는 어렵다. 인공출산도 자연출산과 비교해서 금지할 합리성이 보이지 않기 때문이다. 일부의 윤리학자는 정자채취 절차에 있어 자위행위(Masturbation)를 사용한다는 이유에서 부정적이다. 그러나 자위행위의 윤리적 문제는 그 행위 자체에 있지 않고, 예를 들어 도색잡지에 의지하는 자기만족적인 습관으로 발전할 위험과 같은 실제를 둘러싼 위험성에 있다. 그렇지만 인공수정과 같은 절차를 위해 정자를 마련하는 행위는 대체적으로 이러한 위험성을 수반하지 않기에 설득력이 떨어진다. 또 다른 윤리학자는 남편의 정자가 아내의 난자와 결합하지 않는다는 점에서 간음의 상황을 만들어낸다고 주장한다. 그러나 기술의 도움을 통한 정자와 난자의 결합은 결혼신뢰를 무시하려는 불성실한 의도에서 나온 것이 아니고, 성교행위도 없기 때문에 그 출처와는 관계없이 간음을 내포하지 않는다고 볼 수도 있다.

(1) 배우자간의 인공수정

 '생존하고 있는 배우자간의 인공수정에 의한 출생자'는 혼중자(婚中子) 추정을 받는 자녀인가, 추정을 받지 않는 자녀인가 구별 없이 법률상(민법 제844조[198]) 특별한 문제는 없다. 반면에 '배우자 사망 후의 동결정자(凍結精子)에 의한 출생자'에 관해서는 혼인 중에 임신되지 않았기 때문에 배우자 사망 후 300일 이내에 출생하더라도 혼중자 추정을 받지 않는다고 할 것인가, 300일 후에 출생한 경우 혼외자(婚外子)로서 취급받는가 등의 문제가 발생한다.

 일본의 예를 본다면, 일본산부인과학회는 2006년 9월 냉동보존한 정자의 취급과 관련해, 정자보존은 제공자 본인의 생존 중에만 허용하며 사후의 생식보조의료에 사용하는 것을 금지하는 내용의 지침을 마련했다. 일본 대법원이 2006년 9월 동결정자로 태어난 아이를 남편 자녀로 인정해줄 것을 요구한 소송에 대해 "민법은 사후의 임신으로 태어난 아이와 사망한 아버지 사이의 친자관계를 상정하지 않고 있다"는 이유로 친자관계를 인정하지 않음에 따라 학회는 사후 수정으로 태어난 아이의 부자관계가 인정되지 않은 상황에서 아이의 복지를 확보할 수 없다는 판단에 따라 동결정자를 제공자가 생존한 동안에만 이용할 수 있으며, 사망한 시점에 폐기하도록 한 것이다.

---

198) 민법 제844조 제1항 : 처가 혼인 중에 수태한 자는 부의 자로 추정한다. 제2항 : 혼인성립의 날로부터 2백일 후 또는 혼인관계 종료의 날로부터 300일 내에 출생한 자는 혼인 중에 수태한 것으로 추정한다. 친생추정을 받은 자에 대해서는 부부의 일방은 친생부인의 소를 제기해 추정을 반박할 수 있다.

(2) 비배우자간의 인공수정

비배우자간의 인공수정에 의해 출생한 자녀와의 관계에 대해서는 호적상의 아버지와 유전상의 아버지라고 하는 이중의 부자관계가 발생한다. 관행적으로 법률상의 아버지가 호적상의 아버지로 되고, 부부의 혼중자로서 신고되어 왔다. 유전상의 아버지와의 부자관계가 부정되는 이유는 만약 이것을 인정하게 되면 자녀는 물론 남편이나 아내의 이익이 되지 않기 때문이다. 따라서 인공수정의 실시에 관해 남편의 동의가 있는 이상, 남편은 친생부인(親生否認)의 소(訴)(민법 제847조, 제851조)를 제기할 수 없다고 보는 것이 통설이다. 다만 자녀는 위의 사정에 관해 알고 있지 않기 때문에 장래 자기의 출생에 대한 알 권리의 유무가 문제되는 경우도 있다. 유력한 소수설의 근거이기도 하다. 더욱이 이 자녀와 제공자의 자녀 사이에 근친혼이 행해질 가능성도 있다. 현재의 법제는 그러하다.

2. 대리모

대리모에 관해 독일·프랑스는 유상 및 무상을 묻지 않고 법률로 금지하고 있다. 즉 독일은 중개행위 및 시술을 금지하고 있으며 의뢰인과 대리모는 처벌대상에서 제외하되 중개자와 시술자는 처벌한다. 반면에 미국은 주법에 따라 다르지만 상대적으로 너그러운 법적 규제가 이루어지고 있다. 영국은 영리목적의 대리모계약 및 관련 광고를 금지한다. 비상업적 대리모계약은 인정한다. 이스라엘은 영리 및 비영리 구분없이 정부 관련 위원회 승인하에 대리모계약을 인정한다. 호주는 이타적 대리모계약을 인정한다. 일본은 법적 규제는 없으나 산부인과학회의 윤리강령은 체외수정은 배우자간에 있어서만 행할 수 있는 것으로 하고, 대리모는 인정되지 않는다고 규정하고 있을 뿐이다. 우리나라도 일본의 경우처럼 구속력 있는 규정이 없다.

　　대리모계약의 유효성 유무에 관해서는 유상으로 행해진 때는 인신매매에 해당하며 공서양속 위반으로써 무효(민법 제103조)라고 해석하는 견해와, 그 유상성을 출산에 수반하는 노력이나 불이익에 대한 대가로 받아들여 상쇄된다고 보아 유효라고 해석하는 견해로 구분된다. 두 경우 다 현 2007년 국회에 상정되어 있다.

　　현행 민법은 '출산한 자'를 어머니로 규정하고 있다. 따라서 대리모를 통해 출생한 출생자는 호적상 부부의 자녀로서 신고될 것이지만, 이 자녀는 부(夫)의 처(妻)로부터 출생한 자녀가 아니기 때문에 친생추정(親生推定)을 받지 않는다. 대리모가 계약단계에서 친권포기각서를 써도 다툼이 일어나면 이 계약은 공서양속 위반으로 무효가 될 수 있다. 대리출산자가 법률상의 어머니이기 때문에 부부의 호적에 들어가기 위해서는 부부와 자녀의 사이에 현행법에 따르면 '양자입양'을 할 수밖에 없다. 허위의 출생증명서를 작성하는 방법도 있지만 이것은 범죄이다(형법 제228조). 비록 호적에 부부의 자녀로 기재되더라도 후에 부부에 의해 '친생자관계존부확인의 소(訴)'[199]

---

[199] '친생자관계존부 확인의 소'란 특정인 사이에 친생자관계의 존부의 확인을 구하는 소(訴)이며, 이는 부(父)를 정하는 소, 친생부인의 소, 인지청구의 소를 제기할 수 있는 자가 다른 사유를 원인으로 제기하는 소이다. 통상 친생자 아닌 자를 호적에 친생자로 올렸을 때 이를 부정하기 위해 이용된다. 기존의 친생관계를 새로이 발생 또는 소멸시키는 것이 아니라 기존의 법률관계 자체를 확인받는 것을 목적으로 한다. 판결의 효력은 제3자에게도 미치며, 판결이 확정되면 소송을 제기한 자는 판결의 확정일로부터 1개월 이내에 판결문 등본과 확정증명서를 첨부해 호적정정을 신청해야 한다.

를 제기당할 가능성도 있다. 또한 출산 후 의뢰인 부부가 자녀를 인수할 의사를 갖지 않을 경우에는 어떻게 되는가 등의 문제도 있다. 현행 법제에서는 그러하다.

3. 체외수정

배우자간 체외수정자의 친생성(親生性)에 관한 문제는 배우자간의 인공수정자와 동일하다. 비배우자간 체외수정은 생명법에서 금지되고 있으며, 출생자에 관해서는 비배우자간 인공수정에서와 같은 결론을 도출할 수 있다. 체외수정과 대리모 관계가 혼재되어서 발생하는 배를 빌리는 것에 관해서는 대리모와 달리 산모(産母)인가, 난자(卵子)의 어머니인가, 더욱이 양육하는 어머니인가가 가담하게 되면 3중의 모자관계가 발생한다. 실제로는 의뢰인인 난자의 어머니가 친자(親子)로서 양육하는 것이기 때문에 난자의 어머니가 법률상의 어머니가 된다. 다만 그것을 위해서는 자녀와 난자의 어머니와의 사이에 양자입양이 필요하다. 이 경우 배를 빌리는 계약은 대리모계약과 동일한 바와 같이 친(親)을 위한 것이고, 자녀의 이익이 소홀하게 될 염려가 있다.

4. 인간배아연구

시험관 수정으로 인해 인간배아가 실제 출산에 필요한 것보다 더 많이 생산되게 되면서 이 배아를 출산의 목적 이외에 연구목적으로 사용할 수 있는가를 둘러싸고 논란이 일고 있다. 이식되고 남은 수정란 및 배아의 처리문제이다.[200] 생명법은 제한적으로 이를 허용하고 있다.

미국에서는 배아연구 금지에 대한 논란이 뜨겁다. 원칙적으로는 금지하나, 개별적으로 주에 따라서는 인정하기도 한다(캘리포니아주). '과학의 연구는 방해하지 않되 기술의 위험한 적용은 금지한다'는 원칙에 따라 지침을 마련한 미국 NIH(National Institutes of Health, 국립보건원)에 따르면 첫째, 불임부부, 유전병 등의 환자에게 이익을 줄 것, 둘째, 배아는 존중하되 인격체로 볼 수가 없다, 셋째, 외국이나 사기업은 목적달성을 위해 금지해도 시행할 것이므로 정부차원에서 통제하는 것이 부작용이 적다는 원칙에 따라 ① 표준적·과학적 방법을 사용해 자질을 갖춘 연구진이 참여할 것, ② 제공자들에게 알리고 동의를 받을 것, ③ 독립된 기관으로부터 실험승인을 심사받을 것, ④ 다른 방법으로 실험할 수 없을 경우에 최소한으

---

200) 정자와 난자가 결합되어 12시간 동안 영양소를 가진 혈청에 인큐베이트된 수정란을 자궁에 2~4개 정도 이식하고 남은 것들은 첫 번째 시술이 성공하지 못한 경우를 대비해 현실적으로 대개 냉동보관된다. 잉여분만이 아니라 이식 전 단계의 배아의 경우에도 의학적으로는 수정 후 14일 이내(세포분열이 16세포 이상에서 배아낭, 탯줄, 태반의 형성단계에 이르기까지)에는 배아가 고통을 경험할 수 없고 지각이나 두뇌활동도 없는 때이다. 지지자들은 잉여수정란의 기증은 더 나은 실험을 위해, 치명적 질병치료를 위해, 또는 인류복지의 차원 및 생식과 관련한 사생활의 권리로서 권장되어야 한다고 한다. 반대론자들은 연구과정의 오용 및 남용으로부터 인간의 보호가 이루어져야 하며, 생명은 수태순간부터 보호되어야 하고, 인간배아의 목적이 적극적 우생학으로의 길을 열어 줄 수 있고, 또한 출산과 가족가치의 붕괴, 인간복제의 가능성 증대 및 낙태조장 등의 윤리문제를 야기할 수 있다고 반대한다. 수정한지 14일이 안 된 배아기의 세포인 '배아줄기세포'(Embryonic Stem Cell)는 장차 인체를 이루는 모든 세포와 조직으로 분화할 수 있기 때문에 만능세포로 불린다. 과학자들은 배아줄기세포를 이용해 뇌질환에서 당뇨병, 심장병 등을 치료할 수 있다고 본다. 그러나 배아는 장차 태아로 자랄 수 있는 엄연한 생명의 씨앗이라는 점에서 반대의견도 존재한다. 반대자들은 성체줄기세포 연구를 주장한다.

로 시행할 것, ⑤ 가능한 경우에는 사전에 동물실험을 할 것, ⑥ 배아 선택에 있어 인구비례에 따른 균형을 취할 것, ⑦ 일반적 관행에 따라 보상하되 상업적으로 거래해서는 안 될 것 등으로 한정해 제한적 허용을 할 것을 주장하고 있다. 영국의 인간수정배아관리국은 2007년부터 인간배아복제 연구를 위한 난자 유상기증을 허용하고 있다. 호주도 인간배아복제를 통한 줄기세포 연구금지를 철회했다. 우리나라의 국가생명위원회에서는 2007년 체세포복제배아연구의 두 가지 방법, 즉 한시적 금지안(동물난자에 동물체세포를 핵이식하는 연구를 거쳐 유효성을 판단하고 수정란 배아줄기세포연구를 통해 기초기술을 쌓은 후 복제배아연구를 허용하자는 안)과 제한적 허용안(복제배아연구를 허용하더라도 사용할 수 있는 난자를 체외수정할 때 수정되지 않아 폐기예정이거나 적출 난소에서 채취한 잔여난자로 한정하자는 안) 중 제한적 허용안을 채택했다.

배아는 태아보다는 생명의 잠재성이 약하다고 본다면 그만큼 법적 지위는 약하다고 볼 수 있으나, 일반인들이 배아를 생명의 상징으로 존중하는 것은 당연하다. 배아의 도덕적이고 상징적 지위를 인정한다 하더라도 현실적으로 법은 상징적인 대표성보다는 의학연구가 가져오는 복지적 이익에 더 큰 비중을 두는 것이 일반적이다.

일반적으로 배아에 대한 치료목적의 실험은 인정이 된다. 그러나 치료목적에 연결되지 않을 개연성이 더 큰, 그러면서 암퇴치 등 치료술의 잠재적 발전에 기여할 수도 있는 이른바 기초연구가 배아를 대상으로 허용이 되는가의 문제는 찬반이 격렬하다. 연구란 인간 정신활동의 과정을 의미하는 만큼 다양한 단계로 보호되어야 한다 (가정의 전개, 실험을 위한 정보축적, 연구결과 및 성과의 발표, 정보

접수). 그러나 연구를 수행하고 발표하기 위한 전 과정의 보호를 의미하는 것은 아니다. 연구의 자유에도 분명히 그 한계는 존재한다. 그 한계는 오용 및 남용(예 배아복제)이기에 연구의 자유를 누리는 전문가와 비전문가, 시민들의 의사소통과정을 통해 기준을 선정해 사회적 설득력을 가지고 시행하면 그 부작용은 감소될 수 있다고 본다.

5. 태아조직 연구 및 이식

태아조직이나 세포에서 추출한 물질에 의해 치료가 가능한 질병에 관한 연구가 미국을 중심으로 활발해지고 있다. 그러나 이러한 연구가 낙태로부터 얻어진다는 점에서 법적·윤리적 문제가 대두되고 있다. 낙태가 허용되는 국가 및 지역으로부터 물량을 받아 이루어지는 태아뇌하수체 등의 연구도 여기에 속한다. 태아세포는 생물학적·의학적 지식의 기초지식을 획득하기 위해, 그리고 태아 자신 또는 제3자를 위한 진단 및 치료와 태아세포 및 조직이식을 통해 치료하는 시도에 많이 사용되고 있다.[201] 이러한 활동은 금전적 동기에서 이루어지는 측면도 강하기에 장기이식과 마찬가지로 사회적 파괴력이 강하다.

실용주의자들은 자연유산낙태아보다 인공낙태아를 이용해야 조직물을 얻을 시기예측도 쉽고, 생존율도 높을 수 있고, 유전적 이상이 있을 가능성이 적기에 다른 대안이 없는 한 태아조직 사용은 가능

---

[201] 태아신경조직을 성인의 뇌에 이식해 치료하는 파킨슨병의 치료는 그 예에 속한다.

하다고 주장한다.

　의학적 공리주의와 태아 및 임산부의 건강관리 사이에 충돌이 일어나고 있는 이 분야는 독일에서는 태아조직 및 세포기증행위가 낙태의 시기 및 방법에 영향을 주어서는 안 된다는 일반론적인 지침만이 제정되어 있다. 미국의 NIH는 인간의 태아조직 연구와 낙태행위의 연결고리를 도덕적으로 격리하기 위한 지침으로서, 태아조직에 관한 보상 및 경제적 이득 제공의 금지, 낙태결정은 태아조직 사용 가능성 논의 전에 이루어져야 함, 산모는 태아조직 수여자를 스스로 결정할 수 없음, 산모와 수여자는 서로 알지 못해야 함, 낙태에 이용되는 방법 및 시기 결정은 태아조직을 사용하기 위한 가능성에 영향을 받아서는 안 됨 등으로 규정하고 있다.

6. 생명복제기술

　생물복제에 사용될 수 있는 기술은 크게 수정란 분할과 체세포 핵이식 두 가지가 있다. 이 두 방법은 어떤 아이가 태어날지를 예측할 수 있느냐는 점에 있어서 다르다. '수정란 분할법'(배세포유전치료)은 정자와 난자가 합쳐진 후 분열해 4~8개의 세포가 되었을 때 각각의 세포들을 분리해 발전시켜 복제인간을 만들겠다는 것이다. 이 방법에서는 어떠한 수정란이 생길지 모르기 때문에 태어날 아기가 어떤 인간일지 예측할 수 없다. '체세포 핵이식법'(체세포유전치료)은 복제양 돌리를 만들 때 사용되었다. 성숙한 세포를 핵을 빼낸 난자와 합쳐 분화시키는 방법이다. 이는 비유전형질을 물려주는 세포를 이용하는 방법이다. 이 세포를 자궁에 착상하면 핵을 제공한 체세포와 유전적으로 동일한 개체가 태어나게 된다. 이 방법에는 많은 논란이 있다. 그 이유는 특정 유전정보를 가진 아기를 '선택' 해 만드는 것이 가능하기 때문이다. 이 방법은 기본적으로 시간차이를 두고 일란성 쌍생아를 만드는 것이다. 즉 60세인 사람의 체세포를 이용해 2년 후 복제인간을 탄생시킨다면, 태어날 아기는 유전자 공여자와 62년간의 차이를 둔 일란성 쌍둥이 동생이 되는 것이다. 이러한 방법은 현재 농축수산업분야에서 더 우등한 농축수산물을 만들고 수확을 늘리기 위해서 사용하고 있다.

이런 시술법이 개량유전공학으로 나가지 않고(유전공학을 이용한 우생학), 심각한 질병치료나 예방을 목적으로 한다면 오용 및 남용을 막기 위한 최소한의 규정은 필요하겠지만 법적으로나 도덕적으로 큰 문제는 발생하지는 않으리라고 본다. 아처리포트(Archer Report)[202]는 환자에게 이로움이 있고, 위험부담이 없으며, 인간존엄과 자유가 존중되는 방향에서 일반적으로 이루어져야 함을 조건으로 인정하고 있다. 그러나 White Report[203]는 생명공학 산업의 경제적, 시장적 관심사에 의해 추진될 위험을 경계해야 한다고 주장한다.

그러나 위의 방법이 비치료용도로 확대되어 복제실험으로 간다면 얘기는 달라진다. 현재는 체세포 핵치환법을 이용한 복제생명이 출현하는 데 따르는 기술적 난관이 아직 어떤 것인지도 모르는 상태

---

202) Group of Adviser European Commission on the Ethical Implications of Biotechnology; Report on Ethical Aspect of Gene Therapy 1994
203) Commission of the European Communities, Growth, Competitiveness, Employment; The Challenges and Ways Forward into the 21st Century.

이기는 하지만, 언젠가 이 기술적 난관은 극복될 수도 있다. 그 경우 어떻게 될 것인가? 일부 과학자들은 생명유지가 아닌 생명이해의 차원에서 복제동물의 유용성은 엄청나다고 한다. 기술적 개가가 막연한 재앙에의 두려움 때문에 쉽게 없었던 일로 될 수는 없을 것이라면서, 남은 과제는 복제기술을 포함한 유전자 생체이식술의 사용목적에 대한 엄격한 규제와 이를 위한 감독체계라고 할 수 있다. 그리 간단한 문제가 아니다.

제3절

유전자변형생물체

　21세기는 유전공학의 시대라고 한다. 각국의 생물과 종자자원 및 해당 유전자조합기술에 대한 연구의 증대 및 수많은 연구결과물의 출현은 이를 반영하고 있다. 여기에 있어 인간의 새로운 먹거리 창출을 통해 빈곤탈피가 가능하다는 긍정적 주장과 과학적으로 검증이 완전하게 이루어지지 않은 유전자변형생물체(LMO)에 대한 식용의 부작용 논란이 지속적으로 발생하고 있다. 동시에 이 영역에서 많은 유전자 특허가 생기고 있다. 이미 세계는 첨단기업들에 의해 이와 관련해서 엄청난 수의 유전자 관련 특허권이 확보되어 있다. 우리나라에서도 이미 많은 수의 유전자 특허출원이 이루어지고 있으며, 앞으로 관련 유전자 특허권을 둘러싼 각국의 특허전쟁이 지속적으로 전개될 것으로 보인다.

Ⅰ. 생물 및 종자자원

1. 현황

지구상의 생명체는 현재 약 1250만 종으로 추산된다. 이 가운데 해마다 2만 5천 내지 5만 종씩, 한반도에서만 500종씩 사라져가고 있다. 이 때문에 생명체의 보존이 지구공통의 과제[204]로 대두되면서 생물자원의 경제적 가치도 점점 부각되고 있다.[205] 이미 미국 및 유럽 등 종자기술 선진국들은 종자채집과 신품종 개발수준(1차 종자전쟁[206])을 넘어 첨단 생명공학기술을 이용해 식물추출물에서 신약 및 신물질을 개발하는 2차 종자전쟁을 시작하고 있다.[207]

우리나라의 경우 약 15만 점의 식물유전자원을 보유해 양적으로는 세계 6위 수준이다. 하지만 보존종자를 이용하기 위해 필요한 성

---

[204] 유엔생물다양성협약(Convention on Biological Diversity, 1992 Rio : 생물의 종 다양성, 생태계의 다양성, 유전자원의 다양성을 보호하면서 지속가능한 방법으로 자국의 생물자원을 이용해야 할 책임이 규정되어 있다. 3개의 부속의정서로 구성되어 있으며 '생물자원에 대한 접근, 기술이전 및 이익분배' 문제로 선진국과 개도국 간의 이익이 대립되어 있다) 및 유엔환경개발회의 등.

[205] 말레이시아의 야자유(팜오일)를 통해 연간 10조 원의 수익창출과 연간 3조 원의 관련 관광산업 창출의 예.

[206] 16세기 유럽인들이 식민지 식물을 자국으로 가져와 식물학을 발전시켰음은 주지의 사실이다. 우리나라의 경우는 북한산에서 자생하던 정향나무를 1947년에 미국의 선교사가 가져가 '미스킴 라일락'을 퍼트린 것과 중국 및 우리나라 재래종 콩의 교배결과인 미국산 콩이 대표적이라 볼 수 있다(한국토종연구회, 한국생명공학연구원).

[207] 조류인플루엔자(AI)의 공인된 치료제는 '타미플루'이다. 다국적 제약업체인 로슈에서 개발된 이 약품의 주원료는 중국산나무 스타아니스의 열매 '팔각'에서 추출한 천연물질이다.

분분석은 10~15%밖에 되어 있지 않다. 그 분야도 배추, 고추, 무 등 전통적 기술이 강한 특정부문에 집중되어 있다. '통일벼'로 상징되듯 먹거리 증식을 위한 식량작물 개발에만 주력했던 한국이 과수, 화훼, 약용 등 더 큰 부가가치를 낳는 비식량작물 개발에 나선 것은 20년이 채 되지 않는다. 온·난·한대 기후가 모두 나타나고 상대적으로 사계절이 뚜렷해 생물다양성이 동일면적의 다른 국가보다 3~4배 높은 환경은 종자산업경쟁에 유리함을 주고 있다.

생물자원 또한 아직까지 생명공학기술의 무풍지대이다. 인간이 지금까지 정체를 밝혀낸 미생물은 전체 미생물 350만 종 중 1%에 불과하다고 한다. 미생물인 코리네박테리움 균주에서 라이신(동물사료용 아미노산의 종류)개발 및 한국 토종 무당거미 안에 있는 미생물에서 만들어진 프로테아제(단백질분해효소)의 한 종류인 아라자임효소[208]개발은 우리의 대표적인 미생물개발성과이다.

II. 유전자변형생물체

유전자변형생물체(LMO)는 '농축수산물에 있어 생명공학기술인 유전자재조합기술을 이용해 고성장이나 질병내성 등의 특성형질을 나타내도록 하는 생물체'이다. WTO 및 OECD 등에서 일반적으로 사용하는 GMO(Genetically Modified Organism)보다 광의의 개념

---

[208] 이 효소는 화장품, 사료, 항생제, 개영양제, 가죽가공약품 등에 이용된다.

으로 1992년 UNEP의 리우(Rio)회의 생물다양성협약에서 사용했다. 일부 농축수산물과 환경성 미생물은 이미 산업화가 진행되어 유전자재조합식품[209]으로 우리 옆에 오고 있다. 슈퍼옥수수 및 토마토와 슈퍼미꾸라지 및 슈퍼붕어 개발은 그 예이다. 농수산물의 경우에 있어 연어 및 송어를 포함해 2006년 수입농수산물의 약 10%를 차지하고 있다.[210] 그 중 LMO가 몇 %인지는 정확하게 통계로 잡히지 않는다. 일부에서만 원산지 표시제가 시행되고 있기 때문이다.

유전자재조합에 의한 품종개량과 종래의 품종개량은 유용한 유전자를 서로 재조합시켜 원하는 성질을 갖는 품종을 만든다는 공통점을 갖는다. 그러나 종래의 품종개량기술은 각각 원하는 특성을 지닌 유사한 종들을 교배해 생성된 잡종 중 목적하는 품종만을 찾아내는 것이다. 한 품종을 개발하기 위해서는 많은 시행착오와 시간이 소요되는 것이 일반적이다. 이에 비해 유전자재조합기술은 원하는 특성을 지닌 유전자를 다른 생물체에 직접 삽입함으로써 목적하는 품종만을 바로 얻을 수 있다. 또한 삽입하고자 하는 유전자는 같은 생물종뿐만 아니라 서로 다른 생물종에서도 얻을 수 있어 품종개량의 폭이 넓은 것이 특징이다. 즉 유전자재조합기술을 이용함으로써 다양한 유전자를 직접 도입해 목적한 새로운 작물을 생산할 수 있으며,

---

209) '유전자재조합기술'은 어떤 생물의 유전자 중 유용한 유전자(예 추위, 병충해, 살충제, 제초제 등에 강한 성질)만을 취해 다른 생물체에 삽입해 새로운 품종을 만드는 것을 말한다. '유전자재조합식품'이란 유전자재조합기술을 이용해 만든 새로운 농축수산물 중 안전성이 확인되어 식품 또는 식품첨가물로 이용할 수 있는 것을 말한다.
210) 2002년 이후 제주도해양수산자원연구소의 개체수가 적은 종묘(치어) 생산을 위한 '다금바리'(성특성이 처음에는 암컷이었다가 성장하면서 일부가 수컷으로 전환되는 자웅동체의 어류) 연구도 그 예이다.

종래의 품종개량에 비해 그 소요시간이 짧다는 것이 특징이다. LMO의 상업화는 1996년 농약회사인 몬산토(Monsanto)사의 콩과 종자회사인 노바티스(Novartis)사의 옥수수가 본격적으로 상품화되면서부터이다. LMO 재배면적의 빠른 증가의 이유는, 개발회사는 일반 종자보다 비싸게 팔 수 있을 뿐 아니라 자사의 농약과 연계한 패키지 상품을 개발해 이익을 볼 수 있고, 농민은 종자 비용이 비싸긴 하지만 형식적으로는 농약과 비료의 비용이 크게 줄고 병충해가 감소해 실질적인 이익을 볼 수 있으리라는 믿음 때문이다.[211] 이에 대한 진실성의 논증은 필요하다고 본다.

국제적인 LMO 개발 및 상품화 동향을 보면 상품화된 LMO 농축수산물로는 토마토, 옥수수, 콩, 감자, 면화, 미꾸라지, 소, 돼지, 염소 등 15개 작물 70여 품종에 대해 개발이 되어 있다. 환경분야에는 환경노출용 미생물 개발로 해충방지용, 백신용, 환경정화용(폐기물 분해 및 오염토양복원용 등) 등 미생물 50여 종류가 있다. 또한 앞으로 LMO 개발 및 시장전망을 보면 LMO 시장은 재배면적과 시장규모 모두 빠르게 성장하게 될 것이며, 개발방향은 고율의 생산성을 지속시키면서 '라벨링제도'를 거쳐 일반품종과 동일하게 취급받고자 할 것이다. 이에 따라 관련 국제시장은 특허 및 M&A에 따른 독과점화가 심화될 것이며, 대체식품 수요증가욕구는 유기농산물과 같은 자연식품 수요급증으로 이어질 것으로 보인다.

---

[211] LMO 개발에 가장 적극적인 기업은 몬산토와 노바티스와 같은 다국적 농약회사와 종자회사이다. 1994년부터 1998년까지 FDA의 검증을 마치고 시판이 허용된 LMO는 옥수수, 토마토, 감자, 콩 등을 중심으로 39종에 이르며, 곧 시판될 것으로 예상되는 제품도 30여 종에 이른다.

LMO에 의한 인체 및 환경(생태계) 위해성은 아직까지 과학적으로 정확히 밝혀진 것이 없다. EU에서 제기된 LMO의 안전성 문제는 아직도 결론이 나지 않은 상태이다. 그러나 점차 국제적으로 수입을 허용하는 상황이며, 라벨링 도입 여부는 미국의 반발로 불투명한 상태이다. 미국은 이미 LMO의 안전성이 입증되었기 때문에 LMO를 별도로 구분하거나 수입을 금지하는 모든 행위는 무역규제의 하나라는 입장을 고수하고 있다. 이런 상황을 고려해 볼 때, WTO 차기 협상에서 LMO 관련 이슈는 미국과 EU 간의 논쟁대상이 될 것으로 예상된다.

그러나 소비자들의 막연한 의구심을 해소하고, 환경방출의 경우 생태계교란을 방지하기 위한 국제적 규범을 마련하기 위해 '생물다양성 협약'(Convention on Biological Diversity)의 하부의정서로 콜롬비아 카르타헤나에서 2000년 '생명공학 안정성의정서'(Cartagena Protocol on Biosafety)가 채택되었으며 우리나라는 2007년 현재 비준 준비 중이다.[212] 이 의정서에 따르면 콩, 옥수수 및 유전자변형생물은 그로 인한 인간의 건강 및 생물다양성 보존과 지속가능한 이용에 미칠 위해성을 사전에 예방하기 위해 생산 및 수출시에는 위해성 평가[213] 및 심사를 받아야 한다.

미국의 식품의약청(FDA)은 복제동물 식품의 안정성여부와 관련해 2007년 9월 '소, 돼지, 염소'는 식용으로 안전하다고 발표했다.

---

212) 120개국이 서명했다. 50개국이 비준한 날로부터 90일 후 발효된다. 현재 80개국 이상이 비준했다.
213) 미국 225개, 캐나다 86개, 일본 19개의 평가기관을 가지고 있으나 우리나라는 식품의약품안전청 및 농촌진흥청에서 일부품목만 실시 중이다.

'양'에 대해서는 안전성을 평가할 충분한 정보를 갖고 있지 않다며 안전식품목록에서 제외했다. 특별한 표시는 권고하지 않았다.

국회는 이를 시행하기 위해 현 '유전자변형생물체의 국가간 이동에 관한 법률'을 입법예고했다. 이 법은 LMO환경위해성 심사 및 평가제도, LMO표시제도 및 취급안전지침 고시 등이 주요 내용이라 할 수 있다.

현 관리 예정체계는 범부처간 조정 및 지원기관을 산업자원부가 맡고 있다. 관련부처인 과학기술부(시험연구용 LMO), 농림수산부(농업 및 임업축산용 LMO), 산업자원부(산업용 LMO), 보건복지부(식용 및 보건의료용 LMO), 환경부(환경정화용 및 환경방출용 LMO), 해양수산부(해양 및 수산용 LMO)가 있다.

1. LMO표시제

LMO는 과학적으로 안전성이 검증되지 않아 해당 농축수산물에 LMO를 표시하는 제도가 생겼다. 현재까지 알려진 유전자변형의 부작용으로는 슈퍼생물체 탄생에 따른 자연생태계의 파괴, 조작된 유전자가 원치 않는 생물에 전이되어 생기는 유전자오염, 유전자오염에 따른 순수종의 파괴 등이 있으며 유전자변형식품을 섭취할 경우 인간에게 문제가 된다는 연구결과도 있다.

2007년 현재 LMO표시제는 EU, 한국, 일본, 뉴질랜드에서 실시하고 있다. 한국에서 유통되는 콩 및 콩류 가공식품, 콩나물, 감자 및 감자 가공식품, 옥수수 등은 LMO가 3% 이상 섞일 경우에는 반드시 LMO를 표시해야 한다(의무표시제).[214]

표시기준 및 방법은 첫째, LMO 농축수산물인 경우에는 '유전자변형 농축수산물'이라고 표시하고, LMO 농축수산물 등을 포함한 경우에는 '유전자변형 농축수산물 포함'이라고 표시한다(쇠고기와 쌀 원산지 표시제, 돼지고기 제외). 둘째, 해당 농축수산물의 포장용기의 표면 또는 판매장소 등에 최종구매자가 용이하게 판독할 수 있는 활자체로 표시하고, 식별하기 쉬운 위치에 표시하며, 쉽게 지워지거나 떨어지지 않는 방법으로 표시한다. 제품의 주요 수출국인 미

---

214) 식품위생법 제10조의 3 (쌀의 원산지 및 식육의 원산지 등) ① 제21조 제1항 제3호의 규정에 따른 식품접객업의 영업자 중 대통령령으로 정하는 영업자는 쌀 또는 "축산물가공처리법" 제2조 제3호의 규정에 따른 식육(이하 "식육"이라 한다)을 조리하여 판매하는 경우 쌀과 식육의 유통질서 확립 및 소비자에게 올바른 구매정보 제공 등을 위하여 보건복지부령이 정하는 바에 따라 쌀의 원산지와 식육의 원산지 및 종류(이하 "원산지 등"이라 한다)를 표시해야 한다. ② 제1항의 규정에 따른 표시를 하여야 하는 쌀과 식육의 범위는 대통령령으로 정한다. 제15조 (유전자재조합식품의 안전성 평가 등) ① 식품의약품안전청장은 국민보건상 필요하다고 인정하여 대통령령이 정하는 경우에는 생물의 유전자 중 유용한 유전자만을 취하여 다른 생물체의 유전자와 결합시키는 등의 유전자재조합기술을 활용하여 재배·육성된 농·축·수산물 등을 식용을 목적으로 수입·개발·생산하는 자에 대하여 안전성 평가를 받게 할 수 있다. ② 제1항의 규정에 의한 안전성 평가의 대상, 안전성 평가를 위한 자료제출의 범위 및 심사절차 등에 관하여는 식품의약품안전청장이 정하여 고시한다. 식품위생법 시행령 제2조의 2 (원산지 표시 대상 영업자) ① 법 제10조의 3 제1항에서 "대통령령으로 정하는 영업자"라 함은 제7조 제8호 나목에 따른 일반음식점영업 중 영업장의 면적(영업신고서에 기재된 면적을 말한다)이 300제곱미터 이상인 영업자를 말한다. ② 법 제10조의 3 제2항에 따라 원산지 등을 표시하여야 하는 식육은 쇠고기로 하되, 쇠고기의 생육 또는 양념육을 구이용으로 조리하여 판매하는 경우에 한한다. 제3조 (유전자재조합식품의 안전성 평가) 법 제15조 제1항에서 "대통령령이 정하는 경우"라 함은 다음 각 호의 경우를 말한다. 1. 최초로 유전자재조합식품을 수입하거나 개발 또는 생산하는 경우. 2. 안전성 평가를 받은 후 10년이 경과한 유전자재조합식품으로서 시중에 유통되어 판매되고 있는 경우. 3. 그 밖에 안전성 평가를 받은 후 10년이 경과하지 아니 한 유전자재조합식품으로서 식품의약품안전청장이 새로운 위해요인이 발견되었다는 등의 사유로 인체의 건강을 해할 우려가 있다고 인정하여 심의위원회의 심의를 거쳐 고시하는 경우.

국은 안전에 이상이 없다는 입장이지만, 유럽에서는 동물실험결과 부작용이 발견되었기 때문에 LMO 식품표시제도를 시행하고 있다. EU 국가들은 1% 이상, 일본은 5% 이상이 LMO 표시기준이다.

　식품위생법에 따라 식품의약품안전청이 고시 4개 작물을 원재료로 사용한 가공식품 27개 품목에 대해 LMO 식품표시제를 시행하고 있다. 그러나 유전자재조합식품의 안정성 평가는 현행법상 의무규정이 아닌 임의규정이다. 이의 전환과 더불어 환경위해성 심사 및 평가제도 도입과 전면적인 표시제[215] 도입의 필요성 및 취급안전지침 제정, 정보관리, 연구시설 허가 등의 사후관리 체제를 구축해야 한다. 마찬가지로 사료용 유전자조작작물을 식용한 동물의 안전성 평가(예 사료용 옥수수를 먹은 동물)도 필요하다.

2. 주요국의 LMO표시제 현황

(1) 일본

　2001년 4월 이후 표시대상품목은 후생성으로부터 안전성이 확인 및 승인된 LMO와 이를 원료로 한 식품으로 현재 분석방법에 따라 변형 DNA 또는 그 단백질이 검출 가능한 두부, 콩가루 등 30개 품목을 의무표시대상으로 지정할 계획이다. 표시방법으로 LMO를 사용한 것이 분명한 것은 '유전자변형', 혼입가능성이 있는 것은 '유전자변형 불분별'의 표시를 의무화한다는 방침이다.

---

[215] 유전자재조합기술이 적용된 생물에 대해 표시함으로서 소비자가 충분한 정보를 가진 상태에서 선택이 가능하도록 하는 제도이다. 그러나 표시가 곧 인체 및 환경위해성의 표시는 아니

(2) EU 및 미국

EU도 일본과 같이 LMO의 수입 및 유통 전에 안전성을 평가하고 1998년 9월부터 LMO식품의 표시를 의무화하고 있다. 표시대상은 EU가 안전성을 확인해 유통승인한 LMO를 원료로 한 식품 중 최종소비자에게 판매되는 식품이다. 표시방법으로는 LMO를 원료로 한 경우 '유전자변형 콩으로 생산된 ○○' 등으로 표시한다.

미국은 2007년 9월부터 쇠고기, 돼지고기, 양고기, 과일, 채소, 땅콩, 수산물에 '농축수산물 원산지 표시의무제도'가 시행되고 있지만(2002년 제정), LMO에 대한 특별한 규제책은 현재 없다.

【참고문헌】

강경근,『정보공개제도의 입법 및 사법적 실현』, 한국법제연구원, 2002.
경건,「정보공개 청구제도에 관한 연구」, 서울대학교 박사학위논문, 1998.
김기표,「정보공개와 행정심판」,『법제』제511호, 2000. 7.
김배원,「미국·일본·한국의 정보공개법 비교고찰」,『공법연구』제28집 제2호, 1999.
_____,「주민의 알 권리와 정보공개제도」,『자치연구』제2권 1호, 1992.
김용찬,「정보공개 청구사건에서의 몇 가지 쟁점」,『법조』, 2003. 9.
박균성,「현행 정보공개법의 문제점과 개선방안」,『단국대 법학논총』제24집, 2000.
_____,『행정법강의』, 박영사, 2006.
박해식,「정보공개 청구사건에 대한 대법원 판례의 개관」,『법률신문』, 2004. 1. 12.
변현철,「정보공개법의 실무적 연구」,『재판자료』제89집
육종수,「주민참가의 활성화를 위한 정보공개제도」,『한국공법학회』제26집 제3호, 1998.
이병철,『행정법강의』, 유스티니아누스, 2005.
정하중,『행정법총론』, 법문사, 2004.
최송화,「공공기관의 정보공개에 관한 법률의 내용과 특징」,『고시계』, 1997. 2.
하원규, 김동환, 최남희,『유비쿼터스 IT 혁명과 제3의 공간』, 전자신문사, 2003.
총무처,『외국의 정보공개제도』, 1996.
총무처,『정보공개법령의 제정과정과 내용』, 1997.
한국행정연구원,『행정정보공개제도에 관한 연구』, 1992.
행정자치부,『2005년도 정보공개 연차보고서』, 2005.

【찾아보기】

APEC 프라이버시 보호원칙 201
CCL(저작물사용허락표시) 122
CCTV 규정 167
EU의 개인정보보호준칙 168
GNU 프로젝트 28
LMO표시제 311
OECD와 EU의 보호원칙 130
PANZA+ 204
Phishing 사기 73
UN의 개인정보 전산화 가이드라인 132
White Report 303

거래의 안전장치 77
격지자간 거래에 대한 EU지침 76
결제대금예치제도 77
계약의 성립시기 64
공공기관 외의 개인 또는 단체의 개인정보 보호 169
공공기관의 개인정보 보호 148
공공부문의 개인정보 보호를 위한 감독기구 166
공연성을 가진 통신 39
구매안전서비스 76
국외이송정보 145
국제개인정보보호기구회의 202

【ㄱ】

가상공동체 29
개방적인 EDI거래 63
개인정보 126
개인정보 보호법제 147
개인정보 자기결정권 129
개인정보 취급위탁 139
개인정보 피해구제 방법 181
개인정보분쟁조정위원회 183
개인정보의 수집 138

【ㄴ】

네트워크 사회의 기본적 인권 30
네트워크 시큐리티 48
네트워크제공자 자율규제 32
네티즌 권리장전 30
네티켓(RFC1855) 27

【ㄷ】

단체소송 88
대리모 289
대체적 분쟁처리제도(ADR) 36
대체적 분쟁해결제도 79
도달주의 64
디자인보호권 113
디지털 서명법 72

【ㅁ】

명예훼손분쟁조정부 171
목적 명확성 및 구속성의 원칙 140
몽트뢰선언 203
무상 PC제공계약 60
미끄러운 경사길 이론(Slippery Slope) 269
민간기관에 대한 개인정보 보호 148

【ㅂ】

바이백방식 매매계약 60
발신자 위험부담의 원리 67
발신주의 64
보충성의 원칙 192
보호수준의 적절성 208

본인인증기술 71

【ㅅ】

사기판매수법 73
사이버 ADR 36
사이버공간의 내부규율 29
사전정보 공표제도 236
상표권 115
생명공학 안정성의정서(Cartagena Protocol on Biosafety) 310
생명과학기술 264
생명복제기술 291
생명윤리 및 안전에 관한 법률 278
생명윤리위원회 273
생명윤리의 쟁점 269
생식세포 관리 및 보호에 관한 법률 제정안 293
선정당사자제도(대표소송제) 84
설계 및 시공의 일괄입찰방식 도급계약 59
세이프 하버(Safe-Harbor) 원칙 206
소비자피해보상보험계약 76
소프트웨어 공급계약 59
수집제한의 원칙 162
승낙의 효력발생시기 66

시스템 오퍼레이터 27
시스템 통합적인 보호 197
실용신안권 113

【ㅇ】

아처리포트(Archer Report) 303
에스크로제도 77
원상회복의무 70
웹페이지 사기 73
유비쿼터스(Ubiquitous)사회 188
유비티즌 190
유전자 원천을 알 권리 292
유전자검사 269
유전자변형생물체 276, 305
유전자변형생물체의 국가간 이동에
　관한 법률 311
유전자재조합 308
유전자치료 268
익명권의 보장 142
인간게놈과 인권에 관한 보편선언 272
인간배아연구 298
인간의 배아를 이용한 줄기세포 연구
　　　　　　　　　　　　　　269
인공생식기술 284
인공수정 286
인증제도 194

인터넷 시스템의 특징 37
인터넷의 특징 16
인터넷의 효용 및 반효용성 37
인터넷TV 40
일(개)괄적 동의제도 138

【ㅊ】

저작권 103
전자거래 61
전자거래계약 66
전자거래기본법 61
전자상거래 24
전자서명법 72
전자우편 규제방식 139
정보공개 방법 220
정보공개 청구권자 226
정보공개 청구 및 접수 217
정보공개법상 보호수단 259
정보공개법상의 비공개대상 정보
　　　　　　　　　　　　　　240
정보공개법의 적용범위 222
정보공개여부 결정의 통지 220
정보공개쟁송 255
정보공개제도 212
정보접근 임시차단조치제도 170
정보주체의 권리 166

정보주체의 자기보호능력 137
정보통신 서비스제공자 173
정주지원칙 208
제한적 본인실명제 42
제한적 본인확인제 170
제한적 실명제 142
준용사업자 174
지적재산권(Intellectual Property Right) 93
집단분쟁조정제도 81
집단소송 83

【ㅊ】

청약의 구속력 65
청약의 유인 66
친생추정(親生推定) 297

【ㅋ】

컨설팅계약 60
컴퓨터 범죄 45
컴퓨터프로그램보호권 109
쿨링오프(Cooling-off) 제도 74
클라이언트-서버 18

【ㅌ】

태아조직 연구 및 이식 301
텔랩스 판결 85
통합정보공개시스템 237
특허권 110

【ㅍ】

퍼블리시티권 119
폐쇄형 EDI거래 63
프라이버시 보호 및 개인정보의 국제적 유통에 관한 지침 202
프라이버시권 47
프라이버시법 206
피라미드 수법 74

【ㅎ】

행정정보 공동이용법 144
행정정보 공동이용센터 144
행정정보 공유추진위원회 144
행정정보 공표제도 255
홈페이지의 공개 40
환원주의 271

현대 과학기술과 법

2007년 8월 27일 초판 1쇄 인쇄
2007년 8월 31일 초판 1쇄 발행

지은이 : 임규철
발행인 : 오영교

동국대학교출판부

100-715 서울특별시 중구 필동 3가 26
Tel : (02)2260-3483~4/ Fax : (02)2268-7851
Home page : http://www.dgpress.co.kr
E-mail : book@dongguk.edu
출판등록 : 제2-163(1973. 6. 28)
인 쇄 처 : 보명사

ISBN : 978-89-7801-196-9 93360   값 : 15,000원